主　　编　蒋惠岭　国家法官学院副院长
　　　　　　　　　最高人民法院司法案例研究院负责人
副 主 编　关　毅　国家法官学院科研部主任
　　　　　刘　畅　最高人民法院司法案例研究院规划部主任
主编助理　边疆戈　国家法官学院科研部编辑
　　　　　朱建伟　国家法官学院科研部编辑
　　　　　赵文轩　最高人民法院司法案例研究院规划部编辑

《中国法院年度案例》编辑人员（按姓氏笔画）
边疆戈　朱建伟　刘　畅　关　毅　杨小利
罗胜华　赵文轩　胡　岩　袁登明　唐世银
曹海荣　梁　欣　蒋惠岭　程　瑛　谭　红

本书编审人员　唐世银

中国法院

2020年度案例

国　家　法　官　学　院
最高人民法院司法案例研究院◎编

保险纠纷

中国法制出版社
CHINA LEGAL PUBLISHING HOUSE

《中国法院年度案例》通讯编辑名单

序

坚持和完善中国特色社会主义法治体系，是党的十九届四中全会作出的一项重要部署。作为其核心组成部分，高效的法治实施体系所要实现的就是让静态的法律制度在实践中得到良好实施。《中国法院年度案例》丛书的价值追求，即公开精品案例，研究案例所体现的裁判方法和价值理念，提炼裁判规则，助推司法标准统一。

《中国法院年度案例》丛书，是国家法官学院于2012年开始编辑出版的一套大型年度案例丛书。丛书由国家法官学院案例开发研究中心具体承担编辑工作，每年年初定期出版。此前，该中心坚持20余年连续不辍编辑出版了《中国审判案例要览》丛书近90卷，分中文版和英文版在海内外发行，颇有口碑，享有赞誉。作为一种全新的案例研究产品，《中国法院年度案例》丛书旨在加强完善中国特色案例指导制度，探索编辑案例的新方法、新模式，以弥补当前各种案例出版物的不足。该丛书2012~2019年已连续出版8套，一直受到读者的广泛好评，并迅速售罄。为更加全面地反映我国司法审判执行工作的发展进程，顺应审判执行实践的需要，响应读者需求，2014年度新增3个分册即金融纠纷、行政纠纷、刑事案例，2015年度将刑事案例调整为刑法总则案例、刑法分则案例2册，2016年度新增知识产权纠纷分册，2017年度新增执行案例分册，2018年度、2019年度将刑事案例扩充为4个分册。现国家法官学院及时编撰推出《中国法院2020年度案例》系列丛书，共23册。

当前市面上的案例丛书百花齐放，又有裁判文书网，可以查询各级法院、各类的裁判文书，还有各种专门领域的案例汇编书籍，以及各种案例指导、案例参考等读物，各具特色。而《中国法院年度案例》丛书则以开放务实的态度、简洁明快的风格，试图把案例书籍变得“好读有用”，故在编辑中坚持以下方法：一是高度提炼案例内容，控制案例篇幅，每个案例基本在3000字以内；二是突出争议焦点，剔除无效信息，尽可能在有限的篇幅内为读者提供有效、有益的信息；三是注重对案件裁判文书的再加工，大多数案例由案件的主审法官撰写“法官后语”，高度提炼、总结案例的指导价值。

同时，《中国法院年度案例》丛书还有以下特色：一是信息量大。国家法官学院案例开发研究中心每年从全国各地法院收集到的上一年度审结的典型案例近万件，使该丛书有广泛的选编基础，可提供给读者新近发生的全国各地多种类型的代表性案例。二是方便检索。为体现以读者为本，丛书分卷细化，每卷下还将案例主要根据案由分类编排，每个案例用一句话概括裁判规则、裁判思路或焦点问题作为主标题，让读者一目了然，迅速找到目标案例。

中国法制出版社始终全力支持《中国法院年度案例》丛书的出版，给了作者和编辑们巨大的鼓励。2018年、2019年连续推出数据库增值服务，2020年继续提供数据库增值服务并充实完善数据内容。购买本书，扫描前勒口二维码，即可在本年度免费查阅往年同类案例数据库。我们在此谨表谢忱，并希望通过共同努力，逐步完善，做得更好，真正探索出一条编辑案例书籍、挖掘案例价值的新路，更好地服务于学习、研究法律的读者，服务于社会，服务于国家的法治建设。

本丛书既可作为法官、检察官、律师等司法实务工作人员的办案参考和司法人员培训推荐教程，也是社会大众学法用法的极佳指导，亦是教学科研机构案例研究的精品素材。当然，案例作者和编辑在编写过程中也难以一步到位实现最初的编写愿望，可能会存在各种不足，甚至错误，欢迎读者批评指正，我们愿听取建议，并不断改进，不断扩大案例研究领域，实现中国特色案例研究事业新发展。

从今年起，《中国法院年度案例》改由国家法官学院与最高人民法院司法案例研究院共同编辑。最高人民法院司法案例研究院是中编办批准设置的最高人民法院的司法案例专门研究机构，与国家法官学院合署办公，在最高人民法院领导下，秉持服务司法审判实践、经济社会发展、法学教育研究、中外法学交流、法治中国建设的办院宗旨，坚持“服务、创新、合作、开放、共享”工作原则，依托国家法官学院开展司法案例的收集、生成、研究、发布和国际交流工作。司法案例研究院的加入，必将使本套丛书的编辑力量更加壮大，案例质量将进一步提升。

国家法官学院副院长

最高人民法院司法案例研究院负责人

蒋惠岭

目　录

Contents

一、财产保险

（一）机动车交通事故责任强制保险

1. 保险公司对“醉驾”享有的交强险追偿权即事实上的免赔权并不适用于“酒驾”情形 …… 1
——刘某诉中国大地财产保险股份有限公司晋江支公司责任保险合同案

2. 保险事故发生后应及时通知保险人 …… 5
——杨某诉太平财产保险有限公司阳江中心支公司财产损失保险合同案

3. 施工车辆停在原地施工发生事故不属交强险赔付范围 …… 8
——福州吉成建材有限公司诉中国太平洋财产保险股份有限公司厦门分公司保险合同案

4. 车上人员离车从事与驾驶无关作业被本车挤压应获得交强险赔偿 …… 11
——李某、刘甲诉华安财产保险股份有限公司黑龙江分公司哈尔滨中心支公司保险纠纷案

5. 车上人员因事故甩出车外不能成为交强险的“第三者” …… 14
——孙甲诉中国人寿保险股份有限公司乌鲁木齐沙依巴克区支公司责任保险合同案

6. 承保交强险保险公司的追偿数额范围的正确认定 …… 18
——中华联合财产保险股份有限公司潍坊中心支公司诉孟某追偿权案

7. 特种机动车作业事故损害应属于交强险赔偿范围 …… 21
——李某诉中华联合财产保险股份有限公司德阳中心支公司等机动车交通事故责任案

8. 投保人未如实陈述导致保险事故的性质、原因无法查明，保险人对无法确定的部分免责 …… 25
——张甲诉中华联合财产保险股份有限公司福州中心支公司保险案

（二）机动车商业保险
9. 保险合同中从业资格证等免责条款的效力认定 …… 30
——唐某诉中国人民财产保险股份有限公司盐城市分公司财产损失保险合同案

10. 无证据证明保险事故真实发生的情况下能否适用弃权制度 …… 34
——郭某诉中国平安财产保险股份有限公司平度支公司财产保险合同案

11. 违反近因原则的保险条款无效 …… 38
——陈某诉阳光财产保险股份有限公司金华中心支公司财产保险合同案

12. 投保时车牌号填写错误，保险公司承担责任 …… 42
——张甲等诉中国太平洋财产保险股份有限公司包头中心支公司等机动车交通事故责任案

13. 排除保险车辆本身以外的火源引起的火灾造成的损失不属于车损险的保险责任范围 …… 45
——李某诉中国平安财产保险股份有限公司天津分公司财产保险合同案

14. 挂靠的车辆未按约定足额投保，超出保额的交通事故赔偿责任承担的认定标准 …… 48
——广州市康旺运输有限公司诉冯某追偿权案

15. 对新能源汽车按照补贴前价格收取保费，保险公司不得按照扣除补贴后价格进行赔付 …… 51
——王甲诉中国平安财产保险股份有限公司北京分公司财产保险合同案

16. 财产保险全损事故中获得残值并非保险理赔的前置程序 …… 55
——郑某诉中国平安财产保险股份有限公司吉林分公司财产保险合同案

17. 单方委托鉴定的效力法院能否认定 …… 59
——顾某诉中国太平洋财产保险股份有限公司无锡分公司责任保险合同案

18. 挂靠车辆的实际车主放弃对第三人请求赔偿权利的，车损险保险人不承担相应的保险金赔偿责任 …… 62
——上海两淮汽车运输有限公司诉永安财产保险股份有限公司上海分公司财产保险合同案

19. 发生事故后驾驶员弃车离开现场致使事故原因无法查明的，保险公司不承担赔偿责任 …… 65
——无锡市江成运速运有限公司诉中国太平洋财产保险股份有限公司无锡分公司保险合同案

20. 对车上人员责任险项下“车上人员”“使用”“免责情形”作合同解释 …… 69
——北京春乔综合商店诉中国人民财产保险股份有限公司北京市延庆支公司财产保险合同案

21. 不利解释原则在保险合同纠纷中的运用 …… 73
——射阳县华厦混凝土有限公司与中国人寿财产保险股份有限公司射阳县支公司保险合同案

22. 保险人法定免责条款是否需要保险人提示和明确说明 …… 76
——孔某诉中国太平洋财产保险股份有限公司重庆分公司财产损失保险合同案

23. 持有部队驾驶证驾驶地方车辆是否属于保险公司“无证驾驶”的免赔情形 …… 79
——戚甲诉中国平安财产保险股份有限公司广东分公司保险合同案

24. 保险合同中的“双重赔偿”问题 …… 83
——秦甲、延某诉中国人民财产保险股份有限公司雅安市分公司、汉源县顶宏物流有限责任公司财产保险合同案

25. 未经年审的机动车是否属于保险赔偿免责事由 …… 86
——茌平县冯屯镇宏源劳务服务部诉中国人寿财产保险股份有限公司聊城市中心支公司保险合同案

26. 保险公司主张投保人“骗保”依据不足时应依法理赔 …… 89
——华某诉中国人民财产保险股份有限公司北京市分公司财产损失保险合同案

（三）其他财产保险纠纷

27. 保险事故发生后保险公司无权要求投保人缴纳保险费 …… 93
——中国人民财产保险股份有限公司南通市分公司诉严某保证保险合同案

28. 依据公平原则认定诉讼财产保全责任险的保费支付标准 …… 97
——中国平安财产保险股份有限公司上海分公司诉上海绿地建设（集团）有限公司其他保险合同纠纷案

29. 投保险种与保险利益不符时保险性质的认定 …… 103
——北京燕房华兴仓储有限公司诉中国人民财产保险股份有限公司北京市燕山支公司等财产保险合同案

30. 责任保险项下被保险人“怠于请求”的判断标准 …… 107
——中国太平洋财产保险股份有限公司航运保险事业营运中心诉天安财产保险股份有限公司航运保险中心海上保险合同案

二、人身保险

（一）人身意外伤害保险

31. 保险公司应当就其对雇主责任险中保险事故范围的限制以及伤残赔付比例表的适用尽到提示说明义务 …… 112
——林某诉中国人民财产保险股份有限公司威海市分公司人身保险合同案

32. 保险合同中对自驾车的解释应符合普通民众的通常理解 …… 115
——张某某等诉某某人寿保险股份有限公司河北分公司人身保险合同案

33. 恶劣工况下的突发死亡可推定为意外 …… 118
——陈甲等诉中国人寿保险股份有限公司沈阳市分公司人身保险合同案

34. 意外伤害应区分原因意外与结果意外 …… 121
——张甲、张乙诉新华人寿保险股份有限公司江苏分公司保险合同案

35. 工伤保险待遇中护理期的确定及可不经过仲裁前置诉求的认定 …… 124
——赵某诉明达实业（厦门）有限公司工伤保险待遇案

36. 第三人侵权赔偿后不能免除工伤保险待遇赔偿责任 …… 128
——付某春等诉冯某、龙某工伤保险待遇案

37. 保险合同约定伤残等级应符合《人身保险伤残评定标准》的条款不应认定为免责条款 …… 132
——蒋某诉安盛天平财产保险股份有限公司保险合同案

38. 建筑工程团体人身意外保险项目下被保险人的认定标准 …… 135
——蒋某、刘某等诉百年人寿保险股份有限公司四川分公司意外伤害保险权益案

39. 合同中存在“承保五日后生效”条款，保险合同生效时间如何认定 …… 140
——叶某某等诉太平养老保险股份有限公司河北分公司保险合同案

40. 建工团体险中保险人不得以投保人未如实告知工程造价为由而拒绝向被保险人赔付 …… 143
——杨某等诉平安养老保险股份有限公司广东分公司人身保险合同案

41. 不确定概念不能作为保险合同的免责条款 …… 148
——王木等诉永安财产保险股份有限公司上海分公司意外伤害保险合同案

42. 保险条款约定伤残评定标准的有效性 …… 154
——周某诉安联财产保险（中国）有限公司人身保险合同案

43. 未按约定进行伤残评定是否免除保险公司的责任 …… 159
——石某诉中国人寿保险股份有限公司盐城市分公司人身保险合同案

44. 团体意外险的保险金请求权可以转让 …… 162
——阿拉善盟云峰道桥有限责任公司诉中国平安财产保险股份有限公司商洛中心支公司保险案

45. 未进行死因鉴定情况下，如何认定是否系意外伤害死亡 …… 165
——汪某等诉中国太平洋人寿保险股份有限公司安庆中心支公司意外伤害保险合同案

46. 意外伤害保险合同中忽视因果关系的时间限制条款无效 …… 169
——凌某、小凌诉和谐健康保险股份有限公司泰州中心支公司意外伤害保险合同案

（二）重大疾病保险

47. 保险人对投保人未如实告知事项是否属于“重要事实”负有举证义务 …… 173
——朱某某诉中国某某保险股份有限公司北京市分公司人身保险合同案

48. 人身保险合同中被保险人初次确诊癌症时间的认定 …… 177
——钟某诉中国人寿保险股份有限公司广州市分公司保险合同案

49. 人身保险中申请理赔的诉讼时效认定 …… 181
——于某诉太平养老保险股份有限公司深圳分公司人身保险合同案

50. 网络投保中明确说明义务与如实告知义务的认定 …… 184
——张某诉中国太平洋保险股份有限公司湖北分公司人身保险合同案

51. 保险人就未询问的事项主张投保人未尽如实告知义务的不能拒赔 …… 189
——刘某诉民生人寿保险股份有限公司许昌中心支公司襄城营销服务部人身保险合同案

（三）人寿保险

52. 保险单记载事项与保险条款约定相抵触时的适用问题 …………………… 194
——刘某某诉中国某保险股份有限公司人寿保险合同案

53. 保险合同中的手写内容应视为对印制条款的变更 …………………… 197
——袁某诉中国人寿保险股份有限公司江阴支公司人寿保险合同案

三、代位求偿权

54. 保险代位求偿权限制对象范围的界定 …………………… 202
——太平财产保险有限公司天津分公司诉天津赛克电动车有限公司代位求偿权案

55. 保险人可否向非机动车驾驶人行使代位求偿权 …………………… 206
——中国人寿财产保险股份有限公司德州市中心支公司诉冯某代位求偿权案

56. 侵权人的赔偿责任不因第三方保险公司基于责任保险合同的赔付而免除 …………………… 209
——中国人寿财产保险股份有限公司泰安市中心支公司诉周某等保险人代位求偿权案

57. 保险人代位求偿权中善意第三者已赔偿部分的审核 …………………… 212
——中华联合财产保险股份有限公司无锡中心支公司诉何某保险人代位求偿权案

58. 保险人行使代位求偿权时名义承运人和实际承运人承担不真正连带债务 …………………… 215
——中国人民财产保险股份有限公司北京市分公司诉孟州市汽车运输有限责任公司、北京恒通安达物流有限公司保险人代位求偿权案

59. 保险人向第三者追偿时保险事故损失程度的举证责任划分 …………………… 219
——中国平安财产保险股份有限公司青岛分公司诉吴某代位求偿权案

60. 代驾公司对交通事故负有损害赔偿责任属于保险代位求偿的对象 …………………… 224
——中国平安财产保险股份有限公司北京分公司诉壹零壹捌汽车俱乐部（北京）有限公司等保险人代位求偿权案

61. 第三者不是保险事故发生的原因，保险公司不能行使代位求偿权 …………………… 227
——中国人民财产保险股份有限公司宜宾市分公司诉江安川南医院保险代位求偿权案

62. 关联案件裁判生效之日或实际垫付之日均不能视为保险公司代位求偿权的诉讼时效起算点 …………………………………………………………… 230
——紫金财产保险股份有限公司诉张某等保险代位求偿权案
63. 意定让与取得的权利不属于保险人代位求偿权的诉讼标的 ………………… 235
——中国平安财产保险股份有限公司陕西分公司诉北京星城商厦商贸有限责任公司、国美电器有限公司保险人代位求偿权案

一、财产保险

（一）机动车交通事故责任强制保险

1

保险公司对“醉驾”享有的交强险追偿权即事实上的免赔权并不适用于“酒驾”情形

——刘某诉中国大地财产保险股份有限公司晋江支公司责任保险合同案

【案件基本信息】

1. 裁判书字号

福建省泉州市中级人民法院（2018）闽05民终7676号民事裁定书

2. 案由：责任保险合同纠纷

3. 当事人

原告：刘某

被告：中国大地财产保险股份有限公司晋江支公司（以下简称大地保险公司）

【基本案情】

2017年9月19日，刘某就自己所有的闽C×××69号小型轿车向大地保险公司投保了机动车交通事故责任强制险（以下简称交强险）。大地保险公司于当日出具保险单（抄件）一份，载明：被保险人刘某，被保险机动车为闽C×××69号小型轿车，死亡伤残赔偿限额为11万元，保险期间自2017年9月20日0时起至2018年9月19日24时止。2018年2月3日1时许，刘某酒后驾驶闽C×××69号小型轿车沿304县道由福建省泉州市洛江区河市镇往双阳街道行驶至河市镇浮桥村路段时碰撞行人罗某，致使罗某被刘某驾驶的闽C×××69号小型轿车沿路拖行至双阳街道金狮路，造成罗某当场死亡的交通事故。事故发生后，刘某未停车报警，而是驾车驶离现场。当日5时许，交警部门电话通知刘某到案接受调查，但其未及时到案，而是采取饮水及拖延到案的方式逃避交警部门对其酒后驾驶机动车行为的调查。当日15时许，刘某自行到泉州市公安局交警支队洛江大队接受调查。2018年2月8日，泉州市公安局交警支队洛江大队作出道路交通事故认定书，认定：刘某应承担本事故的全部责任；罗某无责任。同年5月14日，福建省泉州市洛江区人民检察院以刘某犯交通肇事罪提起公诉。死者罗某的家属同时提起附带民事诉讼。2018年6月11日，经福建省泉州市洛江区人民法院主持调解，刘某与罗某的家属自愿达成调解协议：由刘某一次性赔偿罗某家属全部经济损失77万元（已支付完毕），罗某的家属谅解刘某的犯罪行为，并请求对刘某减轻处罚并适用缓刑。次日，该院作出（2018）闽0504刑初100号刑事判决。

【案件焦点】

1. 刘某是酒后驾驶还是醉酒驾驶；2. 保险公司应否承担交强险责任。

【法院裁判要旨】

福建省泉州市洛江区人民法院经审理认为：刘某与大地保险公司之间的保险合同关系，合法有效，对双方当事人均具有法律约束力。刘某依约支付保险费，大地保险公司亦应依约对保险事故承担保险责任。刘某在保险期限内，酒后驾驶被保险车辆发生道路交通事故造成罗某死亡，大地保险公司依法应承担赔偿责任。案发后，刘某虽与死者罗某的家属达成调解协议，并一次性赔偿死者家属77万元，但大地保险公司并未参与调解，该赔偿数额对其不发生法律约束力。因本案死者罗某属农村居民，死亡时未达20周岁，依照《最高人民法院关于审理人身损害赔偿案件适用法律若干问题的解释》第二十九条、第三十五条规定，罗某的死亡赔偿金应以2018年度福建省农村居民人均可支配收入16334.8元为标准，按20年计算，即16334.8元/年×20年=326696元，已超过机动车交强险死亡伤残赔偿责任限额11

万元的范围，且刘某已向死者罗某家属赔偿了全部经济损失，故刘某要求大地保险公司支付赔偿金 11 万元，合理合法，应予支持。大地保险公司主张刘某存在醉酒驾驶机动车行为，并据此主张免赔，缺乏事实依据，对其抗辩意见，不予采纳。

综上所述，福建省泉州市洛江区人民法院依照《中华人民共和国合同法》第八条、第六十条第一款，《中华人民共和国保险法》第二条、第六十五条，《机动车交通事故责任强制保险条例》第二十一条、第二十二条，《中华人民共和国民事诉讼法》第六十四条第一款，《最高人民法院关于审理道路交通事故损害赔偿案件适用法律若干问题的解释》第十八条及《最高人民法院关于审理人身损害赔偿案件适用法律若干问题的解释》第二十九条、第三十五条规定，作出如下判决：

大地保险公司在本判决生效之日起十日内给付刘某机动车交强险责任限额项下死亡伤残赔偿金 11 万元。

一审判决后，大地保险公司提起上诉。福建省泉州市中级人民法院经审理认为：大地保险公司在收到依法缴纳上诉案件诉讼费通知后，未按通知要求在规定的期限内缴交诉讼费，也未提出减交、缓交或免交申请。据此，依照《中华人民共和国民事诉讼法》第一百五十四条第一款第十一项，《最高人民法院关于适用〈中华人民共和国民事诉讼法〉的解释》第三百二十条规定，裁定如下：

本案按上诉人大地保险公司自动撤回上诉处理。一审判决自本裁定书送达之日起发生法律效力。

【法官后语】

1. 醉酒驾驶与酒后驾驶的区别

根据《最高人民法院、最高人民检察院、公安部关于办理醉酒驾驶机动车刑事案件适用法律若干问题的意见》（本案以下简称《意见》）的规定，醉酒驾驶是指血液酒精含量达到 80 毫克/100 毫升以上的，在道路上驾驶机动车的行为。广义上的“酒后驾驶”涵摄醉酒驾驶范畴，但司法实务中通常惯用狭义上的“酒后驾驶”概念，即仅指喝酒后血液酒精含量未达到 80 毫克/100 毫升的在道路上驾驶机动车的行为，本文亦随之。醉酒驾驶与酒后驾驶不仅性质不同（前者属于危险驾驶犯罪行为，而未引发重大交通事故的酒后驾驶仅为一般违法行为），而且在交强险理赔问题上，二者也有显著区别，表现为根据《最高人民法院关于审理道路交通事故损害赔偿案件适用法律若干问题的解释》第十八条规定，保险公司对醉酒驾驶有权向侵权人主张追偿权，而对酒后驾驶则没有。详言之，对受害人而言，无论侵权人是醉酒驾驶或酒后驾驶，保险公司均应承担交强险理赔责任；但在醉酒驾驶情形中，保险公司在对受害人进行理赔后有权在赔偿范围内向侵权人追偿。也就是说，该交强险范围内的赔偿款最终应由侵权人实际承担，从该角度讲，对被保险人和侵权人而言，保险公司对醉酒驾驶享有交强险免赔权。因此，交通事故发生后，倘若是被保险人先向事故第三者赔偿的，则其无权就已支付款项向保险人索赔相应的保险金。但在酒后驾驶情形中，被保险人可就先向事故第三者赔偿的交强险范围内的款项向保险人请求支付相应的保险金。

2. 酒后驾驶、醉酒驾驶的证明及举证责任

国家质量监督检验检疫总局发布的《车辆驾驶人员血液、呼气酒精含量阈值与检验》规定了4种检测驾驶人员是否酒后驾驶的方法，即呼气酒精含量检验、血液酒精含量检验、唾液酒精检测、人体平衡试验。其中血液酒精含量是最精准最科学的方法。为此，《意见》确立了以血液酒精含量检验为原则、以呼气酒精含量检验为例外的证明标准，其第六条第一款规定："血液酒精含量检验鉴定意见是认定犯罪嫌疑人是否醉酒的依据。犯罪嫌疑人经呼气酒精含量检验达到本意见第一条规定的醉酒标准，在抽取血样之前脱逃的，可以以呼气酒精含量检验结果作为认定其醉酒的依据。"

本案中，刘某因"酒驾"造成一人死亡的交通事故，并在事故发生后采取饮水及拖延到案的方式逃避交警部门的调查。从逻辑上讲，刘某的"酒驾"行为存在醉酒驾驶的可能性。但从事实认定和证明责任角度来说，大地保险公司抗辩称刘某的行为属醉酒驾驶，根据"谁主张、谁举证"原则，在刑事判决对此仅定性为酒后驾驶的前提下，其应承担相应的举证责任。大地保险公司对此举证不能，法院据此不采纳其相关抗辩意见，进而判决其应对刘某酒后驾驶所引发事故承担11万元的交强险理赔责任。

编写人：福建省泉州市洛江区人民法院　林前枢

2

保险事故发生后应及时通知保险人

——杨某诉太平财产保险有限公司阳江中心支公司
财产损失保险合同案

【案件基本信息】

1. 裁判书字号

广东省阳江市中级人民法院（2019）民终122号民事判决书

2. 案由：财产损失保险合同纠纷

3. 当事人

原告（上诉人）：杨某

被告（被上诉人）：太平财产保险有限公司阳江中心支公司

【基本案情】

杨某于2017年5月18日5时许驾驶粤Q××××J号轿车在合山镇旧大桥头村仔路段碰撞路边房屋围墙，致车辆及房屋围墙损坏。本次事故发生后，杨某没有立即报警也没有立即向太平财产保险有限公司阳江中心支公司报案，其是在2017年5月18日中午才报警并向太平财产保险有限公司阳江中心支公司报案。交警部门在当天13时左右到达事故现场勘查。对本次事故，阳江市公安局阳东分局交通警察大队于2017年11月13日出具了一份《证明》，载明："2017年5月18日5时许，杨某驾驶粤Q××××J号轿车在我队辖区合山镇旧大桥头村仔路段碰撞路边房屋围墙，致车辆及房屋围墙损坏。因杨某未及时报警，该事故事实及成因无法查清，根据《道路交通事故处理程序规定》第五十条规定，特此证明。"杨某称其在事故发生后没有立即报警是因为事故发生时天还没有亮，其没有这方面的经验。经评估，粤Q××××J号轿车交通事故损失价格为28682元。

【案件焦点】

太平财产保险有限公司阳江中心支公司是否可以对杨某的车辆损失拒赔。

【法院裁判要旨】

广东省阳江市阳东区人民法院经审理认为：杨某为其名下的粤Q××××J号轿车向太平财产保险有限公司阳江中心支公司投保了机动车损失保险（保险金额68835元，不计免赔），双方之间依法成立了保险合同关系，双方均应履行各自的合同义务。《中华人民共和国保险法》第二十一条规定："投保人、被保险人或者受益人知道保险事故发生后，应当及时通知保险人。故意或者因重大过失未及时通知，致使保险事故的性质、原因、损失程度等难以确定的，保险人对无法确定的部分，不承担赔偿或者给付保险金的责任，但保险人通过其他途径已经及时知道或者应当及时知道保险事故发生的除外。"本案中，杨某在事故发生后无正当理由未及时报警，也未及时通知太平财产保险有限公司阳江中心支公司，导致交警部门及太平财产保险有限公司阳江中心支公司对本次事故的事实及成因无法查清，杨某对此应承担相应的法律后果。

广东省阳江市阳东区人民法院依照《中华人民共和国保险法》第二十一条、《中华人民共和国民事诉讼法》第六十四条第一款的规定，作出如下判决：

驳回杨某的诉讼请求。

杨某不服一审判决，提起上诉。广东省阳江市中级人民法院经审理认为：杨某在本次事故发生后，未及时报警亦未及时通知太平财产保险有限公司阳江中心支公司，存在明显的重大过失，致使本次事故的性质、原因、损失承担等难以确定。

广东省阳江市中级人民法院依照《中华人民共和国民事诉讼法》第一百七十条第一款第一项的规定，作出如下判决：

驳回上诉，维持原判。

【法官后语】

随着社会经济的发展，公民维护自身权益的意识越来越高，在购买车辆时都会投保相应的车辆保险，万一发生交通事故，由保险公司来承担损失。大多数的公民会产生这样的错觉："只要发生了交通事故，保险公司都应该赔偿责任。"他们不知道自己还应履行相应的义务，否则保险公司可能有免赔的权利。在本案中，杨某在事故发生后无正当理由未及时报警，也未及时通知保险公司，导致交警部门及保险公司对本次事故的事实及成因无法查清。《中华人民共和国保险法》第二十一条规定："投保人、被保险人或者受益人知道保险事故发生后，应当及时通知保险人。故意或者因重大过失未及时通知，致使保险事故的性质、原因、损失程度等难以确定的，保险人对无法确定的部分，不承担赔偿或者给付保险金的责任，但保险人通过其他途径已经及时知道或者应当及时知道保险事故发生的除外。"保险公司对其损失不承担赔偿责任。另外，在我们投保车辆保险时，保险公司都会与投保人签订相应的保险条款，在某些情形下，保险公司有免赔的权利，即我们平时所说的"免责条款"。本案中，就是因为杨某未履行及时通知保险公司的法定义务，导致本次事故事实及成因无法查清，保险公司根据上述法律规定不承担赔偿责任。

在社会生活中，可能会有"酒驾""毒驾""无证驾驶"甚至"顶包"等行为，如果发生交通事故后，不及时报警或通知保险公司，致使无法确定驾驶人是否存在上述免责情形，导致事故的事实及成因无法查明，那么行为人应承担相应的法律后果，保险公司依法依约就可以拒赔。就本案而言，如果法院支持杨某的诉讼请求，判决保险公司对其的车辆损失承担赔偿责任，就会造成一种不好的社会风气，社会公众就会认为"只要买了保险，保险公司无论任何情况都应该承担赔偿责任"，有些驾驶人可能就会想尽办法逃避责任，可能会导致伤者得不到及时的救助、交通事故的事实无法查清。因此，本案作出保险公司拒赔的裁判结果，可以培育社会诚信、倡导行为规范。

最后提醒社会公众：在驾驶交通工具时，要遵守交通法规、严格履行驾驶义务、遵守社会公共秩序，保障自己及他人的生命财产安全，规范驾驶行为。

编写人：广东省阳江市阳东区人民法院　赖宝军

3

施工车辆停在原地施工发生事故不属交强险赔付范围

——福州吉成建材有限公司诉中国太平洋财产保险股份有限公司厦门分公司保险合同案

【案件基本信息】

1. 裁判书字号

福建省闽侯县人民法院（2018）闽0121民初468号民事判决书

2. 案由：保险合同纠纷

3. 当事人

原告：福州吉成建材有限公司（以下简称吉成建材公司）

被告：中国太平洋财产保险股份有限公司厦门分公司（以下简称太平洋保险厦门分公司）

【基本案情】

2016年9月24日，吉成建材公司为其所有的闽A×××09号泵车向太平洋保险厦门分公司投保了交强险、商业三者险和不计免赔险。保险期限为2016年9月24日0时至2017年9月23日24时。商业三者险的保额为100万元。

2017年3月22日13时许，吉成建材公司员工胡某驾驶闽A×××09号泵车在福建省闽侯县青口投资区双龙河河道整治工程工地对混凝土作业点进行浇筑卸料作业时，闽A×××09号泵车右边地面突然发生塌陷，导致车身向右倾斜，泵车臂架砸到现场施工人员张某，造成张某受伤，后经福州第二医院抢救无效死亡。事发后，经福建省闽侯县安全生产监督管理局对事故调查认定，闽A×××09号泵车系造成张某死亡的直接原因。

2017年4月11日，吉成建材公司与张某家属达成调解协议，由吉成建材公司赔偿张某家属丧葬费、补偿费等一切费用90万元。现吉成建材公司起诉，要求太平洋保险厦门分公司在保险赔偿限额范围内向吉成建材公司支付吉成建材公司代垫的闽A×××09号泵车交通事故赔偿款。

【案件焦点】

本案是否应适用《机动车交通事故责任强制保险条例》进行理赔。

【法院裁判要旨】

福建省闽侯县人民法院经审理认为：吉成建材公司为其所有的闽A×××09号泵车向太平洋保险厦门分公司投保了交强险、商业三者险和不计免赔险，是双方当事人的真实意思表示，且不违反法律规定，应认定为有效合同。同时，闽A×××09号泵车出险时间在保险合同有效期内，因此太平洋保险厦门分公司应在合同约定和法定范围内理赔。但是，《机动车交通事故责任强制保险条例》第三条规定“本条例所称机动车交通事故责任强制保险，是指由保险公司对被保险机动车发生道路交通事故造成本车人员、被保险人以外的受害人的人身伤亡、财产损失，在责任限额内予以赔偿的强制性责任保险”。可见，机动车交通事故责任强制保险只适用于被保险机动车发生道路交通事故时，而本案事故是发生于施工现场停车作业，属施工安全事故，因此吉成建材公司主张适用《机动车交通事故责任强制保险条例》责任限额理赔的诉请不能成立。因吉成建材公司向太平洋保险厦门分公司投了商业三者险，且赔偿限额为100万元，故太平洋保险厦门分公司应在商业三者险限额范围内赔偿吉成建材公司789051.46元。至于吉成建材公司主张的精神损害抚慰金因该费用不属于商业第三者保险赔偿范围，且吉成建材公司与张某家属达成的调解协议中未列明该项赔偿，故吉成建材公司的该项主张法院不予支持。

福建省闽侯县人民法院依照《中华人民共和国合同法》第六十条、《中华人民共和国保险法》第十四条的规定，作出如下判决：

一、太平洋保险厦门分公司应于本判决生效之日起十日内向吉成建材公司支付赔偿款789051.46元；

二、驳回吉成建材公司的其他诉讼请求。

【法官后语】

《机动车交通事故责任强制保险条例》第三条规定“本条例所称机动车交通事

故责任强制保险，是指由保险公司对被保险机动车发生道路交通事故造成本车人员、被保险人以外的受害人的人身伤亡、财产损失，在责任限额内予以赔偿的强制性责任保险”。第四十三条规定“机动车在道路以外的地方通行时发生事故，造成人身伤亡、财产损失的赔偿，比照适用本条例”。根据上述两条规定，适用交强险的前提是发生的事故属于交通事故范畴或虽不属于交通事故范畴但系机动车处于通行时发生事故而造成人身伤亡、财产损失。

1. 施工现场是否属于《中华人民共和国道路交通安全法》所规定的道路范畴？对于道路，《中华人民共和国道路交通安全法》第一百一十九条第一款规定“道路，是指公路、城市道路和虽在单位管辖范围但允许社会机动车通行的地方，包括广场、公共停车场等用于公众通行的场所”。本案中，事故发生的地点为建筑工地施工现场。作为建筑工地，由于其现场施工环境的危险性和一定的封闭性，一般只允许施工车辆及施工人员进入、通行，而社会车辆及人员均被禁止进入其中，因此建筑工地不具备公众通行的性质。故建筑工地施工现场不属于《中华人民共和国道路交通安全法》第一百一十九条第一款所规定的道路范畴。根据《中华人民共和国道路交通安全法》第一百一十九条第五款“交通事故，是指车辆在道路上因过错或者意外造成的人身伤亡或者财产损失的事件”的规定，交通事故必须发生在道路上，故在建筑工地发生的事故不属于交通事故。

2. 施工车辆停在原地施工时是否应认为处于通行状态中？所谓通行，并不仅指车辆始终处于行驶当中，而是既指车辆处于行驶状态中，亦指虽处于静止但欲通行状态中，如等红灯、起步发动等。就以上两种状态而言，车辆均呈现出交通工具的特性。本案中，涉案车辆为特种车辆，其既可作为交通工具行驶，也可作为起重机械进行施工作业。在本案事故发生时，该车辆系停在原地进行起重作业而非停在原地等待通行，即驾驶员在操作该车辆时，并无等待通行的意图，此时该车辆呈现的是起重作业机械的特性，而非交通工具的特性。本案中的事故不应认定为是车辆在通行中发生的事故。因此，本案事故既非交通事故，也不是在通行中发生的事故，故不属于交强险的赔付范围。

编写人：福建省闽侯县人民法院　王秀林

4

车上人员离车从事与驾驶无关作业被本车挤压应获得交强险赔偿

——李某、刘甲诉华安财产保险股份有限公司黑龙江分公司哈尔滨中心支公司保险纠纷案

【案件基本信息】

1. 裁判书字号

黑龙江省哈尔滨市中级人民法院（2018）黑01民终7608号民事判决书

2. 案由：保险纠纷

3. 当事人

原告（被上诉人）：李某、刘甲

被告（上诉人）：华安财产保险股份有限公司黑龙江分公司哈尔滨中心支公司（以下简称华安财险公司）

【基本案情】

李某系刘乙的妻子，刘甲系刘乙的儿子。2016年12月31日18时，刘乙驾驶A重型半挂牵引车，在河北省沧州市佳兴物流园停车场东侧停车，因未拉手刹溜车，刘乙发现后到车头前推车，被挤压在李某停放在停车场西侧的B重型半挂牵引车上，刘乙受伤后经河北省沧州市人民医院抢救无效死亡。刘乙住院抢救期间其家属支出医疗费16659.83元。经交警部门认定，刘乙负事故全部责任，李某无责任。A重型半挂牵引车与B重型半挂牵引车均在华安财险公司投保交强险，保险事故发生在保险期限内，其中刘乙为A重型半挂牵引车的投保人。审理中，刘乙的父亲、母亲到庭，该二人表示不参加诉讼，不要求分割所得赔偿款。

【案件焦点】

驾驶员离车从事与驾驶无关作业时，被本车挤压致死，可否作为“第三者”获得机动车强制责任保险的赔付。

【法院裁判要旨】

黑龙江省哈尔滨市香坊区人民法院经审理认为：本案系机动车交通事故引发的保险合同纠纷，应根据侵权责任法、道路交通安全法、最高人民法院有关司法解释及机动车交通事故责任强制保险条例的有关规定进行处理。因刘乙已经死亡，李某、刘甲作为赔偿权利人提起诉讼主体适格。案外人李某在本次事故中无责，现李某、刘甲要求华安财险公司在B重型半挂牵引车的交强险的范围内承担10%的赔偿责任，即12000元的主张，华安财险公司同意赔偿，故对李某、刘甲的该项主张法院予以支持。

本案争议焦点为刘乙是否为A重型半挂牵引车机动车强制保险的“第三者”。我国《机动车强制责任保险条例》第二十一条规定，被保险机动车发生道路交通事故造成本车人员、被保险人以外的受害人人身伤亡、财产损失的，由保险公司依法在机动车交通事故责任强制保险责任限额范围内予以赔偿。保险公司所称的驾驶人员的正确理解应当为正在驾驶车辆的具备驾驶资格的人员，并且是实际在操作、控制着车辆的行驶或者正在进行与车辆的行驶有关的操作，如果驾驶人停车后离开车辆，而做与驾驶车辆无关的事项，此时其身份已不是车辆驾驶员。根据交通事故认定书记载，刘乙在停车后因未拉手刹造成A重型半挂牵引车溜车，刘乙发现后到车头前推车，被挤压在案外人李某停放在停车场西侧的B重型半挂牵引车上，致使刘乙受伤，后经医院抢救无效后死亡。本案中，交通事故发生的时间应为车辆挤压刘乙的时间，在这个时间节点，刘乙所处的空间位置是车外，已经由车上人员转化为第三者，故刘乙应属于被保险车辆发生事故遭受人身损害的保险车辆下的受害者，适用交强险对第三者的理赔。因案件受理费不在交强险理赔范围内，故李某、刘甲主张华安财险公司负担案件受理费的主张不予支持。

黑龙江省哈尔滨市香坊区人民法院依照《中华人民共和国侵权责任法》第六条、第四十八条、第四十九条及《最高人民法院关于审理道路交通事故损害赔偿案件适用法律若干问题的解释》第十六条、第十七条，《机动车强制责任保险条例》第二十一条、第四十二条之规定，作出如下判决：

一、华安财险公司在B重型半挂牵引车交强险责任范围内赔偿李某、刘甲

12000 元；

二、华安财险公司在 A 重型半挂牵引车交强险责任范围内赔偿李某、刘甲 120000 元；

三、驳回李某、刘甲的其他诉讼请求。

华安财险公司不服一审判决，提起上诉。黑龙江省哈尔滨市中级人民法院经审理认为：机动车辆是一种交通工具，任何人都不可能永久地置身于机动车辆上，故机动车辆保险合同所涉及的“第三者”和“车上人员”均为在特定时空条件下的临时身份，二者可以随特定时空条件的变化而转化。具体到本案中，关于刘乙是否属于交强险“第三者”的问题，应以发生事故时即受害人遭受损害的当时身体所处位置为依据，结合受害人因事故所损害的原因来加以分析。在该案中，刘乙在下车作业之前是驾驶员身份，属于“车上人员”。其在车辆停止以后、下车作业时发生了交通事故，事故发生时受害人刘乙已经离开车辆，已停止了对该车辆的操作和控制，在做与驾驶无关的事情，已经不属于“车上人员”，应认定为“第三者”。华安财险公司主张刘乙作为被保险人和机动车驾驶人，不属于机动车交通事故责任强制保险和机动车第三者责任险中的第三人，华安财险公司不应承担本车交强险的保险责任，依据不足，不予支持。华安财险公司的上诉请求不能成立，应予驳回；一审判决认定事实清楚，适用法律正确，应予维持。

黑龙江省哈尔滨市中级人民法院依照《中华人民共和国民事诉讼法》第一百七十条第一款第一项之规定，作出如下判决：

驳回上诉，维持原判。

【法官后语】

近年来，我国机动车的保有量突飞猛进。机动车未投保机动车交通事故第三者责任保险、肇事者无力赔偿、机动车肇事后逃逸等现象，使交通事故受害人的赔偿问题显得尤为突出。因此，制定《机动车强制责任保险条例》的目的首先在于为机动车道路交通事故的受害人提供基本保障，及时、合理地填补其遭受的损害，在此基础上，借助机动车交通事故责任强制保险所具有的社会管理效用更好地履行政府职责，促进道路交通安全，进而维护社会大众的安全与权益。交强险实际上是针对交通事故频繁的社会危害而设立的，交通事故的发生所带来的人身和财产损失的有效弥补，需要有稳定的资金来源，交通事故的偶然性特征决定了个人往往不能及时有效地应对交通事故突然性所带来的风险。如此一来，通过机动车交通事故责任强制保险分散加害人的损害赔偿责任即成为必要。同时，对政府而言，社会管理者的角色必然要求其承担管理道路交通、维护交通安全的职责，倘若完全听任加害人出于"转嫁"自身责任的考虑而投保商业责任保险，显然难堪此任。因此，世界各国自20世纪20年代以来，先后制定相关法规，强制机动车投保机动车交通事故责任强制保险，并不断提高其保障程度和覆盖面，使机动车交通事故的受害人能获得合理的赔偿。

我国《机动车强制责任保险条例》第二十一条规定，被保险机动车发生道路交通事故造成本车人员、被保险人以外的受害人人身伤亡、财产损失的，由保险公司依法在机动车交通事故责任强制保险责任限额范围内予以赔偿。结合交强险的立法目的，机动车辆保险合同所涉及的"第三者"和"车上人员"的身份并非固定不变，判断受害人发生交通事故时属于第三人还是车上人员，应当以发生事故当时这一特定时间节点，受害人身体所处空间为依据，二者只是在特定时空下的临时身份，其身份会因特定时空条件的变化相互发生转换。具体到本案中，关于刘乙是否属于交强险"第三者"的问题，应以发生事故时即受害人遭受损害的当时身体所处位置为依据，结合受害人因事故所受损害的原因来加以分析。

编写人：黑龙江省哈尔滨市香坊区人民法院　李爽

5

车上人员因事故甩出车外不能成为交强险的"第三者"

——孙甲诉中国人寿保险股份有限公司乌鲁木齐沙依巴克区支公司责任保险合同案

【案件基本信息】

1. 裁判书字号

新疆维吾尔自治区乌鲁木齐铁路运输中级法院（2018）新71民终4号民事判决书

2. 案由：责任保险合同纠纷

3. 当事人

原告（上诉人）：孙甲

被告（被上诉人）：中国人寿保险股份有限公司乌鲁木齐沙依巴克区支公司（以下简称人寿财险公司）

【基本案情】

孙甲购买了车号为新A×××D3号的二手车，该车在人寿财险公司处投保了机动车交通事故责任强制保险。2016年10月8日，孙甲驾驶新A×××D3号车行驶至清河县S320线121千米+300米处时，因超速行驶，在向左侧急打方向盘时车辆发生侧滑，驶下路基后发生翻滚，造成乘车人齐某被甩出车外，后被本车碾压致死。事故经清河县公安局交警大队事故认定，孙甲承担事故的全部责任。2016年10月15日，孙甲父亲孙乙与齐某的继承人达成《交通事故赔偿协议书》，由孙乙赔偿了齐某的继承人各项费用共计210000元。事后，孙甲向人寿财险公司申请理赔，人寿财险公司以本次事故发生时齐某属于被保险车辆的车上人员，本次事故不属于保险责任的范围为由予以拒赔。为此，孙甲起诉，请求判令人寿财险公司赔偿其交强险的保险金110000元。

【案件焦点】

1. 齐某能否视为机动车交通事故责任强制保险中的“第三者”；2. 人寿财险公司是否应当在机动车交通事故责任强制保险中承担赔偿责任。

【法院裁判要旨】

新疆维吾尔自治区乌鲁木齐铁路运输法院经审理认为：本案的保险合同系双方当事人真实意思的表示，内容不违反法律、行政法规的强制性规定，是合法有效的合同，双方均应按合同的约定履行义务。因孙甲驾驶被保险车辆过程中操作不当，车辆驶入路基下翻滚，导致乘车人齐某被甩出车外受到车辆碾压而死亡，故在事故发生时齐某仍属于被保险车辆上的乘客，属于本车人员。依据《机动车交通事故责任强制保险条例》第三条“本条例所称机动车交通事故责任强制保险，是指由保险公司对被保险机动车发生道路交通事故造成本车人员、被保险人以外的受害人的人身伤亡、财产损失，在责任限额内予以赔偿的强制性责任保险”的规定以及《机动车交通事故责任强制保险条款》第五条的约定，本次事故中死者齐某属于本车人员，不属于交强险理赔的对象。孙甲诉请人寿财险公司赔偿其交强险赔偿金110000元的诉讼请求，与上述规定和保险合同的约定不符，法院不予支持。依照《中华人民共和国保险法》第十条、第十六条第七款，《机动车交通事故责任强制保险条例》第三条的规定，作出如下判决：

驳回孙甲的诉讼请求。

孙甲不服，提起上诉。新疆维吾尔自治区乌鲁木齐铁路运输中级法院经审理认为：保险合同中所涉及的“车上人员”和“第三者”均为特定时空条件下的临时性身份，即“第三者”与“车上人员”均不是永久的、固定不变的身份，诚如上诉人所说，“车上人员”在机动车停靠休息时正常下车后即为“车外人员”，但是两者的区别还是比较明确的，对于本案一个连续发生且无明显逻辑间断的事故而言，区分“车上人员”与“车外人员”的时间节点应当是事故危险发生之始的瞬间而非损害发生之后的时刻，双方均认可齐某事故发生之始是车上乘客，齐某在事故发生之始的瞬间是车上乘客，身处车上，因交通事故的原因才导致其脱离本车，不存在转化为“第三者”的问题，齐某仍属于“车上人员”，不应将其作为机动车交通事故责任强制保险限额赔偿范围的理赔对象，人寿财险公司无需在机动车交通事故责任强制保险责任范围内承担赔偿责任。故孙甲的上诉理由不能成立，法院不予支持。二审判决：

驳回上诉，维持原判。

【法官后语】

《机动车交通事故责任强制保险条例》第三条规定“本条例所称机动车交通事故责任强制保险，是指由保险公司对被保险机动车发生道路交通事故造成本车人员、被保险人以外的受害人人身伤亡、财产损失，在责任限额内予以赔偿的强制性责任保险”，《机动车交通事故责任强制保险条款》第五条约定“交强险合同中的受害人是指因被保险机动车发生交通事故遭受人身伤亡或者财产损失的人，但不包括被保险机动车本车车上人员、被保险人”，确定的赔偿对象排除了本车车上人员。在发生保险事故的纠纷中，受害人是否属于第三者的范围，对第三者的认定是能否获得机动车交通事故责任强制保险赔偿的关键。实践中赔偿对象的界定是以交通事故发生时受害人是“车上人员”还是“第三者”。虽然保险合同中所涉及的“车上人员”和“第三者”均为特定时空条件下的临时性身份，但机动车发生交通事故的特定时间节点应该是本车是否处于危险状态。

本案中，虽然交通事故发生时，车辆翻转产生的作用力将乘车人齐某抛出车外，其被抛出车外的瞬间没有位于机动车上，但其随后被本车碰撞碾压死亡即属于一次交通事故，并不是抛出车外后又发生了第二次交通事故。针对这么一个连续发生且无明显逻辑间断的事故而言，区分“车上人员”与“车外人员”的时间节点应当是事故危险发生之始的瞬间而非损害发生之后的时刻，齐某不论是在车上，还是因作用力被抛出车外，均属于被保险机动车的“车上人员”。

交强险的立法目的在于保障除车上人员、被保险人外的受害人的利益，而乘车人可以通过车上人员责任险和意外伤害险来保障权利。如果将车上人员在特定情形下理解为转化了的“第三者”，与交强险的立法本意不符。

随着我国经济的快速发展，机动车数量急剧增加，汽车作为一个普通的交通工具走入平常百姓家。汽车的普及给人们的生活带来了极大的便利和高效，但伴随着机动车保有量的增加，道路交通环境发展相对滞后，机动车交通事故的数量也有所增长。为了保障道路交通事故受害人利益，分散被保险人的风险，提高被保险人赔偿能力，机动车交通事故责任保险起到了积极的作用。

作为机动车辆的所有人或实际使用人，应按规定投保机动车交通事故责任强制保险，还可以根据车辆使用情况投保机动车综合商业保险，如车上人员责任保险、第三者责任保险，一旦发生了保险事故，保险公司按照相应的保险进行赔付，一方面能分担被保险人的赔偿责任、分散被保险人的风险，另一方面也能够让受害人得到及时有效的救济。

编写人：新疆维吾尔自治区乌鲁木齐铁路运输中级法院　毛建梅

6

承保交强险保险公司的追偿数额范围的正确认定

——中华联合财产保险股份有限公司
潍坊中心支公司诉孟某追偿权案

【案件基本信息】

1. 裁判书字号

山东省淄博市中级人民法院（2018）鲁03民终2304号民事判决书

2. 案由：追偿权纠纷

3. 诉讼双方

原告（上诉人）：中华联合财产保险股份有限公司潍坊中心支公司（以下简称中华联合财险）

被告（被上诉人）：孟某

【基本案情】

2015年8月8日，孟某持C1证驾驶一辆运输型拖拉机与王甲驾驶的三轮车在临淄区齐陵街道宋望路付辛路路口相撞，导致驾驶人王甲及搭乘人王乙、王丙、冯甲、冯乙、刘甲六人受伤。后经交警部门认定，孟某承担事故同等责任。孟某名下涉案车辆在中华联合财险投保了交强险。后王甲等六人分别向法院提起诉讼，法院判决中华联合财险在交强险限额内赔偿王甲等六人各项损失共计120000元，该赔偿数额未按照交通事故双方应承担的责任份额进行分割，后中华联合财险全额履行。中华联合财险主张因孟某系无证驾驶机动车发生交通事故，故依法提起本案诉讼，要求孟某偿还交通事故垫付款120000元。孟某则辩称中华联合财险所述属实，但保险合同不是其签订，且其与被赔付人是同等责任，应平分经济损失。

【案件焦点】

中华联合财险在本案中向孟某追偿的数额应如何认定。

【法院裁判要旨】

山东省淄博市临淄区人民法院经审理认为：孟某持C1证驾驶拖拉机，与准驾车型不符，其驾驶涉案车辆造成第三人受伤，中华联合财险在依据生效判决书向第三人履行赔偿义务后，有权对实际驾驶车辆造成事故的侵权人即孟某行驶追偿权。在本案所涉及的交通事故中，经淄博市公安局交警支队临淄大队认定孟某承担同等责任，且法院生效判决中也确认其应承担50%的赔偿责任。因此，中华联合财险在交强险赔偿范围内的追偿数额，应以孟某应承担的赔偿额为限。综上，对中华联合财险要求孟某偿还垫付款120000元的诉求，仅支持其中的50%即60000元。

山东省淄博市临淄区人民法院依照《中华人民共和国民法通则》第一百三十一条，《中华人民共和国侵权责任法》第二十六条，《最高人民法院关于审理道路交通事故损害赔偿案件适用法律若干问题的解释》第十八条，《中华人民共和国民事诉讼法》第一百四十四条之规定，判决如下：

一、孟某向中华联合财险偿还垫付的保险赔偿款60000元，于本判决书生效后十日内付清；

二、驳回中华联合财险的其他诉讼请求。

中华联合财险不服一审判决，持原审起诉意见提起上诉。山东省淄博市中级人民法院经审理认为：关于原审认定的中华联合财险在本案中的追偿数额是否正确的问题。依据《最高人民法院关于审理道路交通事故损害赔偿案件适用法律若干问题的解释》第十八条的规定，有下列情形之一导致第三人人身损害，当事人请求保险公司在交强险责任限额范围内予以赔偿，人民法院应予支持：（一）驾驶人未取得驾驶资格或者未取得相应驾驶资格的……保险公司在赔偿范围内向侵权人主张追偿权的，人民法院应予支持。因交强险限额内赔偿对受害人的赔偿并不考虑侵权责任，故无论侵权人在交通事故中承担全部责任或是部分责任，均应按照交强险保险公司已向受害人先行赔付的数额进行追偿。本案中，中华联合财险在涉案交通事故赔偿纠纷中已在交强险限额内向受害人王甲等赔偿损失120000元。故中华联合财险要求孟某偿还垫付款120000元符合法律规定，应当予以支持。综上所述，中华联合财险的上诉请求成立，应予支持。

山东省淄博市中级人民法院依照《最高人民法院关于审理道路交通事故损害赔

偿案件适用法律若干问题的解释》第十八条,《中华人民共和国民事诉讼法》第一百七十条第一款第二项、第一百七十五条的规定,判决如下:

一、撤销山东省淄博市临淄区人民法院(2018)鲁0305民初715号民事判决第二项;

二、变更山东省淄博市临淄区人民法院(2018)鲁0305民初715号民事判决第一项为:孟某向中华联合财险偿还垫付的保险赔偿款120000元,于本判决生效后十日内付清。

【法官后语】

本案主要涉及承保交强险保险公司的追偿数额范围的正确认定问题。

本案中,涉案交通事故的侵权人孟某持C1证驾驶拖拉机,与准驾车型不符,这显然属于一种无相应驾驶资格的情形。对于此情形下承保交强险的保险公司向侵权人的追偿权,《机动车交通事故责任强制保险条例》第二十二条第一款和《最高人民法院关于审理道路交通事故损害赔偿案件适用法律若干问题的解释》(本案以下简称《交通事故损害赔偿解释》)第十八条第一款均予以明确肯定。但本案反映出的主要问题则在于追偿的数额范围。一审认为承保交强险的保险公司在交强险赔偿范围内的追偿数额应以侵权人应承担的赔偿额为限,二审则认为应按照承保交强险的保险公司已向受害人先行赔付的数额进行追偿。这两种不同的理解显然会导致两种不同的裁判结果。因此,对于承保交强险保险公司的追偿数额范围问题有必要在审判实践中予以厘清。

关于承保交强险保险公司的追偿数额范围,《机动车交通事故责任强制保险条例》第二十二条只是明确了保险公司有权向致害人追偿,但并未明确追偿的数额范围。《交通事故损害赔偿解释》第十八条第二款则规定:"保险公司在赔偿范围内向侵权人主张追偿权的,人民法院应予支持……"尽管《交通事故损害赔偿解释》第十八条第二款的这一规定相对明确,但也存在对其中的"赔偿范围"予以正确理解和把握的问题。这也决定了对承保交强险保险公司的追偿数额的正确认定。首先从对该条文进行文义解释和体系解释的角度来看,《交通事故损害赔偿解释》第十八条第二款是承接第一款而来的,其第二款中"赔偿范围"的含义无疑应当与第一款中"当事人请求保险公司在交强险责任限额范围内予以赔偿"的含义是一致的,即此处的"赔偿范围"应当是指保险公司在交强险责任限额内的实际赔偿数额。其次从理论上来讲，《交通事故损害赔偿解释》第十八条之所以对特定情形下的保险公司追偿权予以明确规定，其目的一方面是保障交通事故的受害人依法及时得到损害赔偿，另一方面则是使侵权人承担交通事故损害赔偿的最终责任，从而避免产生道德风险。而且保险公司在交强险限额内对受害人的赔偿本身也并不考虑侵权责任，而是先行按照损失数额全部赔偿，不存在划分责任比例进行赔偿的问题。因此，无论侵权人在交通事故中承担全部责任还是部分责任，承保交强险保险公司在已向受害人先行赔偿后，其向侵权人进行追偿的范围应为其赔偿范围，即保险公司应按照其实际赔偿的全部数额向侵权人进行追偿，而不应按侵权人应承担责任的比例确定追偿数额范围。

编写人：山东省淄博市中级人民法院　荣明潇

7

特种机动车作业事故损害应属于交强险赔偿范围

——李某诉中华联合财产保险股份有限公司德阳中心支公司等机动车交通事故责任案

【案件基本信息】

1. 裁判书字号

四川省高级人民法院（2018）川民申1736号民事裁定书

2. 案由：机动车交通事故责任纠纷

3. 当事人

原告（被上诉人、再审被申请人）：李某

被告（上诉人、再审申请人）：中华联合财产保险股份有限公司德阳中心支公司（以下简称联合财保德阳公司）

被告（被上诉人、再审被申请人）：姜某、什邡市杨氏建筑机具租赁服务部（以下简称杨氏建筑租赁）、中国人民财产保险股份有限公司德阳市分公司（以下简称人保德阳公司）

【基本案情】

2016年11月3日9时许，姜某驾驶一辆特种车在四川省什邡市金诺金属有限公司工地吊运东西。因操作不慎，吊运的物品从高处落下，将路过此处的李某砸伤，什邡市公安局禾丰派出所接到报警后出警。李某被送往什邡市第二人民医院治疗，于2017年2月16日出院，出院医嘱及建议为：加强营养，休息三个月。2017年5月21日，德阳正源司法鉴定中心出具司法鉴定意见书，载明：李某因交通事故致右足弓结构破坏，属十级伤残；右足功能丧失50%以上，属十级伤残。

涉案特种车在联合财保德阳公司投保了交强险，在人保德阳公司投保了商业险，事故发生于保险期间。机动车交通事故责任强制保险单（抄单）载明了被保险人、被保险车辆号牌和发动机号码，该保险单上加盖了“中华联合财产保险股份有限公司德阳中心支公司保险单专用章”。机动车商业保险保险单（副本）载明了被保险人、车牌号码、发动机号码，承保险种有“起重、装卸、挖掘车辆损失扩展条款、不计免赔、第三者责任保险”等6个险种，该保险单上加盖有“中国人民财产保险股份有限公司德阳分公司承保业务专用章（2）”。

【案件焦点】

特种机动车辆在作业时发生事故造成的损害，承保交强险的保险公司是否应当在交强险范围内赔偿。

【法院裁判要旨】

四川省什邡市人民法院经审理认为：依照《中华人民共和国侵权责任法》第六条“行为人因过错侵害他人民事权益，应当承担侵权责任”的规定，姜某应对造成李某的损失承担赔偿责任。因杨氏建筑租赁是涉案特种车的实际所有人，且姜某与杨氏建筑租赁之间系雇佣关系，根据《中华人民共和国侵权责任法》第三十五条规定，李某的损失应当由杨氏建筑租赁承担赔偿责任。李某相对于涉案特种车属于第三者，依照《中华人民共和国道路交通安全法》第七十六条第一款“机动车发生交通事故造成人身伤亡、财产损失的，由保险公司在机动车第三者责任强制保险责任限额范围内予以赔偿……”的规定，以及《中华人民共和国保险法》第六十五条第一款“保险人对责任保险的被保险人给第三者造成的损害，可以依照法律的规定或者合同的约定，直接向该第三者赔偿保险金”的规定，联合财保德阳公司以及人保德阳公司应在保险责任范围内承担赔偿责任。故判决：

一、联合财保德阳公司于判决发生法律效力之日起十日内在涉案特种车保险责任限额内一次性赔偿李某在本次事故中受伤产生的各项损失 55721.46 元；

二、人保德阳公司于判决发生法律效力之日起十日内一次性赔偿李某在本次事故中受伤产生的各项损失 25793.02 元；

三、驳回李某的其他诉讼请求；

四、联合财保德阳公司于判决发生法律效力之日起十日内一次性支付杨氏建筑租赁垫付的款项 29822.62 元。

联合财保德阳公司不服，提起上诉。四川省德阳市中级人民法院经审理认为：本案中，案涉车辆作为用于起重、吊运物品的特种机动车车辆，在道路上行驶的时间少于作业时间，若将该特种车辆在作业时造成的人身伤亡排除在交强险的赔偿范围之外，受害人获得交强险救济的概率将大为降低，投保人投保交强险的目的也会落空，该结果显然不符合交强险的设立目的。故二审法院对联合财保德阳公司提出的上诉主张不予支持。

四川省德阳市中级人民法院依照《中华人民共和国民事诉讼法》第一百七十条第一款第一项、《最高人民法院关于适用〈中华人民共和国民事诉讼法〉的解释》第三百三十四条之规定，判决如下：

驳回上诉，维持原判。

联合财保德阳公司仍不服，申请再审。四川省高级人民法院经审理认为：案涉机动车非普通车辆，是主要用于起重、吊装货物的特种机动车车辆。案涉事故正是姜某在操作该特种机动车车辆吊装货物作业过程中，因操作不慎，所吊运的物品掉落所致。虽然不属于通常意义上的交通事故，但是交强险设立的目的是通过强制机动车的所有人或者管理人依法投保，让保险人来承担、分摊社会风险，保障机动车相关事故中的受害人能及时从保险公司得到赔付而得以获得必要的救济。若将此损害排除在交强险的赔偿范围之外，受害人李某将不能获得交强险救济，投保人投保交强险的目的也会落空，该结果显然不符合交强险的立法目的。一审、二审法院根据《机动车交通事故责任强制保险条例》的立法精神，比照适用此条例，认定由联合财保德阳公司在交强险限额内承担责任，并无不当，予以支持。联合财保德阳公司申请再审的理由不能成立，其再审申请应予驳回。

四川省高级人民法院依照《中华人民共和国民事诉讼法》第二百零四条第一款，《最高人民法院关于适用〈中华人民共和国民事诉讼法〉的解释》第三百九十五条第二款之规定，裁定如下：

驳回联合财保德阳公司的再审申请。

【法官后语】

特种机动车辆在作业时发生事故造成的损害，应当由保险公司在交强险范围内赔偿，不足部分由相关当事人按照责任比例承担赔偿责任。本案例涉及的焦点问题主要在于：特种车辆作业事故是否应在交强险内赔偿。

有观点认为，《机动车交通事故责任强制保险条例》第三条规定“本条例所称机动车交通事故责任强制保险，是指由保险公司对被保险机动车发生道路交通事故造成本车人员、被保险人以外的受害人的人身伤亡、财产损失，在责任限额内予以赔偿的强制性责任保险”。该条例第四十三条规定，“机动车在道路以外的地方通行时发生事故，造成人身伤亡、财产损失的赔偿，比照适用本条例”。故交强险仅针对机动车通行过程中产生的侵权损害进行赔偿，作业事故产生的损害不包含在赔偿范围内。

但笔者认为，特种机动车辆作业事故应当在交强险内获赔，其依据如下：

（一）交强险立法本意。机动车交通事故责任强制险的立法本意是让保险人承担分摊社会风险，使得事故受害人能够及时从保险公司得到经济赔偿。《中华人民共和国道路交通安全法》第一百一十九条第三项对机动车的定义为“是指以动力装置驱动或者牵引，上道路行驶的供人员乘用或者用于运送物品以及进行工程专项作业的轮式车辆”。因此，吊车、混凝土泵车、压路机、渣土车等作业车辆虽具有特种车辆的性质，但仍属于机动车，应当购买交强险。对于吊车等特种机动车辆而言，其在道路上行驶的时间明显少于作业时间，如果将作业事故造成的损害排除在交强险赔偿范围外，会大大削弱交强险保障的效力，使得投保人投保交强险的目的难以实现，违背交强险的立法精神。

（二）交强险条款约定。《机动车交通事故责任保险条款》第八条约定保险责任范围为被保险人在使用被保险机动车过程中发生交通事故。从文义解释角度看，“作业”应当包含在“使用”中，且特种机动车的“作业”与普通机动车“通行”

都是机动车在动力装置驱动下的运动，二者的区别只在于车辆功能不同，不存在本质区别。故从保险条款看，交强险保险条款并未把特种机动车辆在作业时发生的事故排除在保险责任范围之外。

（三）规范性文件规定。中国保险监督管理委员会2008年12月5日对江苏省徐州市九里区人民法院《关于交强险条例适用问题的复函》回复："根据《机动车交通事故责任强制保险条例》第四十三条的立法精神，用于起重的特种机动车在进行作业时的责任事故，可以比照适用该条例。"该条例第四十三条规定，机动车在道路以外的地方通行时发生事故，造成人身伤亡、财产损失的赔偿，比照适用本条例。依照此复函，起重的特种机动车在进行作业时的责任事故可以比照适用《机动车交通事故责任强制保险条例》的相关规定。

（四）保险的对价平衡原则。从实践上看，特种机动车辆交强险保费的金额往往高于普通机动车交强险保费金额，如果交强险的赔偿范围不包括作业事故造成的损失，对投保人而言就是花更大的代价获得更少的保障，违背保险的对价平衡原则。

综上，特种机动车辆在作业过程中造成的损失应当属于交强险的赔偿范围。

编写人：四川省德阳市中级人民法院　邵敏　杨轩

8

投保人未如实陈述导致保险事故的性质、原因无法查明，保险人对无法确定的部分免责

——张甲诉中华联合财产保险股份有限公司福州中心支公司保险案

【案件基本信息】

1. 裁判书字号

福建省宁德市中级人民法院（2018）闽09民终1932号民事判决书

2. 案由：保险纠纷

3. 当事人

原告（上诉人）：张甲

被告（被上诉人）：中华联合财产保险股份有限公司福州中心支公司（以下简称联保福州支公司）

【基本案情】

2015年3月3日，张甲作为投保人和被保险人就保险车辆豫AT×××W号车向联保福州支公司投保，投保了道路交通事故责任强制保险122000元，车辆损失险654570元，第三者责任险500000元等及上述保险的不计免赔险，保险期间自2015年3月3日19时起至2016年3月2日19时止。张甲缴纳保险费17447.53元，联保福州支公司出具了机动车道路交通事故责任强制保险单、机动车辆保险单。2015年3月4日晚，张甲将保险车辆借给案外人张乙驾驶，当日23时35分许，张乙驾驶豫AT×××W号车行至屏南县古峰镇翠屏北路东森酒店对面路段，因车速太快，该车驶出左侧路面，撞到路边电线杆、垃圾桶、行道树和顺达车行卷帘门，致豫AT×××W号车、电线杆等损坏。张乙报警，屏南县公安局交管大队民警接警后立即赶赴现场进行调查。同时，张乙通知了车辆承保公司即联保福州支公司，公司安排了查勘人员到现场查勘定损。

2015年5月，屏南县公安局交通管理大队作出了屏公交证字（2015）第124号道路交通事故证明，确定了交通事故相关事宜，但因福州联保支公司提出异议，屏南县公安局交通管理大队表示继续调查事发时保险车辆豫AT×××W号车的驾驶员，因联保福州支公司拒绝将查勘定损材料出示给张甲，张甲只好于2015年3月25日自行委托福建立信司法鉴定所就保险车辆豫AT×××W号车进行定损。2015年4月8日，该鉴定所出具车辆损失鉴定意见书认为修复金额为661127元，已超过车辆发生事故时的实际价值510000元，已无修复价值，推定全损。另外，张甲因交通事故还支付了拖车费3500元，鉴定费7000元。张甲将保险理赔材料全部交给了联保福州支公司，但该公司认为保险车辆投保时间和出险时间相距太近，不合理、需调查为由，不仅不予赔偿，还怀疑张甲骗险，双方无法就豫AT×××W号车保险理赔达成一致意见。

2015年6月8日，张甲向屏南县人民法院起诉请求被告赔付相关保险金，赔偿拖车费、鉴定费。2015年7月3日，屏南县人民法院认为联保福州支公司被保险诈骗一案已于2015年5月20日进行侦查，该案尚处于侦查阶段，裁定驳回张甲的起诉。2018年1月9日，屏南县公安局经过侦查，认为就联保福州支公司被保险诈骗一案，不应对犯罪嫌疑人追究刑事责任，作出屏公（经侦）撤案字（2018）00001号撤销案件决定书，决定撤销案件。由此，诉请判令联保福州支公司承担保险责任。

【案件焦点】

1. 本案保险事故的性质、原因是否可以确定；2. 如果不能确定，是否是因投保人、被保险人或者受益人故意或者重大过失未及时通知造成的。

【法院裁判要旨】

福建省屏南县人民法院经审理认为：张甲与联保福州支公司订立的保险合同是双方当事人的真实意思表示，内容没有违反法律或行政法规的强制性规定，合同合法有效，双方当事人均应当依法行使权利、履行义务。本案虽然无法确证事故车辆实际驾驶员，但结合张乙对事故的过程描述与调取的监控有部分不一致，特别是在屏南县公安局交通警察大队民警特意询问其回来路上有无看到交通事故时，其却陈述其回来的路上没有看到交通事故，也没有停车，这与调取的监控视频中显示内容明显不符，也不符合常理，加之在事故车内发现有血迹，而张乙本人身体无外伤、张甲及张乙对事故发生后是谁先打电话的陈述不一致等情节，亦无法排除其存在顶包的嫌疑，保险公司的怀疑是合理的。由此可见，张甲及张乙未如实陈述，致使交警部门无法查明事故具体情况及实际驾驶员，对事故责任作出认定，进而造成保险事故的性质、原因等难以确定的结果，其责任在于张甲及张乙。基于以上分析，张甲主张要求联保福州支公司对本次豫AT×××W号车辆受损赔付车辆损失保险金、拖车费、鉴定费之诉讼请求，不符合法律规定，不予支持。联保福州支公司关于其无需承担赔偿责任的抗辩理由成立，予以采纳。

福建省屏南县人民法院依照《中华人民共和国合同法》第八条，《中华人民共和国保险法》第四条、第五条、第二十一条，《中华人民共和国民事诉讼法》第六十四条，《最高人民法院关于适用〈中华人民共和国民事诉讼法〉的解释》第九十条之规定，作出如下判决：

驳回原告张甲的诉讼请求。

张甲不服一审判决，提起上诉。福建省宁德市中级人民法院经审理认为，本案是否适用保险法第二十一条规定免除联保福州支公司的责任需查明以下两个问题：(1) 本案保险事故的性质、原因是否可以确定；(2) 如果不能确定，是否是因投保人、被保险人或者受益人故意或重大过失未及时通知造成的。

2018年1月23日，屏南县公安局交通警察大队出具《关于豫AT×××W小型客车事故反馈情况》认为，涉案事故可能存在顶包，驾驶员另有其人的情形，据此可以认定涉案事故实际驾驶员的身份无法确认，进而驾驶员是否处于适驾状态亦无法查明。因此，本案保险事故的性质、原因因实际驾驶员无法确认而无法确定。

张乙陈述系由其驾驶不当导致涉案事故，但张乙对事故过程的描述与调取的监控有部分不一致的地方；同时，张甲及张乙关于事故发生后由谁先打电话的陈述亦不一致；另外，事故车内发现有血迹，而张乙本人身体无外伤。上述多处情节与张乙作为实际驾驶人的身份不相符合，因此应当推定张甲及张乙在谁是实际驾驶人的问题上未作如实陈述。虽然联保福州支公司负有查明事故性质的责任，但首先应当由张甲及张乙向保险人提供其所能提供的与确认保险事故的性质、原因、损失程度等相关信息，因此本案中张甲及张乙未作如实陈述是交警部门无法查明、联保福州支公司无法及时获悉保险事故性质的根本原因。其性质无异于怠于履行通知义务，由此导致的后果有过之而无不及，故张甲及张乙未作如实陈述应当视为未及时履行保险法第二十一条规定的通知义务。

福建省宁德市中级人民法院依照《中华人民共和国民事诉讼法》第一百七十条第一款第一项之规定，作出如下判决：

驳回上诉，维持原判。

【法官后语】

事实证明，保险不只是一种灾后补偿的消极手段，它同时还具有防灾防损的积极意义。防灾防损不仅仅包括保险人以承保的保险标的为对象所直接采取的预防和减少损失的措施，如根据合同约定，保险人可以对保险标的的安全状况进行检查，及时向投保人、被保险人提出消除不安全因素和隐患的书面建议。投保人、被保险人未按照约定履行其对保险标的安全应尽的责任的，保险人有权要求增加保险费或者解除合同。防灾防损也包括保险事故发生时，被保险人应尽量防止或者减少损失的发生，履行施救义务，就像保险法第二十一条规定的一样。但一部分投保人投机取巧，不但没有积极减少事故损失，反而隐瞒事实，期待获得不当利益，因此保险法第二十一条要求投保人、被保险人或者受益人知道保险事故发生后及时履行通知义务，因投保人、被保险人或者受益人故意或重大过失未及时通知保险人保险事故的性质、原因，保险人对无法确定的部分免责。

根据该规定，履行此项通知义务应当遵守以下要求：一是通知的内容应当是保险人承担保险责任范围内的保险事故，而不是保险责任范围以外的其他事故，即保险事故发生和造成损失的情况，具体包括出险时间、地点、原因、受损标的的种类、范围及损失程度等。二是为有利于保险人及时查勘现场、核定损失和确定责任，法律应对投保人、被保险人或者受益人履行通知义务的时间提出基本要求，即要求及时通知。但考虑到实际情况比较复杂，不同类型的保险事故、不同险种所需要的通知时间不尽一致，而且投保人、被保险人或者受益人的情况也不相同，因此不宜在法律中对通知的具体时间作统一规定，可以由保险合同当事人依据这一基本要求在保险合同中自行约定通知的具体时间。就本案而言，张甲虽然就保险事故已及时报警，但其所陈述的事实与监控视频所显示的客观事实有较大出入，其显然隐瞒了部分案件事实，导致事故车辆实际驾驶员无法查实，联保福州支公司无法确定保险事故发生时事故车辆驾驶员是否处于适驾状态，因此依据保险法第二十一条之规定，免除该保险公司的保险责任。

编写人：福建省屏南县人民法院　陈亮

（二）机动车商业保险

9

保险合同中从业资格证等免责条款的效力认定

——唐某诉中国人民财产保险股份有限公司
盐城市分公司财产损失保险合同案

【案件基本信息】

1. 裁判书字号

江苏省盐城市中级人民法院（2018）苏09民终4305号民事判决书

2. 案由：财产损失保险合同纠纷

3. 当事人

原告（被上诉人）：唐某

被告（上诉人）：中国人民财产保险股份有限公司盐城市分公司（以下简称人保盐城公司）

【基本案情】

2016年10月1日，唐某为自有的某重型普通货车向人保盐城公司投保了交强险、不计免赔的车损险和三责险，交强险中财产损失赔偿限额为2000元，车损险及三责险的赔偿限额分别为37.35万元和100万元，保险期间均自2016年10月1日13时起至2017年10月1日24时止。与该保险单相对应的《机动车综合商业保险条款》中第八条机动车损失保险条款、第二十四条第三者责任保险条款责任免除均在第一款第二项第六目约定："驾驶出租机动车或营业性机动车无交通运输管理部门核发的许可证书或其他必备证书的，不论任何原因造成被保险机动车的任何损失和费用，保险人均不负责赔偿。”

2017年8月30日1时，唐某持准驾车型为B2的机动车驾驶证驾驶上述投保车辆在某段公路上与案外人姚某驾驶的车辆相撞，致两车受损。同日，榆树市公安局交通警察大队作出的《道路交通事故认定书》认定：唐某负该起事故的全部责任，姚某无责任。同年9月6日16时8分，唐某驾驶上述投保车辆，行驶至盐靖高速公路北行64千米路段时，与案外人周某驾驶的车辆相撞，致两车受损。同日，泰州市公安局交通警察支队高速公路四大队作出《道路交通事故认定书》，认定：唐某负该起事故的全部责任，周某无责任。

上述事故发生后，唐某对本车进行修理，先后支付修理费18550元、21489元；唐某另支付案外车辆A修理费1130元，案外车辆B修理费10400元、清障拖车费355元。唐某支付上述费用后，未能得到相应赔偿，遂诉至法院。

唐某向人保盐城公司申请赔付保险金时，向人保盐城公司出具加盖有保山市道路运输管理局印章的道路货物运输驾驶员从业资格证（以下简称从业资格证）。后经人保盐城公司核实，该局复函否认其曾核发该证。

【案件焦点】

1. 案涉争议的“无交通运输管理部门核发的许可证书或其他必备证书”条款是否有效，人保盐城公司可否据此免除保险责任；2. 案涉车辆的清障拖车费人保盐城公司是否需要承担；3. 如果确定人保盐城公司赔偿，是否需要扣除4000元绝对免赔额。

【法院裁判要旨】

江苏省盐城市亭湖区人民法院经审理认为：案涉保险合同不违反法律、法规的强制性规定，合法有效，具有法律约束力。

涉案免责条款仅表述为“无交通运输管理部门核发的许可证书或其他必备证书”，人保盐城公司仅依据该表述即认定此处“证书”专指“从业资格证”明显不当。涉案保险条款系格式条款，应作出有利于投保人的解释。从合法驾驶人资格的认定标准来探讨，驾驶人能否驾驶机动车的前提是驾驶人是否按照《道路交通安全法》的规定取得驾驶证，而非从业资格证。该格式条款中“无交通运输管理部门核发的许可证书或其他必备证书，不予赔偿”的规定，显属免除保险人依法应承担的义务并加重投保人、被保险人责任的免责条款，依法应当认定无效。

清障拖车费是唐某为查明和确定保险标的的损失程度及防止或者减少保险标的的损失所支付的必要的、合理的费用，依法应由人保盐城公司承担。案涉两起交通事故导致唐某损失为本车及其他两辆车辆的修理费、拖车费合计 51924 元，人保盐城公司应在交强险、车损险和三责险限额内予以赔偿。

综上，江苏省盐城市亭湖区人民法院依照《中华人民共和国合同法》第六条、第六十条，《中华人民共和国保险法》第十四条、第十九条、第三十条、第六十四条，《中华人民共和国道路交通安全法》第十九条，《中华人民共和国民事诉讼法》第一百四十二条之规定，判决：

人保盐城公司应于判决生效之日起十日内向唐某赔偿保险金 51924 元。

人保盐城公司不服原审判决，提起上诉。江苏省盐城市中级人民法院经审理认为：对于案涉免责条款的效力认定问题，二审法院同意一审法院裁判意见。

关于案涉车辆的清障拖车费的承担问题。案涉保险条款约定，对于投保人与保险人在投保时协商确定绝对免赔额的，本保险在实行免赔率基础上增加每次事故绝对免赔额。唐某在保险期限内发生两次保险事故，依据保险合同约定，应当扣除绝对免赔额 4000 元。在案涉机动车商业保险单与投保单上均明确载明机动车损失保险每次事故绝对免赔额 2000 元。本案系两次事故累计理赔，每次应扣除本车的保险理赔款 2000 元，合计 4000 元，一审法院未予扣减，显属不当，应予纠正。

综上，江苏省盐城市中级人民法院依照《中华人民共和国保险法》第十一条、第十七条、第五十七条，《中华人民共和国合同法》第四十一条，《中华人民共和国民事诉讼法》第一百七十条第一款第二项之规定，经该院审判委员会讨论决定，判决如下：

变更江苏省盐城市亭湖区人民法院（2018）苏 0902 民初 1516 号民事判决为“人保盐城公司于本判决生效后十日内向唐某支付保险金 47924 元”。

【法官后语】

本案的争议焦点在于保险合同中“驾驶人存在驾驶出租机动车和营业性机动车无交通运输管理部门核发的许可证书或其他必备证书的，保险人不予赔偿”的免责条款效力认定问题。

首先，合同是平等主体的自然人、法人、其他组织之间设立、变更、终止民事权利义务关系的协议。《中华人民共和国保险法》第十一条规定，订立保险合同，应当协商一致，遵循公平原则确定各方的权利和义务。财产保险属于商业保险，商业保险合同应当充分尊重当事人的意思自治与契约自由，对于保险合同中约定明确的内容，双方当事人均应严格遵守，人民法院亦应予以支持。

其次，在保险合同关系中，保险公司因具有丰富的专业保险知识及实践经验而处于优势地位，其又是保险合同条款的事先拟订者，对于保险合同的成立与生效应当承担更多的审慎注意义务。保险公司可以依据不同的投保车辆性质制订不同的保险条款，其制订的保险条款内容应当清楚明确，并与现行法律、行政法规等保持一致，尤其是不同于一般情形下的特别约定内容及免责条款，必须具备相应的法律依据。保险公司制订的免责条款不但应在保险合同的显著位置以足以引起投保人注意的方式明示出来，更需要保险公司向投保人作出明确说明，对免责条款的提示与明确说明是保险公司的法定义务。明确说明义务体现在对免责条款内容、概念、种类等应当约定明确，不能产生歧义，保证投保人充分了解免责条款中约定的对其不利的内容并自愿予以接受。本案中，保险公司的相关免责条款虽然采取了明示方式，但对免责条款的说明并不到位。

再次，即使保险公司已就该条款履行了明确说明义务，根据《中华人民共和国保险法》第十九条规定，采用保险人提供的格式条款订立的保险合同中的下列条款无效：（一）免除保险人依法应承担的义务或者加重投保人、被保险人责任的；（二）排除投保人、被保险人或者受益人依法享有的权利的。本案中，作为保险单附件的《机动车综合商业保险条款》系保险公司为了重复使用而预先拟定，并在订立合同时未与对方协商的条款，属于格式条款。驾驶人在驾驶案涉车辆发生事故时，虽未取得道路运输从业资格证，但其具有驾驶案涉车辆的驾驶资格，保险公司亦无证据证实投保人或驾驶人未取得从业资格证的行为增大了承保车辆发生交通事故的概率，进而增大了其理赔的风险。案涉保险条款中关于驾驶人无交通运输管理部门核发的许可证书或其他必备证书时保险人免责的规定，事实上属于免除己方责任、加重对方责任、排除对方主要权利的条款，违背了公平原则，应为无效，不能据此免除保险人责任。

最后，从本案争议免责条款的内容来看，该条款并未明确出现“道路运输从业资格证”的文字表述，仅有“许可证书或其他必备证书”的笼统概括表述，未进一步清楚详细地解释相关证书的种类名称等内容，与《道路运输条例》第二十二条规定的“从事货运经营的驾驶人员，应当符合的条件：（一）取得相应的机动车驾驶证；（二）年龄不超过60周岁；（三）经设区的市级道路运输管理机构对有关货运法律法规、机动车维修和货物装载保管基本知识考试合格”及《道路运输从业人员管理规定》第十条规定的“经营性道路货物运输驾驶员应当符合的条件：（一）取得相应的机动车驾驶证；（二）年龄不超过60周岁；（三）掌握相关道路货物运输法规、机动车维修和货物装载保管基本知识；（四）经考试合格，取得相应的从业资格证件”不一致，容易产生不同理解。在发生争议时，应当作出对保险公司不利的解释。因此，人保盐城公司以唐某在发生交通事故时没有道路运输从业资格证为由拒绝理赔，缺乏事实与法律依据，不予支持。

编写人：江苏省盐城市中级人民法院　钟红梅　金龙飞

10

无证据证明保险事故真实发生的情况下能否适用弃权制度

——郭某诉中国平安财产保险股份有限公司平度支公司财产保险合同案

【案件基本信息】

1. 裁判书字号

山东省青岛市中级人民法院（2017）鲁02民终6923号判决书

2. 案由：财产保险合同

3. 当事人

原告（上诉人）：郭某

被告（被上诉人）：中国平安财产保险股份有限公司平度支公司（以下简称平安财险平度支公司）

【基本案情】

2016年1月28日，郭某将其所有的轿车在平安财险平度支公司投保机动车损失保险及不计免赔，并投保机动车损失保险无法找到第三方特约险，保险期限自

2016年1月28日0时起至2017年1月27日24时止，其中机动车损失保险金额为735392元。2017年1月5日下午3时许，郭某电话报警称，其于2017年1月5日0时许驾驶轿车沿广州路由南往北行驶，当行驶至广州路与三城路路口北时与顺行在前的一辆无牌工程车相撞，致轿车损坏，工程车未察觉便驶离现场。接警后，平度市公安局泰山路派出所民警对车损进行拍照，因无现场，事故责任无法认定。2017年1月6日上午10时许，郭某向平安财险平度支公司报案。平安财险平度支公司对轿车作出定损报告，定损价值为262000元。后郭某向平安财险平度支公司申请理赔，平安财险平度支公司以郭某出险后驾车离开现场为由拒绝赔偿。庭审中，平安财险平度支公司提交《机动车综合商业保险条款》一份，其中机动车损失保险第八条规定：事故发生后，驾驶人在未依法采取措施的情况下驾驶被保险机动车或遗弃被保险机动车离开事故现场，保险人不负责赔偿；第十条第四项规定：投保人、被保险人或其允许的驾驶人知道保险事故发生后，故意或者因重大过失未及时通知，致使保险事故的性质、原因、损失程度等难以确定的，保险人对无法确定的部分，不承担赔偿责任。同时平安财险平度支公司提交郭某签名的投保单，投保单中载明：本人确认收到条款及《机动车综合商业保险免责事项说明书》，保险人已明确说明免除保险人责任条款的内容及法律后果。郭某质证时表示并未收到条款，投保单上的签名也非郭某本人所签，但平安财险平度支公司并未申请笔迹鉴定。

【案件焦点】

平安财险平度支公司的行为是否构成弃权、是否应当承担赔偿责任。

【法院裁判要旨】

山东省平度市人民法院经审理认为：郭某的车辆在平安财险平度支公司投保机动车损失保险及不计免赔，郭某与平安财险平度支公司之间的保险合同合法有效，双方均应遵照执行保险法的规定和保险合同的约定。本案中，郭某自称于2017年1月5日0时发生事故，但其未采取任何措施就驾车离开现场，于1月5日15时始向公安机关报案、于1月6日10时向平安财险平度支公司报案，公安机关因无现场而无法认定事故责任。在此情况下，平安财险平度支公司应否赔偿郭某的车辆损失？《中华人民共和国保险法》第二十一条规定，投保人、被保险人或者受益人知道保险事故发生后，应当及时通知保险人。故意或者因重大过失未及时通知，致使保险事故的性质、原因、损失程度等难以确定的，保险人对无法确定的部分，不承担赔偿或者给付保险金的责任，但保险人通过其他途径已经及时知道或者应当及时知道保险事故发生的除外；第二十二条规定，保险事故发生后，按照保险合同请求保险人赔偿或者给付保险金时，投保人、被保险人或者受益人应当向保险人提供其所能提供的与确认事故的性质、原因、损失程度等有关的证据和材料。本案郭某在事故发生后没有及时向公安部门及保险公司报案、没有采取任何措施驾车离开现场，且不能作出合理的解释，导致事故的性质、原因无法确定，根据《中华人民共和国保险法》第二十一条、第二十二条的规定，平安财险平度支公司不承担赔偿责任，郭某请求平安财险平度支公司赔偿车辆损失的诉讼请求，不予支持。

山东省平度市人民法院依照《中华人民共和国保险法》第二十一条、第二十二条，《中华人民共和国民事诉讼法》第六十四条，《最高人民法院关于适用〈中华人民共和国民事诉讼法〉的解释》第九十条之规定，判决：

驳回郭某对平安财险平度支公司的诉讼请求。

郭某不服一审判决，提起上诉。山东省青岛市中级人民法院经审理认为：结合双方的诉辩主张，本案的争议焦点为平安财险平度支公司是否应当承担赔偿责任的问题。根据《中华人民共和国保险法》第二十一条规定，投保人、被保险人或者受益人知道保险事故发生后，应当及时通知保险人。故意或者因重大过失未及时通知，致使保险事故的性质、原因、损失程度等难以确定的，保险人对无法确定的部分，不承担赔偿或者给付保险金的责任，但保险人通过其他途径已经及时知道或者应当及时知道保险事故发生的除外。本案中，事故发生后，郭某在有条件通知交警部门或者保险公司的情况下，未在第一时间通知交警部门对事故责任进行认定，亦未通知保险公司对事故现场进行勘验，擅自离开事故现场，导致无法判断该事故是否为保险事故，保险事故发生的性质、原因以及驾驶员的驾驶状态均难以确定，郭某的上述行为存在重大过失，无法依据保险合同确定保险公司的保险责任，故对车辆造成的损失，保险公司不承担赔偿责任。

山东省青岛市中级人民法院依照《中华人民共和国民事诉讼法》第一百七十条第一款第一项的规定，判决：

驳回上诉，维持原判。

【法官后语】

保险法中的弃权制度要求当投保方违反法律规定或者当事人约定，保险人明知自身享有解除权及其他抗辩权，仍以明示或者默示的方式放弃上述权利，此后便不能再主张其放弃的权利。因弃权制度是用来对抗合同解除权和抗辩权，故其适用必须严格限定条件，认定保险人的行为构成弃权须同时具备以下要件：(1) 有依法成立并生效的保险合同；(2) 确实发生了保险事故；(3) 保险人知悉有违法或违约情况的发生；(4) 权利人已经通过意思表示自愿放弃了其权利；(5) 弃权的结果不能违反法律强制性规定或者社会公共利益。

本案中，平安财险平度支公司与郭某签订了保险合同，郭某向保险公司按期缴纳保费，双方之前存在依法成立并生效的保险合同。本案事故发生的第二日，郭某向平安财险平度支公司报案，平安财险平度支公司对涉案车辆作出定损报告（此时涉案车辆并非在事故现场），郭某按照保险公司的要求将车辆送至其指定的修理厂进行维修，后郭某向保险公司申请理赔时，该保险公司又以郭某出险后驾车离开现场为由拒绝赔付。结合上述要件进行分析，保险公司在事故发生后第二日对车辆进行定损时，应当知悉定损车辆并非在事故发生现场，无法确定是否确实发生了保险事故，但仍对车辆进行定损并对车辆指定维修地点进行维修，保险公司的该行为系明知被保险人有违约的情况发生，仍然以对车辆进行定损并对车辆指定维修地点进行维修，因定损和维修属于理赔的前置程序，且会对被保险人产生时间和金钱的成本，故此情形系保险人以默示的方式自愿放弃了拒赔权。从表面上看，保险人的上述行为貌似可以构成保险法中的弃权，保险公司应当承担赔偿责任。然而，由于被保险人在事故发生后未在第一时间通知交警部门对事故责任进行认定，亦未通知保险公司对事故现场进行勘验，擅自离开事故现场，导致无法判断该事故是否为保险事故，保险事故发生的性质、原因以及驾驶员的驾驶状态均难以确定，且交警部门出具的事故认定书中明确载明“因无现场，事故无法认定”，因此被保险人无法举证证明“确实发生了保险事故”，被保险人不能要求保险人按照保险合同的约定承担赔偿责任，法院亦无法认定保险人的行为构成弃权，保险人无需承担赔偿责任。

从以上分析不难看出，保险中弃权制度设立的初衷在于防止合同解除权和抗辩权的肆意行使，其构成要件略显苛刻。笔者将列举部分符合保险法中弃权制度构成要件的情形，以便读者在适用弃权制度时予以参考。

1. 投保人在履行如实告知义务时，若对保险人所提出的问题未做明确或全面的回答，而保险人放弃进一步询问即同意承保进而签发保单的情况下，可以推定为保险人已经放弃了进一步询问的权利，事后在发生保险事故时，保险人就不得以投保人未履行如实告知义务为由拒绝赔付。

2. 投保人在与保险人签订保险合同后，未在约定的期间内支付保险费，足以达到保险人取消保险合同的条件后，保险人仍然接受投保人交付保费的行为视为保险人放弃取消合同的权利，保险人事后不得以逾期缴纳保费为由解除合同。

3. 保险事故发生后，保险人明知自己享有拒绝赔付的抗辩权，但仍然向被保险人邮寄定损通知单并要求被保险人对定损通知单认定的损失数额予以核对或说明，因此增加了投保人在时间上和金钱上的负担，可视为保险人已经放弃了拒付保险金的权利，事后不得再以此为由拒绝赔付。

编写人：山东省青岛市中级人民法院　高勇　何宜曈

11

违反近因原则的保险条款无效

——陈某诉阳光财产保险股份有限公司金华中心支公司财产保险合同案

【案件基本信息】

1. 裁判书字号

浙江省金华市中级人民法院（2017）浙07民终4566号民事判决书

2. 案由：财产保险合同纠纷

3. 当事人

原告（被上诉人）：陈某

被告（上诉人）：阳光财产保险股份有限公司金华中心支公司（以下简称阳光保险公司）

【基本案情】

陈某的车辆于2014年12月首次登记。2016年12月14日，陈某与阳光保险公司签订保险合同，合同约定的免责事由包括机动车“未按规定检验”。2017年4月24日，陈某驾驶车辆与案外人蒋某某驾驶的车辆发生碰撞，造成两车均有车损的事故。事故发生后不久，陈某领取了机动车检验合格标志。《道路交通事故认定书》认定：陈某未与前车保持安全距离，造成追尾。陈某负事故全部责任，蒋某某无责任。陈某向阳光保险公司理赔时，保险公司拒赔，理由为：投保车辆未在注册登记后2年内领取检验标志，属于保险合同约定的“未按规定检验”。陈某起诉认为，根据公安部、质检总局《关于加强和改进机动车检验工作的意见》的规定，新车在6年内免检，虽然规定“每2年需要定期检验”，但可以“直接领取”检验标志，说明检验只是一个行政程序。事故发生时，投保车辆注册后刚满2年，且该车在事故发生前一个月还在4S店进行了大保养，说明车辆安全性能是好的，未及时领取检验标志没有增加保险事故发生概率和保险风险。免责条款约定较为笼统，双方对未领取检验标志是否属于车辆未检验存在争议时，根据《中华人民共和国保险法》第三十一条的规定，应作出有利于被保险人的解释。请求保险公司赔偿全部合理损失42030元及利息。阳光保险公司反驳认为，6年内免检不等于免除了领取检验标志的义务，申领检验标志不只是一个行政程序。事故发生时保险车辆已超过了2年的检验期，属于保险合同免责条款约定的“未按规定检验”。就算被保险车辆在事故后通过了安全技术检验，也无法否定在事故发生时未按期年检的事实，更无法证明在事故发生时车辆的各项性能达到安全要求。根据保险合同约定，发生保险事故时，机动车未按规定检验的，保险人不承担赔偿责任。

【案件焦点】

1. 未按规定领取检验标志，是否属于保险合同约定的“未按规定检验”，是否适用疑义利益解释规则；2. 如果未申领检验标志属于“未按规定检验”，保险合同约定的免责事由是否成立，该约定是否有效。

【法院裁判要旨】

浙江省金华市婺城区人民法院经审理认为：保险车辆在事故发生后领取了检验合格标志，表明保险事故发生时被保险车辆安全技术合格。6年内免检车辆的免检盖章只是一个行政程序，未进行免检盖章并不影响车辆的安全性能，也未增加保险风险。在双方对未申请领取检验标志是否属于“未检测车辆”存在争议的情况下，依照《中华人民共和国保险法》第三十条规定，应作出有利于被保险人和受益人的解释，作出判决如下：

阳光保险公司于判决生效之日起十日内支付陈某保险金42030元，并赔偿利息损失（自2017年5月5日起按中国人民银行同期贷款利率计算至实际清偿之日止）。

宣判后，阳光保险公司提起上诉。浙江省金华市中级人民法院经审理认为：保险合同约定的“未按规定检验”与《关于加强和改进机动车检验工作的意见》规定的“每2年需要定期检验”所指“检验”含义应作相同解释，陈某未在规定时间内申请领取检验标志属于保险合同条款“未按规定检验”。本案不存在两种以上解释，不适用疑义利益解释规则。但是，从损害发生的原因看，事故发生是由于“陈某未与前车保持安全距离，造成追尾”所致，陈某未及时申领检验标志对于损害发生不具有决定性的意义，即本次事故发生的唯一有决定性意义的因素是驾驶者的不当驾驶。由于陈某追尾所导致的事故属于承保事故，保险人应负赔偿责任。虽然，双方之间签订的保险合同约定了“未按规定检验”作为免责事由，但该约定免除了保险人依法应承担的义务，根据《中华人民共和国保险法》第十九条第一项的规定，该约定无效，判决如下：

驳回上诉，维持原判。

【法官后语】

一、“6年免检”的解释

“6年免检”含义的解释，属于法律解释而不是法律行为的解释，其内涵如何，应当依法律规范的解释方式处置。从《关于加强和改进机动车检验工作的意见》第十一条规定的内容看，“6年免检”只是在满足一定条件的情况下，省略上检测线检验的程序，仍然需要每两年申领标志。当然，对于发生过造成人员伤亡的交通事故的，还必须上线检验。因此，申领标志不只是一个行政程序而已，未申领标志驾驶机动车属于违反道路交通安全法的违法行为。此外，这种解读可以避免行民冲突，公安机关对于未达到第2年申领标志的车辆，将纳入违法行为进行管理。审判实务中，存在滥用“明确说明义务规则”和保险法第十七条的倾向，对于初步判断保险公司“无理拒赔”的案件，通常以保险公司未尽明确说明义务而认定合同不生效或无效。这种做法存在以下两个方面的不良后果：一方面，给保险公司以“法院很不讲理”的感觉；另一方面，法官忽略对保险合同条款的违法性审查，使得原本应当适用保险法第十九条认定无效的合同条款，都被认定为有效，导致一些“霸王条款”堂而皇之地存在。

二、违反近因原则的保险条款无效

（一）近因原则的适用

近因原则是指在保险法上，只有当一个原因对损害结果的发生有决定性意义，而且这个原因是保险合同承保的风险时，保险人才承担保险责任。近因原则是世界各国所公认的保险法基本原则。在我国，虽然保险法中没有明文规定，但《最高人民法院关于适用〈中华人民共和国保险法〉若干问题的解释（三）》作出了明确规定，该解释第二十五条规定：“被保险人的损失系由承保事故或者非承保事故、免责事由造成难以确定，当事人请求保险人给付保险金的，人民法院可以按照相应比例予以支持。”据此规定，只要造成被保险人损害的近因属于保险责任范围之内，保险公司就应当向被保险人赔偿。本案中，根据交通事故认定书，事故发生是驾驶者“未与前车保持安全距离，造成追尾”所致。也就是说，“追尾”是最直接、最具决定性意义的原因。驾驶者未及时申领标志（机动车事后检验合格）对于损害发生，并不具有决定性的意义，即本次事故发生的唯一有决定性意义的因素是驾驶者的不当驾驶。而“追尾”事故当然属于承保事故，因而保险人应负赔偿责任。

（二）《中华人民共和国保险法》第十九条的适用

从合同约定的角度看，双方之间签订的保险合同明确约定了机动车一方“未按规定检验”作为保险合同赔偿的免责事由，而本案被上诉人驾驶机动车的确符合这一约定。根据《中华人民共和国保险法》第十九条的规定，下列两种情形，保险合同格式条款无效：一是免除保险人依法应承担的义务或者加重投保人、被保险人责任的；二是排除投保人、被保险人或者受益人依法享有的权利的。显然，保险条款中“未按规定检验免责”的约定，直接导致“追尾”事故得不到理赔，实质上免除了保险人依法应承担的责任，也排除了被保险人应享有的权利，该约定无效。

编写人：浙江省金华市中级人民法院　应秀良

12

投保时车牌号填写错误，保险公司承担责任

——张甲等诉中国太平洋财产保险股份有限公司包头中心支公司等机动车交通事故责任案

【案件基本信息】

1. 裁判书字号

原山东省莱芜市中级人民法院（2018）鲁12民终361号民事判决书

2. 案由：机动车交通事故责任纠纷

3. 当事人

原告（被上诉人）：张甲、徐甲

被告（上诉人）：中国太平洋财产保险股份有限公司包头中心支公司（以下简称太平洋财保包头支公司）

被告（被上诉人）：梁山县信义汽车配货服务有限公司（以下简称梁山信义配货公司）、李某、刘甲

【基本案情】

张甲、徐甲为徐乙的合法继承人。刘甲为肇事司机，系刘乙之子，刘乙系实际车主。涉案车辆鲁HS××78号重型自卸车挂靠在梁山信义配货公司名下，且在中国人民财产保险股份有限公司梁山支公司投保交强险，在交强险限额内已赔偿原告11万元。

2017年6月23日，太平洋财保包头支公司签发一机动车商业保险单。保险单中载明被保险机动车车牌号为鲁BS××78，投保时保险单载明的车牌号与实际车牌号不一致。

2018年1月4日，刘甲驾驶超载的重型自卸车行驶至莱芜市钢城区颜庄镇牛马庄村某路段时，车辆侧滑，将前方顺行的徐乙驾驶的二轮摩托车撞倒，冲出路面后

将其撞在路东侧的墙上，造成徐乙当场死亡，两车及公路设施、民房受损。经交通警察认定，刘甲承担事故的全部责任。

【案件焦点】

1. 本案是否需要中止审理；2. 肇事车辆是否为投保车辆，太平洋财保包头支公司应否承担赔偿责任，数额如何确定。

【法院裁判要旨】

山东省济南市钢城区人民法院经审理认为：涉案车辆和投保商业三者险的车辆除车牌号和被保险人不一致外，其余信息相同。本案虽然投保车辆车牌号与肇事车辆号牌不同，但车架号、发动机号相同，足以认定肇事车辆即为保险单中载明的被保险机动车车辆。车辆车牌号只是公安机关用于方便车辆行政管理登记的号码，车辆是否投保应以车架号、发动机号为准，保险公司应当履行保险责任。

山东省济南市钢城区人民法院依据《中华人民共和国侵权责任法》第十六条，《最高人民法院关于审理道路交通事故损害赔偿案件适用法律若干问题的解释》第十七条第三款、第十八条、第二十七条、第二十八条、第二十九条、第三十五条第二款之规定，判决如下：

一、太平洋财保包头支公司于本判决生效之日起十日内赔偿张甲、徐甲各项损失798347元；

二、驳回张甲、徐甲的其他诉讼请求。

太平洋财保包头支公司不服一审判决，提起上诉。原山东省莱芜市中级人民法院经审理认为：机动车车辆识别号、发动机号具有唯一性，而车牌号及登记的权利人因转让行为等因素具有不特定性。涉案肇事车辆与被保险车辆识别号及发动机号一致，足以认定两车实际系同一车辆。太平洋财保包头支公司关于以车牌号码不同，否认肇事车辆就是投保车辆的主张，与事实不符，不予支持。其主张涉案车辆违法装载运输，依照保险条款约定应免除10%的赔偿责任，但未提交证据证实，不予支持。一审判决确定的赔偿数额，并无不当。

综上所述，太平洋财保包头支公司的上诉请求不能成立，应予驳回；一审判决认定事实清楚，适用法律正确，应予维持。原山东省莱芜市中级人民法院依照《中华人民共和国民事诉讼法》第一百四十四条、第一百七十条第一款第一项规定，判决如下：

驳回上诉，维持原判。

【法官后语】

随着市场经济的发展，保险理赔越来越普遍化，保险公司的业务范围、业务内容等都发生了重大变化，人们对保险公司及其产品的选择也越来越多样化。

保险合同是保险公司与被保险人之间真实意思表示一致的协议。依法成立的合同，对当事人具有法律约束力。当事人应当按照约定履行自己的义务，不得擅自变更或者解除合同。依法成立的合同，受法律保护。保险合同在没有被依法撤销、解除或确认无效的前提下，双方当事人应当按照合同约定履行各自的义务。

本案中投保车辆的车牌号与实际车牌号不一致。保险合同是当事人通过合意对于其未来事务的安排，然而，当事人在订立合同时，即使具有丰富的交易经验和雄厚的法律知识，也不可能对未来发生的各种情况事先都作出充分的预见，并在合同中将其未来的各种事物安排得十分周全，所以在合同中出现某些漏洞，甚至某些条款不明确、不具体，是在所难免的。

当保险合同因书写内容有错误导致双方当事人纠纷时，就需要使用合同的解释、意思表示错误等民法原理以及综合案件事实来予以认定。解释合同首先应判断当事人的目的。考虑缔约目的是指要考虑当事人双方而非一方缔约时的目的。保险合同的订立，是保险人和被保险人希望通过合同来减少将来发生的风险。该案中投保车辆车牌号与肇事车辆车牌号不一致说明合同订立时出现差错，该错误并不影响被保险车辆的认定。且保险公司具有严格审查被保险车辆信息的义务，疏于审查导致车牌号不一致的责任主要在于保险人。

该案虽然投保车辆号牌与肇事车辆号牌不同，但车架号、发动机号相同，足以认定肇事车辆即为保险单中载明的被保险机动车车辆。车辆号牌只是公安机关用于方便车辆行政管理登记的号码，车辆是否投保应以车架号、发动机号为准。因而，保险公司应当承担保险责任，是合同法目的解释原则的准确适用，有利于当事人缔约目的的实现。

编写人：山东省济南市钢城区人民法院　李金凤

13

排除保险车辆本身以外的火源引起的火灾造成的损失不属于车损险的保险责任范围

——李某诉中国平安财产保险股份有限公司天津分公司财产保险合同案

【案件基本信息】

1. 裁判书字号

天津市第一中级人民法院（2018）津01民终47号民事判决书

2. 案由：财产保险合同纠纷

3. 当事人

原告（上诉人）：李某

被告（被上诉人）：中国平安财产保险股份有限公司天津分公司（以下简称保险公司）

【基本案情】

2016年6月30日，原告李某作为投保人与被告订立机动车商业保险合同，保险公司签发的保险单载明：被保险人为李某；被保险车辆为登记于其名下的轿车；保险期间自2016年8月24日起至2017年8月23日止。保险公司承保机动车损失险等险种，车辆损失险项下保险金额为79601.6元，其“保险责任”是：保险期间内，被保险人或其允许的合法驾驶人在使用被保险机动车过程中，因“火灾”等原因造成被保险车辆的直接损失，且不属于免除保险人责任的范围，保险人依照本保险合同的约定负责赔偿。合同条款的释义部分对于“火灾”的定义为：“指被保险机动车本身以外的火源引起的、在时间上或者空间上失去控制的燃烧所造成的灾害。”

2017年4月4日11时13分，位于霸州市津保高速天津方向20千米处的涉案车辆起火，被烧毁。霸州市公安消防大队2017年4月30日出具的火灾事故认定书记载："起火部位位于汽车前部，起火原因为汽车前部设备故障。"

针对火灾造成的被保险车辆损失，原告向被告理赔遭拒，故成讼。

【案件焦点】

该事故属于车辆自燃，该车辆未投保自燃险，该起事故是否属于保险公司应当赔付的保险责任范围。

【法院裁判要旨】

天津铁路运输法院经审理认为：原、被告之间的机动车商业保险合同系双方真实意思表示，合法有效，应当受到法律保护。双方当事人应当按照合同约定的内容享有权利，承担义务。在本案中，保险责任条款中约定的"火灾"，条款明确其定义为："指被保险机动车本身以外的火源引起的、在时间上或者空间上失去控制的燃烧所造成的灾害。"霸州市公安消防大队出具的火灾事故认定书确认起火部位位于汽车前部，起火是汽车前部设备故障引发，而非被保险机动车本身以外的火源引起的。可见保险车辆的烧毁原因不属于机动车损失险约定的保险责任范围，故原告要求被告赔付车辆损失的诉讼请求法院不予支持，依照《中华人民共和国保险法》第十四条，《中华人民共和国民事诉讼法》第六十四条第一款，《最高人民法院关于适用〈中华人民共和国民事诉讼法〉的解释》第九十条的规定，依法判决：

驳回原告李某的全部诉讼请求。

宣判后，原告提起上诉。天津市第一中级人民法院同意一审法院裁判意见。

【法官后语】

未投保自燃险，排除保险车辆本身以外的火源引起的火灾不属于车损险保险责任范围。

一、不能混淆保险责任与责任免除的界限

保险责任范围是依据保险合同的约定，保险公司应当承担赔偿责任的所有情形，免责事由是在保险责任范围内保险公司不承担赔偿责任的情形。判断保险人是否应当就某一保险事故承担保险金赔付责任，首先应当判定，该保险事故是否属于保险人承保之危险的实际发生。如果不是，保险人当然无需赔付保险金；反之则应当进一步审查该事故所造成的损失，是否属于保险合同约定的保险人应当赔付保险金的范围，损失结果不属于保险合同约定的赔付范围的，保险人无需赔付保险金。

本案中，保险合同中的车辆损失险条款关于火灾的保险责任明确约定：保险车辆本身以外的火源引起的，在时间或空间上失去控制的燃烧所造成的火灾，属于保险合同赔付范围。本案中，根据消防部门出具的火灾事故认定书可知，保险车辆起火部位位于汽车前部，起火原因为汽车前部设备故障引发，排除了外来火源引发的因素，属于自燃，故不属于车辆损失险中规定的火灾的保险责任范围，保险公司根据合同约定拒赔，并无不当。李某主张保险车辆起火属于自燃，且自燃属于车损险项下的责任免除事由，保险公司应当予以赔偿。显然，这一主张混淆了保险责任和责任免除的概念。保险责任范围已经明确对火灾进行了划定，且火灾事故认定书也已经明确了事发火灾的性质，不属于保险合同约定的赔付范围，进而也就没有必要再探究该情形是否属于免责事由，只有事故的危险及其损害结果是在保险责任范围内同时又不属于免责事由的情形下，保险公司才需要承担保险责任。

二、不能混淆承保与未承保的界限

此外，保险合同并非对于“自燃之火灾”绝对不予以赔偿，而是规定在另一险种“自燃险”项下，投保人可以根据自己的需要投保该险种，在发生自燃原因之火灾的情况下，由保险人对相应的损失承担赔付保险金之责任。据此，保险合同为双务合同，投保人需支付对价后方可获得保障，因此投保人需投保自燃险并支付保险费，才能在自燃险项下得到赔偿，在未投保自燃险的情况下不能在车损险项下主张本案事故造成保险车辆损失的赔偿。

编写人：天津铁路运输法院　李海龙

14

挂靠的车辆未按约定足额投保，超出保额的交通事故赔偿责任承担的认定标准

——广州市康旺运输有限公司诉冯某追偿权案

【案件基本信息】

1. 裁判书字号

广东省广州市中级人民法院（2018）粤01民终17339号民事判决书

2. 案由：追偿权纠纷

3. 当事人

原告（被上诉人）：广州市康旺运输有限公司（以下简称康旺公司）

被告（上诉人）：冯某

【基本案情】

2015年4月3日，冯某与康旺公司签订《车辆服务合同书》，约定冯某将车辆挂靠在康旺公司名下运营，由康旺公司代为购买车辆保险，第三者责任险需购买100万元的额度。但实际上第三者责任险仅买了50万元的额度。后该车于2015年8月23日发生交通事故，造成案外人江某受伤。2016年10月19日，广东省广州市白云区人民法院作出民事判决书，判令保险公司在机动车交通事故责任强制保险限额内向江某赔偿110000元，在机动车交通事故第三者责任商业保险限额内向江某赔偿470000元，冯某向江某赔偿121625.65元，康旺公司对冯某应承担的赔偿责任承担连带赔偿责任。2017年6月20日，广东省广州市中级人民法院维持了一审判决。2017年9月至10月，康旺公司被法院依法划扣了123349.65元执行款。其后，康旺公司与冯某对超出保险额度部分的赔偿款的负担问题产生争议。康旺公司遂诉至法院，请求判令冯某偿还其支付的赔偿款及利息。

【案件焦点】

冯某、康旺公司对涉案车辆未按约定购买100万元限额的第三者责任险是否存在过错及承担责任的比例。

【法院裁判要旨】

广东省广州市白云区人民法院经审理认为：涉案车辆的第三者责任险投保时间为2015年3月30日，涉案《车辆服务合同书》签订的日期为2015年4月3日，投保在先，签合同在后。康旺公司作为代为购买车辆保险的一方，明知投保的限额仅为50万元仍与冯某签订记载有“第三者责任险需购买限额100万元”的《车辆服务合同书》，显然不当；冯某作为车辆的实际车主对车辆的投保情况有核实、注意和提醒的义务，但其并未履行上述义务。且冯某在庭审中，一方面称不清楚保险的具体金额，另一方面又称因保额不够，其曾经要求过加险，其陈述前后相互矛盾且未作出合理的解释，故对冯某关于其以为康旺公司为涉案车辆购买了100万元第三者责任险的主张不予采信。冯某亦未提交证据证明其在未购买足额保险时，曾向康旺公司对车辆保险的事宜提出过异议。故在本次事件中，冯某、康旺公司均具有过错，均应承担同等责任，即本次事件造成康旺公司的各项损失，应由冯某按50%的比例予以赔偿，剩余50%的损失则应由康旺公司自行承担，即冯某应向康旺公司支付其垫付的赔偿款项61674.82元。鉴于双方均有过错，对于康旺公司主张冯某按中国人民银行规定的同期同类贷款利率计算利息的诉请，不予支持。

广东省广州市白云区人民法院依照《中华人民共和国合同法》第六十条、第一百零七条，《中华人民共和国民事诉讼法》第六十四条之规定，作出如下判决：

在本判决生效之日起五日内，冯某支付康旺公司垫付的赔偿款项61674.82元。

冯某不服一审判决，提起上诉。广东省广州市中级人民法院经审理认为：综合本案案情，可推定冯某对涉案车辆投保了50万元第三人责任险是知晓的。冯某未提交证据证明其在未购买足额保险时，曾向康旺公司对车辆保险的事宜提出过异议。因此，一审法院认定冯某存在一定过错，并根据当事人在合同履行过程中的过错程度，合理酌定康旺公司与冯某各承担50%的责任并无不当，法院予以维持。

广东省广州市中级人民法院依照《中华人民共和国民事诉讼法》第一百七十条第一款第一项之规定，作出如下判决：

驳回上诉，维持原判。

【法官后语】

车辆挂靠经营作为实践中大量出现的经济现象，不规范运作的情况时有发生，司法实践中纠纷较多，定性和处理均存在一定的困难。在车辆挂靠经营关系中，表现形式主要为挂靠人（一般是个人）与被挂靠人（通常是汽车运输公司）签订一份服务合同或挂靠合同，期限为若干年，约定由挂靠人出资购买车辆，向被挂靠人缴纳一定的管理费，由挂靠人实际使用车辆，被挂靠人以自己的名义为车辆登记上牌，办理营运证，代缴各项费用，挂靠关系终止时，车辆所有权归挂靠人所有，有关营运权仍属被挂靠人所有。车辆挂靠经营合同如属当事人的真实意思表示，内容未违反法律法规的禁止性规定的，应认定为有效合同。

关于车辆挂靠经营情况下发生交通事故的，挂靠人和被挂靠人的外部责任问题，《最高人民法院关于审理道路交通事故损害赔偿案件适用法律若干问题的解释》第三条规定，以挂靠形式从事道路运输经营活动的机动车发生交通事故造成损害，属于该机动车一方责任，当事人请求由挂靠人和被挂靠人承担连带责任的，人民法院应予支持。本案中，审理机动车交通事故责任纠纷的法院即据此判令冯某承担保险限额不足赔付的部分，康旺公司对冯某应承担的赔偿责任承担连带赔偿责任。

关于车辆挂靠经营情况下发生交通事故，挂靠人和被挂靠人之间的内部责任分担问题，需根据法律规定和挂靠经营合同的约定以及双方在履约过程中的过错及应承担的义务进行判断。本案中，《车辆服务合同书》约定由康旺公司代为购买车辆保险，第三者责任险需购买100万元的额度。但实际上第三者责任险仅买了50万元的额度。冯某作为车辆的实际车主对车辆的投保情况有核实、注意和提醒的义务，但其未尽到前述义务，也未提供证据证实提出过异议。故应认定冯某、康旺公司均具有过错，应承担同等责任，由冯某向康旺公司支付垫付的赔偿款项。

编写人：广东省广州市白云区人民法院　欧阳莉　刘明丽

15

对新能源汽车按照补贴前价格收取保费，保险公司不得按照扣除补贴后价格进行赔付

——王甲诉中国平安财产保险股份有限公司北京分公司财产保险合同案

【案件基本信息】

1. 裁判书字号

北京市房山区人民法院（2018）京0111民初16838号民事判决书

2. 案由：财产保险合同纠纷

3. 当事人

原告：王甲

被告：中国平安财产保险股份有限公司北京分公司（以下简称平安北分公司）

【基本案情】

2017年11月10日，王甲在平安北分公司为其小轿车投保机动车商业损失保险（以下简称车损险）及不计免赔率险。该投保车辆为纯电动轿车，购买此车享受新能源汽车购置优惠政策。涉案事故车辆在扣除国家补贴之后，王甲实际支付购车款为6万元。平安北分公司按照该车补贴前的官方指导价格为标准进行评估计算保险费用。车损险的赔偿限额为169801.2元。保险期间自2017年12月12日起至2018年12月11日止。2018年4月25日，王甲的父亲王乙驾驶该车辆在北京市房山区燕山石化东岭路上行驶发生交通事故，造成车辆受损。事故发生后，王乙立即向平安北分公司报险并说明事故情况。后王甲将事故车辆送至平安北分公司合作厂北京西三旗中海同创汽车销售有限公司维修，支付维修费用70365元。

王甲认为涉案事故车辆在平安北分公司投保车损险，保险金额为169801.2元，

本案事故发生在保险期间内，平安北分公司应按照保险合同约定向王甲赔偿保险金70365元。平安北分公司认为涉案事故车辆应该按照王甲实际购车价格的折旧价值54240元为赔偿计算标准，不应该按照投保时的车辆保险金额169801.2元进行赔偿，故不同意王甲主张的赔偿金额。

【案件焦点】

涉案事故车辆的保险价值如何确定。

【法院裁判要旨】

北京市房山区人民法院经审理认为：王甲与平安北分公司签订的保险合同系双方当事人真实意思表示，未违反法律、行政法规的强制性规定，应属合法有效。本案的争议焦点为涉案事故车辆的保险价值如何确定。

根据《中华人民共和国保险法》第五十五条的规定，投保人和保险人约定保险标的的保险价值并在合同中载明的，保险标的发生损失时，以约定的保险价值为赔偿计算标准。投保人和保险人未约定保险标的的保险价值的，保险标的发生损失时，以保险事故发生时保险标的的实际价值为赔偿计算标准。根据《中华人民共和国保险法》第十八条规定，保险金额是指保险人承担赔偿或者给付保险金责任的最高限额。根据上述规定，在财产保险合同中，保险标的具有保险价值，保险金额的确定以保险价值为基础。保险价值是指保险标的在某一特定时期可以用货币进行估算的经济价值。具体到本案中，保险标的即王甲名下的涉诉保险车辆，保险价值是被保险人对于保险标的物所具有的保险利益的货币化体现，保险标的物的价值是客观存在的，不会因是否有国家补贴而有所变化，进而被保险人对保险标的物所具有的保险利益也是客观的，也不会因是否有国家补贴而有所变化。根据《机动车综合商业保险条款》(2014年版)（以下简称《保险条款》）第十二条的约定，保险金额按投保时被保险机动车的实际价值确定。本案中，在机动车综合商业保险单“保险金额”一栏处所对应的保险金额为169801.2元，即王甲在对该车进行投保时，平安北分公司是以该车补贴前的官方指导价格为标准计算的保险金额以及保险费用，该处也能够认证，平安北分公司认为涉案事故车辆投保时的实际价值为169801.2元。故法院认为涉案事故车辆投保时的实际价值应为补贴前官方指导价格169801.2元。根据《中华人民共和国保险法》第五十五条的规定，投保人和保险人未约定保险标的的保险价值的，保险标的发生损失时，以保险事故发生时保险标的的实际价值为赔偿计算标准。本案中，双方没有约定保险价值，因此平安北分公司应该以事故发生时保险标的的实际价值为赔偿计算标准。根据《保险条款》的约定，本案事故车辆在保险事故发生时折旧后的实际价值为 169801.2 ×（1 - 16 × 0.006）= 153500.2848 元。本案中，王甲主张的车辆维修费用为 70365 元，该损失价值亦低于上述折旧后的实际价值，且在保险金额的赔偿范围之内。故法院对于王甲主张的车辆维修费用 70365 元予以支持，对于平安北分公司主张的投保时按照补贴前价格计算保险金额，赔偿时按照实际购车款 6 万元为标准计算保险金额的意见，法院不予支持。

北京市房山区人民法院依照《中华人民共和国保险法》第二十三条之规定，判决如下：

平安北分公司于本判决生效之日起十日内赔偿王甲保险金 70365 元。

【法官后语】

本案是涉新能源汽车保险理赔的新型案例。随着新能源汽车的快速发展，新能源汽车的市场占比不断提升，对于新能源汽车的“高保低赔”问题成为司法实践中的热点问题，并引起了社会的广泛关注和探讨。本案将国家补贴金额认定为保险标的物的保险价值，对于新能源汽车领域保险行业的财产保险理赔问题具有一定的引导作用，并对出台新能源汽车保险行业的专门立法、车险体系提供了一个重要的分析样本。

（一）我国现行保险法中对于保险金额的确定

保险金额与保险价值在实践中是容易混淆的两个概念。保险金额的确定是被保险人主张赔偿的主要依据，在保险合同中具有重要地位。因此，明晰保险金额与保险价值的含义以及两者的关系对司法裁判至关重要。根据保险法规定，保险金额是指保险人承担赔偿或给付保险金责任的最高限额。在财产保险合同中，保险金额不得超过保险价值。根据《保险术语》① 的解释，保险价值是指经保险合同当事人约定并记载于保险合同中的保险标的的价值，或保险事故发生后保险标的的实际价值。保险价值是保险金额确定的基础，是财产保险合同中的关键事项，对于保险事

① 全国保险业标准化技术委员会制定。

故的理赔至关重要。按照机动车综合商业保险条款的约定，在一般的保险合同中，保险金额按投保时被保险机动车的实际价值确定。对于传统普通燃油车辆来说，在订立商业机动车损失保险合同时，对于保险费以及保险金额的确定一般有如下三种方式：一是按照投保人和保险人约定的保险标的的保险价值为赔偿计算标准；二是在没有约定保险价值的情况下，按照投保时被保险机动车的实际价值确定，即根据投保时新车购置价减去折旧金额后的价格协商确定；三是按照其他市场公允价值协商确定。上述三种方式在我国目前的车险体系中为传统燃油汽车的保险价值及保险金额确定了理赔标准。

（二）新能源汽车保险金额在我国现行车险体系中的计算标准

随着新能源汽车的快速发展，新能源汽车在汽车市场中的比例不断增加，尤其是北京、上海等地区，新能源汽车的使用更为普遍。但就目前来说，在我国保险法中，并没有关于新能源汽车保险的专门规定，在目前的车险体系中，亦没有针对新能源汽车的专用保险。保险公司的惯例是套用传统燃油车保险体系。对于新能源汽车而言，车主购买新能源汽车一般会享受国家补贴，故车主的实际新车购置价格比市场官方指导价格低。在机动车财产损失保险中，当前保险公司一般的做法是以补贴前的价格为基数计算保费，但是在理赔时，则以补贴后的金额为标准进行上限赔付。这在实践中，就会出现“高保低赔”的问题。本案中保险公司亦是对于涉案事故车辆主张按照补贴后的金额进行上限赔付。保险公司认为本案中保险标的的保险价值应该以被保险人实际购车发票的金额为计算标准，而不是补贴前金额。这种计算标准存在不科学性。保险金额的确定以涉案事故车辆的实际价值为基础，本案中的新能源汽车享受国家补贴，实际购车金额低于官方指导价值，但是保险公司并不能据此认定该车的实际价值与实际购车金额相同。且保险公司一般都是按照官方指导价格收取的保费，这也能够从侧面认证保险公司与被保险人默认了该车的实际价值为补贴前价值，而不是该车的实际购车价值。所以，在理赔时，保险公司应该按照保险金额对被保险人进行保险金赔偿。这也符合保险法中的损失填补原则。

综上，在新能源汽车这一新兴产业发展的同时，我国的保险法、车险体系也面临着新问题。新能源汽车具有与传统燃油汽车相近特点的同时，也存在较大差异。新能源汽车最关键、核心技术在于动力电池，但是我国现有车险体系中对于该险种的设置尚处于空白阶段，这对司法裁判也造成了困境。本案系出现在新能源汽车领域“高保低赔”的新型案例，争议焦点也正是目前保险行业以及社会大众迫切需要回应的问题，因此本案例为新能源汽车保险专属条款的出台以及新能源汽车保险领域立法的出台都将提供有益补充。

编写人：北京市房山区人民法院　丛丹

16

财产保险全损事故中获得残值并非保险理赔的前置程序

——郑某诉中国平安财产保险股份有限公司吉林分公司财产保险合同案

【案件基本信息】

1. 裁判书字号

北京市房山区人民法院（2018）京0111民初5664号民事判决书

2. 案由：财产保险合同纠纷

3. 当事人

原告：郑某

被告：中国平安财产保险股份有限公司吉林分公司（以下简称平安保险吉林分公司）

【基本案情】

2016年8月24日，郑某在平安保险吉林分公司为其车牌号为吉AP××44的机动车投保了机动车损失保险，保险金额为96689.6元，郑某为该项主险投保了不计免赔率险，每次事故的绝对免赔额为0元。保险期间为2016年8月30日至2017年8月29日。双方使用的保险条款为平安保险吉林分公司提供的《机动车综合商业保险条款》（2014年版）（以下简称保险条款）。该保险条款中对全部损失的解释为“被保险机动车发生事故后灭失，或者受到严重损坏完全失去原有形体、效用，或者不能再为被保险人所用的，为实际全损；或被保险机动车发生事故后，认为实际全损已经不可避免，或者为避免发生实际全损所需支付的费用超过实际价值的，为推定全损”。机动车全部损失的赔款计算方式为：赔款 =（保险金额 - 被保险人已从第三方获得的赔偿金额）×（1 - 事故责任免赔率）×（1 - 绝对免赔率之和）- 绝对免赔额。同时，根据该保险条款第十七条的约定，被保险机动车遭受损失后的残余部分由保险人、被保险人协商处理。如折归被保险人的，由双方协商确定其价值并在赔款中扣除。

2017年6月21日12时，郑某驾驶保险车辆在房山区京深线窦店路东口发生交通事故，导致车辆受损。经北京市公安局公安交通管理局房山交通支队良乡大队认定，郑某负事故全部责任。事故发生后，郑某于当日报案并报险。随后，郑某将车辆拖到一家4S店进行检修。经4S店勘查，保险车辆的维修费在11万余元。平安保险吉林分公司在对投保机动车进行查勘后，也认为该车辆基本能够按照全损处理，但是在残值处理方式上，要求郑某先行对车辆残值部分进行处理，后对差额部分进行赔付。后双方对处理方式未能达成一致意见，平安保险吉林分公司未出具定损通知书，亦未进行理赔。

【案件焦点】

获得受损投保机动车的残值利益是否为被保险人获得保险理赔的前置程序。

【法院裁判要旨】

北京市房山区人民法院经审理认为：对于被保险机动车推定全损之后的理赔流程，平安保险吉林分公司一直强调要按照保险条款第十七条的约定，由保险人和被保险人协商处理。但本案的起因恰恰在于双方就该事项并没有协商一致。而理赔流程无法达成一致，并非保险人拒绝支付保险赔偿金的法定理由。根据《中华人民共和国保险法》第五十九条的规定，保险事故发生后，保险人已支付了全部保险金额，并且保险金额等于保险价值的，受损保险标的的全部权利归于保险人。可见，保险人已支付了全部保险金额是其取得受损投保标的物的权利的前提条件。因此，保险人不能以尚未取得受损投保标的物的处分权利或残值为由，拒绝支付被保险人保险赔偿金。故法院对于郑某要求平安保险吉林分公司支付保险赔偿金的诉讼请求予以支持。依照《中华人民共和国合同法》第六十二条，《中华人民共和国保险法》第五十七条、第五十九条之规定，判决如下：

一、平安保险吉林分公司于本判决生效之日起十日内赔偿郑某保险金96689元，施救费1260元；

二、平安保险吉林分公司向郑某赔偿保险金后，车牌号为吉AP××44的机动车的全部权利归于平安保险吉林分公司，郑某应当予以配合。

【法官后语】

保险标的物的损失分全部损失和部分损失，全部损失又分为实际全损和推定全损。推定全损是指实际全损已不可避免，或受损标的物残值加上施救、整理、修复的费用之和超过其实际价值，视为已经全损。在此情况下，保险公司放弃努力，给予被保险人以保险标的物实际价值的赔偿即为推定全损。推定全损是相对于实际全损而言，是对保险标的物损失的一种拟制，比较抽象，且目前法律规定也不够明确，但推定全损的法律后果却是审判实践无法回避的问题。

在财产保险事故中，如果事故达到全损程度，标的物残值处理与保险理赔之间的关系是什么？换言之，发生财产保险事故后，保险公司是应当先行赔付，还是先对保险标的物的残值进行处理，然后再进行赔付呢？对此保险法并无统一的强制性规定。

保险法对此问题相关的规定在第五十九条，具体内容为“保险事故发生后，保险人已支付了全部保险金额，并且保险金额等于保险价值的，受损保险标的的全部权利归于保险人”。通过对该条规定进行分析，可以得知其内在的法律逻辑为：只有保险人已支付了全部保险金额之后，其才能取得受损投保标的物的权利。但是保险实践中，保险人对此条规定的逻辑理解通常为：先行获得受损投保标的物的残值利益，其后再对被保险人进行保险理赔，以致在目前保险行业经营过程中，保险人经常主张“被保险人尚未将标的物权利转移给我，所以我拒绝赔付”。这种做法具有一定的广泛性。该做法旨在最大程度保障保险人的财产利益，但却是以限制被保险人依法及时获得保险赔偿为代价的。

笔者认为，在保险人与被保险人对保险标的物残值及处置方式上存在争议的情况下，为维护被保险人的合法权益，确保被保险人不承担潜在的损失，保险人应当对被保险人先行赔付，保险标的物权利归属于被保险公司更合适。具体理由有如下两点。

一、先行赔付具有一定的法律依据

尽管保险法对残值处理与赔偿顺序并无统一的强制性规定，但是在保险人与被保险人没有约定的情形下，保险人先行赔付具有一定的法律依据。《中华人民共和国保险法》第二十一条明确规定："投保人、被保险人或者受益人知道保险事故发生后，应当及时通知保险人……"第二十三条规定："保险人收到被保险人或者受益人的赔偿或者给付保险金的请求后，应当及时作出核定；情形复杂的，应当在三十日内作出核定，但合同另有约定的除外。保险人应当将核定结果通知被保险人或者受益人……"按照该两条规定，发生保险事故后，被保险人具有及时通知保险人的报险义务，而保险人则有及时核定损失的义务。在被保险人履行通知义务之后，保险人应当及时核定损失。按照上述规定，此处的"及时"定损应该是有约定的按约定，无约定的则"应当在三十日内"。保险法之所以如此规定，目的就在于规制保险人久拖不赔进而损害被保险人或受益人权益的行为。只有保险人赔付了被保险人的损失后，其才可以根据保险法第五十九条拥有受损保险标的物的权利。

二、获得残值作为赔付的前置程序，有违保险最大诚信原则

诚信是所有行业的原则，保险行业遵循的则是最大诚信原则。作为射幸合同的典型代表，保险合同对诚信的要求高于其他类型合同。保险消费者购买保险的目的即转移风险，保护自身的财产权益得到及时的保护。如果保险人以自身利益为价值考量，利用自身优势地位，为被保险人依法获得保险理赔设置障碍，有违市场主体之经营诚信，司法不应予以提倡或鼓励。一般来讲，保险人对法律规定的保险理赔流程应当比被保险人更为熟悉，理应在合法经营、诚信经营方面为行业做出示范和表率。但部分保险人利用自身在保险合同关系中的主导地位，为被保险人依法获得理赔设置前置条件，在被保险人不接受的情况下拒绝理赔。这种"行业惯例"将处理保险标的物残值的义务在无合同约定的情况下强加于被保险人，让不专业的被保险人做专业的事情，致使被保险人为获得保险赔偿金花费大量的人力、物力及时间成本去自行拍卖，甚至进行诉讼，直接导致被保险人迟延获得保险金，导致正常的保险理赔成诉，无端浪费司法资源。对此种违背市场诚信的行为，司法应当予以否定性评价。因此，从投保目的、保险价值的角度出发，财产保险全损保险事故中获得残值不应该成为保险理赔的前置程序。如此方能规范保险市场秩序，推动保险服务水平的提高，促进保险业的健康持续发展。

编写人：北京市房山区人民法院　杨瑞强

17

单方委托鉴定的效力法院能否认定

——顾某诉中国太平洋财产保险股份有限公司无锡分公司责任保险合同案

【案件基本信息】

1. 裁判书字号

江苏省无锡市中级人民法院（2018）苏02民终2279号民事判决书

2. 案由：责任保险合同纠纷

3. 当事人

原告（被上诉人）：顾某

被告（上诉人）：中国太平洋财产保险股份有限公司无锡分公司（以下简称保险公司）

【基本案情】

2017年5月30日，顾某与鸿运公司签订挂靠经营管理合同，明确顾某将一辆重型厢式货车（以下简称保险车辆）挂靠在鸿运公司。

鸿运公司为保险车辆向保险公司投保了车损险（保险金额为21.3万元）及不计免赔率特约条款等险种，保险期限为2017年5月26日至2018年5月25日。机动车综合商业保险示范条款载明：保险期间内，被保险人或其允许的驾驶人在使用被保险机动车过程中，因碰撞等原因造成被保险机动车的直接损失，保险人依照本保险合同的约定负责赔偿。鸿运公司投保时，保险公司就免责条款进行了提示和说明。

2017年10月29日，黄某驾驶保险车辆沿沪霍线由西向东行驶至小潘园路口处时，撞上同方向停在路边由张某驾驶的车辆，造成车辆、货物损坏、黄某受伤的事故。事故发生后，鸿运公司支付施救费7000元，丹阳市珥陵镇东进停车场开具发票。后鸿运公司与保险公司就维修价格无法达成一致，鸿运公司遂委托公估公司进行评估，并通知了保险公司，保险公司未到场，公估公司认定保险车辆的损失为14.7万元，鸿运公司支付评估费7300元。事故发生后，鸿运公司出具权益转让书，确认将案涉车辆损失的赔偿请求权转让给顾某。

鸿运公司委托无锡市泓威汽车修配有限公司（以下简称泓威公司）对保险车辆进行维修，现保险车辆已经维修完毕，泓威公司开具了价税合计金额为14.7万元的发票。

诉讼中，因保险公司对评估报告不予认可，顾某申请公估公司鉴定人任某到庭。任某陈述，公估公司于2017年12月1日接受委托，于12月5日查勘现场并拍照，确认了损失的项目，无锡市江淮重型汽车特约维修站仅有泓威公司、无锡盛田服务站（以下简称盛田服务站）两家，在向泓威公司、盛田服务站询价后，综合两家的报价单，公估公司在较低的报价基础上，按照行业惯例打九五折，甚至更低的折扣，形成了案涉公估报告。

【案件焦点】

顾某单方委托进行的鉴定是否有效，保险公司能否要求重新鉴定。

【法院裁判要旨】

江苏省无锡市梁溪区人民法院经审理认为：鸿运公司与保险公司签订的保险合同合法有效。保险事故发生后，保险公司应依约承担保险责任。顾某将保险车辆挂靠在鸿运公司，且鸿运公司已将案涉车辆损失的赔偿请求权转让给顾某，现顾某向保险公司主张车损险保险金及评估费、施救费，符合法律规定。保险车辆损失经公估公司评估后认定为14.7万元，公估公司具有评估资质，且在评估时通知保险公司到场。而保险公司未到场，其既无证据足以反驳该评估报告，也未提供证据证明鉴定程序严重违法或鉴定结论明显依据不足，故对该评估结论法院予以采信，保险公司提出的对评估报告不予认可、要求重新鉴定的抗辩，法院不予采纳。评估费系为确定保险车辆的损失程度所支付的必要的、合理的费用，依法应由保险公司承担。保险公司提出施救费用系车辆从丹阳拖至无锡产生，系扩大的损失的抗辩，但未提供相应依据，且顾某提供了施救费的发票，对该抗辩，法院不予采纳。

江苏省无锡市梁溪区人民法院依照《中华人民共和国保险法》第十条、第六十四条之规定，作出如下判决：

保险公司应于本判决发生法律效力之日起十日内赔偿顾某车损险保险金 147000 元、评估费 7300 元、施救费 7000 元。

二审法院同意一审法院裁判意见。

【法官后语】

单方委托是车辆损失保险合同纠纷的常见问题，一般情况下，保险公司在接到事故报案后，均会及时自行查勘定损。被保险人之所以进行单方委托，主要原因在于保险公司定损价格过低，双方又无法协商一致，故委托公估公司等对车损进行鉴定。在此情形下，保险公司对评估金额通常不予认可，往往会申请重新鉴定，法院在此情形下，一般会予以允许。

一、单方委托鉴定意见在一般情况下不具有可采性

一是被保险人单方委托鉴定，剥夺了保险公司参与查勘、选择鉴定机构并提出相关意见的权利，保险公司无法对鉴定方法、鉴定过程、检材等进行确认，而程序公正的重要一环就是程序的参与性，如果保险公司连参与程序的机会都没有，则很难保证程序的中立性和公正性；二是在评估机构资质有所放开的情况下，评估机构存在良莠不齐的情况，在实践中存在评估机构为了谋利与被保险人串通作高损失的可能，采纳单方委托鉴定意见可能存在道德风险。

二、单方委托鉴定意见存在的价值

单方委托的鉴定意见是否应该一概予以排除？不可否认，单方委托仍时有发生，在某些情形下是具有合理性的，一是保险公司在交通事故发生后拒绝定损或怠于定损，则视为保险公司放弃了查勘车损的权利，此时被保险人委托第三方鉴定机构对车损进行鉴定不存在过错。在保险公司没有提供反驳证据的情况下，可以采纳单方委托的鉴定意见。二是在充分保证保险公司程序参与权的条件下，可以考虑采纳单方委托鉴定意见。否则，完全否认单方委托鉴定的效力，则纵容了保险公司过分压低定损金额的做法。在部分车损数额较大的案件中，保险公司定损金额与单方委托定损金额差距甚大，有的定损金额甚至仅为委托定损金额的一半左右，而从实践情况来看，按照保险公司的定损金额无论如何都是无法进行正常维修的，部分被保险人为了减少损失，不得不接受保险公司过低的定损。三是在法院委托鉴定的金额与被保险人单方委托鉴定的金额差距不大的情况下，亦是对法院委托鉴定意见的

佐证，可以加强第二次鉴定意见的证明力。

三、采纳单方委托鉴定意见的进路

在哪些情形下可以采纳单方委托作出的鉴定意见？笔者认为，不采纳单方委托鉴定意见的最重要理由即为损害程序的公正性，在保证程序公正的前提下，采纳单方鉴定意见具有合理性。

以本案为例，法院之所以采纳单方意见，主要出于以下考虑：一是顾某在单方委托评估时通知保险公司到场而保险公司未到场，给予了保险公司参与程序的机会，但保险公司却未予理会。二是诉讼中鉴定人到庭接受询问。在保险公司对鉴定意见不予认可、申请重新鉴定的情况下，赋予保险公司询问鉴定人的权利，既能使鉴定程序的问题暴露，也能使法院形成心证，作出合理的判断。三是车辆系在特约维修店修理。不可否认，我国车辆维修市场存在一些乱象，在这种情况下，4S店、大型车辆维修连锁机构、汽车生产厂家指定的维修点等，较之于普通的车辆维修作坊、公司等，在市场认可度、信誉方面具有一定的优势，这种大型机构参与保险骗保等的可能性较低。

编写人：江苏省无锡市梁溪区人民法院　李涛

18

挂靠车辆的实际车主放弃对第三人请求赔偿权利的，车损险保险人不承担相应的保险金赔偿责任

——上海两淮汽车运输有限公司诉永安财产保险股份有限公司上海分公司财产保险合同案

【案件基本信息】

1. 裁判书字号

上海市浦东新区人民法院（2018）沪0115民初36841号民事判决书

2. 案由：财产保险合同纠纷

3. 当事人

原告：上海两淮汽车运输有限公司（以下简称两淮运输公司）

被告：永安财产保险股份有限公司上海分公司（以下简称永安保险公司）

第三人：韩某

【基本案情】

第三人韩某将其购买的涉案车辆（沪D××××6号重型半挂牵引车）登记于原告两淮运输公司名下。原告作为投保人和被保险人将该车向被告永安保险公司投保了机动车交通事故责任强制保险、机动车损失保险及不计免赔险等，保险期间自2016年12月11日0时起至2017年12月10日24时止。

2017年7月14日13时25分，案外人向某（系第三人韩某雇佣的驾驶员）驾驶涉案车辆牵引另一辆重型集装箱半挂车沿国道228线由南向北行驶至2645千米+500米路段时，与前方变更车道后同方向行驶的沈某驾驶的拖拉机相撞，造成交通事故，致沈某当场死亡、两车损坏。

2017年7月19日，第三人韩某以涉案车辆实际所有人、向某以该车驾驶员身份（两者共同作为乙方）与沈某的继承人（作为甲方）签署《协议书》，约定“双方均服从公安交通部门对此次事故责任认定，如果该事故认定沈某、向某均承担同等责任，除保险公司法定赔偿外乙方一次性补偿甲方人民币160000元，补偿款与保险赔偿无关……除此之外双方不得再向对方主张任何权利”等。

2017年8月24日，江苏省射阳县公安局交通警察队出具《道路交通事故认定书》，认定向某、沈某均承担事故的同等责任。

事故发生后，原告两淮运输公司支付了涉案车辆维修费、施救费等费用，遂要求被告永安保险公司承担赔偿责任，被告拒不履行保险义务，故原告诉至法院请求判令：1. 被告支付原告车辆维修费80000元、施救费6500元；2. 本案诉讼费由被告承担。

【案件焦点】

1. 第三人作为挂靠车辆实际所有权人，是否系车损险保险合同中的被保险人；2. 其在侵权纠纷中向对方放弃请求赔偿权利的，保险人是否将不承担相应的保险金赔偿责任。

【法院裁判要旨】

上海市浦东新区人民法院经审理认为：本案中，第三人韩某与原告两淮运输公司之间是挂靠关系，涉案车辆虽登记在原告名下，但根据原告与第三人韩某的当庭陈述，该车系第三人韩某购买并实际经营，保险费实际也由其支付，故该车的实际所有权人系第三人韩某，其对涉案车辆具有法律上承认的所有权利益。同时，根据《中华人民共和国保险法》第十二条第五款“被保险人是指其财产或者人身受保险合同保障，享有保险金请求权的人……”的规定，受财产保险合同保障的主体为被保险人。涉案机动车损失保险合同保障的主体为涉案车辆的所有权人，故第三人韩某应为该保险合同下的被保险人。

《中华人民共和国保险法》第六十一条第一款规定，保险事故发生后，保险人未赔偿保险金之前，被保险人放弃对第三者请求赔偿的权利的，保险人不承担赔偿保险金的责任。第三人韩某在保险事故发生后、保险人未赔偿保险金之前，在《协议书》中放弃向第三者请求赔偿的权利。在本次交通事故中，向某、沈某负有同等事故责任。根据《中华人民共和国道路交通安全法》第七十六条第一款第一项“……机动车之间发生交通事故的，由有过错的一方承担赔偿责任；双方都有过错的，按照各自过错的比例分担责任”的规定，向某、沈某按照 50% 分担责任，故被告抗辩对第三人韩某放弃部分的 50% 不承担保险金赔偿责任，于法有据，法院予以采信。审理中，原告和第三人韩某当庭陈述上述费用已由原告支付，且第三人韩某同意由原告向被告主张保险金请求权，故被告应向原告赔偿上述费用。

上海市浦东新区人民法院依照《中华人民共和国保险法》第二条之规定，作出判决：

被告永安保险公司于本判决生效之日起十日内支付原告两淮运输公司保险金 43250 元。

【法官后语】

车损险保险合同约定的被保险人，通常系机动车行驶证登记的所有权人，具有保险金请求权。但是在运输物流行业中，由于挂靠关系的普遍存在，行驶证登记的所有权人与实际所有权人经常发生分离。此时如何确定车损险保险合同中的被保险人，在司法实践中备受争议。

一、在车辆挂靠关系中，机动车实际所有权人为挂靠人

根据物权法第二十三条、第二十四条的规定，机动车所有权的取得自交付时发生效力，登记仅是对抗善意第三人的要件。公安部早在2000年给最高人民法院的《关于确定机动车所有权人问题的复函》中即已明确："公安机关登记的车主，不宜作为判别机动车所有权的依据。"本案中，第三人购买取得车辆并挂靠经营，应被认定为实际所有权人。

二、在机动车损失保险合同中，机动车实际所有权人为被保险人

根据保险法第十二条第五款的规定，其财产受保险合同保障的主体为被保险人。车损险保险合同保障的主体是因机动车本身灭失或损坏而遭受损失的主体，而符合该条件的主体应为机动车所有权人，故机动车所有权人为被保险人。在车辆挂靠关系存在的情况下，即使登记的机动车所有权人在保险合同中被约定为被保险人，被保险人仍应为实际享有机动车所有权的挂靠主体。该挂靠主体在侵权纠纷中向第三方放弃请求赔偿权利的，根据保险法第六十一条第一款的规定，应视为被保险人放弃请求赔偿的权利。

本案详细探讨了此类案件审理过程中出现的法律问题，为此类纠纷的化解提供了解决思路。

编写人：上海市浦东新区人民法院　李鹏　姜岚

19

发生事故后驾驶员弃车离开现场致使事故原因无法查明的，保险公司不承担赔偿责任

——无锡市江成运速运有限公司诉中国太平洋财产保险股份有限公司无锡分公司保险合同案

【案件基本信息】

1. 裁判书字号

江苏省无锡市中级人民法院（2018）苏02民终1291号民事判决书

2. 案由：保险合同纠纷

3. 当事人

原告（上诉人）：无锡市江成运速运有限公司（以下简称江成运公司）

被告（被上诉人）：中国太平洋财产保险股份有限公司无锡分公司（以下简称保险公司）

【基本案情】

江成运公司为属其所有的营运货车向保险公司投保了三责险及不计免赔率等险种，保险期限为2016年8月4日至2017年8月3日。三责险保险条款载明，在保险责任范围内，出现下列情况，不论任何原因造成的人身伤亡、财产损失和费用，保险人均不负责赔偿：（一）事故发生后，被保险人或其允许的驾驶人故意破坏、伪造现场、毁灭证据；（二）驾驶人有下列情形之一者：1. 事故发生后，在未依法采取措施的情况下驾驶被保险机动车或者遗弃被保险机动车离开事故现场；2. 饮酒、吸食或注射毒品、服用国家管制的精神药品或者麻醉药品等。投保单声明栏载明：本投保人已经收到了条款全文及投保告知书，仔细阅读了保险条款，尤其是加黑突出标注的、免除保险人责任的条款部分的条款内容。保险人已就本合同所涉及的所有免除其责任的条款的概念、内容及其法律后果向本人做出了通俗的、本人能够理解的解释和明确说明，本人对其真实含义和法律后果完全理解，同意并接受本投保单所载各项内容，申请投保并同意按保险合同约定缴纳保险费。投保人签章处加盖江成运公司公章。

2017年2月17日13时47分，江成运公司驾驶员蒋某某驾驶重型厢式货车从温岭市驶往临海市沿江镇西岑村，途经临海市沿江镇西岑村路口，倒车后在起步右转弯时与从路口由东往西在斑马线附近行走的行人彭某某发生碰撞，造成行人彭某某当场死亡的道路交通事故。交警部门认定造成此事故的直接原因系蒋某某驾驶保险车辆倒车后，在起步时因疏忽大意与同方向前方的行人发生碰撞，彭某某无导致此事故发生的过错。蒋某某负事故全部责任，彭某某不负事故责任。发生事故后，蒋某某向110报警后弃车离开现场，于2017年2月18日11时29分到临海市交警大队投案。同年3月7日，彭某某的家属谭某某等人向浙江省临海市人民法院起诉江成运公司、保险公司，要求江成运公司赔偿损失574211.2元，保险公司在交强险和三责险范围内承担赔偿责任。经调解，保险公司赔偿彭某某家属交强险保险金11万元，江成运公司赔偿彭某某家属损失33万元（已扣除预付的7万元）。调解后，保险公司、江成运公司均已按调解书的约定履行了付款义务。

【案件焦点】

1. 保险条款中的免责条款是否有效；2. 驾驶员弃车离开现场，保险公司能否依据免责条款拒赔。

【法院裁判要旨】

江苏省无锡市梁溪区人民法院经审理认为：保险公司已就保险条款中的免责条款向江成运公司进行明确说明，保险条款中的免责条款具有法律效力。事故发生后，江成运公司的驾驶员蒋某某拨打110报警后无正当理由弃车离开现场，未留在事故现场等待警察处理事故，亦未及时接受酒精检测，导致无法查明事故发生时蒋某某是否具有酒驾等免责情形，符合三责险保险条款第二十四条约定的免责情形，故保险公司不应承担赔偿责任。

江苏省无锡市梁溪区人民法院依照《中华人民共和国保险法》第十七条之规定，作出如下判决：

驳回江成运公司的诉讼请求。

江成运公司不服一审判决，提起上诉。江苏省无锡市中级人民法院经审理认为：江成运公司在投保单声明栏处以盖章形式确认保险公司已就保险合同所涉及的所有免除其责任的条款的概念、内容及其法律后果对其作出解释和明确说明，可以认定保险公司已就免责条款尽到提示和说明义务，本案所涉保险合同中相关免责条款有效。

本案所涉保险合同明确约定，事故发生后，在未依法采取措施的情况下驾驶被保险机动车或者遗弃被保险机动车离开事故现场的；饮酒、吸食或注射毒品、服用国家管制的精神药品或者麻醉药品的，保险公司不负责赔偿。在未依法采取措施的情况下驾驶被保险机动车或者遗弃被保险机动车离开事故现场的导致保险公司对保险事故性质、原因、损失程度等难以确定时，保险公司在此范围内免责。本案中蒋某某在事故发生后，虽有报警行为，但无正当理由未留在现场配合保险事故性质、原因的查明，客观上导致对其事故当时生理状态无法确定，不能排除存在饮酒驾车等免责情形。因此，保险公司有权依据有效的免责条款拒赔。

江苏省无锡市中级人民法院依照《中华人民共和国民事诉讼法》第一百七十条第一款第一项的规定，作出如下判决：

驳回上诉，维持原判。

【法官后语】

随着人们生活水平日渐提高，我国民用汽车保有量已超过千万辆，而驾驶员驾驶水平参差不齐，有些驾驶员安全意识较差，开车存在侥幸心理。机动车强制保险和商业保险虽然为交通事故发生后的赔偿提供了一定的保障，但在法律规定或保险条款约定的免责事由成立时，保险公司有权拒绝赔偿。

保险是集合具有同类危险的众多单位或个人，以合理计算分担金的形式，实现对少数成员因该危险所致经济损失的补偿性行为。保险公司提供保险服务是以营利为目的的，故订立保险合同时，保险条款中会对投保人、被保险人、保险人的权利义务进行明确约定。免责条款是保险公司在特定情况下，可以不承担赔偿责任的依据。保险条款一般为格式条款，由保险公司自行拟定，一般投保人不会多加注意，或因条款冗长、字体细小而不易阅读，或文义晦涩难懂，对投保人十分不利。因此，《中华人民共和国保险法》第十七条规定，保险人应当向投保人说明合同的内容，对免责条款应当在投保单、保险单或其他保险凭证上作出足以引起投保人注意的提示，并对该条款内容以书面或口头形式向投保人作出明确说明；未作提示或明确说明的，该条款不产生效力。本案中，保险公司在保险条款中对免责条款用加深加粗字体显示，且江成运公司在投保单声明栏中加盖公章予以确认，故应视为保险公司已就免责条款向江成运公司进行明确说明，免责条款有效。

在免责条款有效的前提下，保险事故发生后，如存在免责条款中的免责事由，保险公司即有权拒绝赔偿。《中华人民共和国保险法》第二十一条规定，投保人、被保险人或者受益人知道保险事故发生后，应当及时通知保险人。故意或者因重大过失未及时通知，致使保险事故的性质、原因、损失程度等难以确定的，保险人对无法确定的部分，不承担赔偿或者给付保险金的责任。本案所涉保险合同明确约定了保险公司不负责赔偿的若干情形。该约定免责的依据即来源于上述法律规定，在导致保险公司对保险事故性质、原因、损失程度等难以确定时，保险公司在此范围内免责。因对于保险事故性质、原因、损失程度的查明，不仅需要对事故现场包括驾驶车辆等状况查勘，也需查明驾驶人当时的生理状态，故保险合同中约定“依法采取措施”应理解为保险公司对保险事故查明的相关措施，而不单单指报警这一行为。本案中驾驶员蒋某某在事故发生后，虽有报警行为，但无正当理由未留在现场配合保险事故性质、原因的查明，客观上导致对其事故当时生理状态无法确定，不能排除存在饮酒驾车等免责情形。因此，保险公司有权依据有效的免责条款拒赔。

编写人：江苏省无锡市梁溪区人民法院　张明明

20

对车上人员责任险项下“车上人员”“使用”“免责情形”作合同解释

——北京春乔综合商店诉中国人民财产保险股份有限公司北京市延庆支公司财产保险合同案

【案件基本信息】

1. 裁判书字号

北京市第一中级人民法院（2018）京01民终4781号民事判决书

2. 案由：财产保险合同纠纷

3. 当事人

原告（被上诉人）：北京春乔综合商店（以下简称春乔商店）

被告（上诉人）：中国人民财产保险股份有限公司北京市延庆支公司（以下简称中保延庆公司）

【基本案情】

2017年4月2日，春乔商店为一辆混凝土搅拌运输车在中保延庆公司投保了车上人员责任险（司机）10万元/座和不计免赔率，保险期限自2017年4月3日0时起至2018年4月2日24时止。其中机动车车上人员责任保险条款第三条约定：本保险合同中的车上人员是指保险事故发生时在被保险机动车上的自然人；第四条约定：保险期间内，被保险人或其允许的合法驾驶人在使用被保险机动车过程中发生意外事故，致使车上人员遭受人身伤亡，依法应当由被保险人承担的损害赔偿责任，保险人依照本保险合同的约定负责赔偿。2017年6月12日，春乔商店允许的合法驾驶人冯某在北京速宏达汽车油泵维修中心修理被保险车辆，在上车取油箱钥匙时，从车上摔下受伤。此事故经北京市公安局延庆分局交通大队认定，冯某负全部责任。事故发生后，负责管理春乔商店车辆的白某支付了冯某住院期间医疗费6687.64元、伙食补助费1000元及护理费。冯某于2017年9月22日诉至该院要求春乔商店、白某承担赔偿责任。2017年12月1日，该院判决春乔商店、白某连带赔偿冯某残疾赔偿金、精神损害抚慰金、误工损失费、出院后护理费、住院伙食补助费、营养费、交通费等共计101920元。2018年1月2日，春乔商店诉至该院，要求中保延庆公司支付保险赔偿款10万元。

【案件焦点】

人保延庆公司是否应基于车上人员责任险向春乔商店承担保险赔付责任。

【法院裁判要旨】

北京市延庆区人民法院经审理认为：被保险人投保车上人员责任险的目的就是减少或降低自身风险，故车上人员不能狭义理解为驾驶室内的人员，还应包括车辆在使用中，上下机动车的司乘人员。冯某是被保险车辆上的驾驶员，在上车取油箱钥匙时，从车上摔下受伤，应当属于车上人员正当使用机动车，属于保险事故。被保险车辆在中保延庆公司投保了车上人员责任险，且事故发生在保险期限内，中保延庆公司应在车上人员（司机）责任险承保范围内对春乔商店承担保险理赔责任。

北京市延庆区人民法院依照《中华人民共和国保险法》第二条之规定，作出如下判决：

中保延庆公司于本判决生效后七日内给付春乔商店保险金10万元。

中保延庆公司不服一审判决，提起上诉。北京市第一中级人民法院经审理认为：本案中春乔商店对冯某的损害赔偿责任已经生效判决予以认定，故依法应系本案保险合同项下之保险标的。虽然从常理来看，机动车的使用应理解为发挥机动车的使用价值，即在道路上合法行驶，但本案中冯某作为被保险人允许的合法驾驶人，其对被保险机动车的管理行为与损害发生之间具有连续性，亦具备事实上的关系，故法院认为对“使用”应进行扩大解释，不宜作狭隘理解。判断是否属于“车上人员”应以该人在事故发生时这一特定时间是否身处保险车辆之上为依据，其中包括在被保险机动车车体内或车体上的人员，亦包括正在上下车的人员。本案中冯某系在登上涉案车辆取钥匙时发生的事故，其应属于保险条款中约定的“车上人员”。

本案中春乔商店认可当时冯某系在维修中心修理被保险机动车，而保险条款中明确约定对在营业性场所维修、保养、改装期间发生的事故保险公司不论原因均不予赔付，且对该免除保险人责任的条款，中保延庆公司已经在保险条款中予以加黑提示，春乔商店亦盖章确认中保延庆公司已对免除保险人责任的条款向其作了明确说明。因此，对保险条款中约定的修理期间应解释为从送去修理至取走车辆的整个连续期间，而不是仅仅指实际修理被保险机动车的时间。故即使涉案事故属于保险责任范围，亦属于保险合同中约定的责任免除情形。综上，人保延庆公司的上诉请求成立，应予支持，一审法院认定事实有误，判决结果错误，依法予以纠正。

北京市第一中级人民法院依照《中华人民共和国保险法》第二条、第十七条，《中华人民共和国民事诉讼法》第一百七十条第一款第二项之规定，作出如下判决：

一、撤销北京市延庆区人民法院（2018）京0119民初396号民事判决；

二、驳回北京春乔综合商店的诉讼请求。

【法官后语】

机动车车上人员责任保险属责任保险范畴，是以被保险人对车上人员应负的损害赔偿责任为标的的保险合同。被保险人主张车上人员险的前提应是该损害赔偿责任已经确定，这也是此类案件中原告的举证义务。本案中春乔商店对冯某的损害赔偿责任已通过生效判决予以认定，故可以进入本案的实质审查阶段。

首先，允许的合法驾驶人的范畴。

实践中一般发生争议较大的是允许的合法驾驶人在把车辆转交于他人驾驶时，该他人是否系允许的合法驾驶人。就此我们认为，此种情形下应考虑被保险人授权允许的合法驾驶人时的授权范围，如果仅系一次性授权抑或特定授权，而又未出现紧急事由致使允许的合法驾驶人无法使用该被保险车辆时，保险公司提出该点抗辩的应予支持；而若该授权系概括性授权，未提出明确使用人员限制的，保险公司提出该点抗辩的应不予支持。

其次，关于什么是“使用”被保险机动车。

当保险合同中载明的“在使用被保险车辆过程中发生意外事故”中的“使用”存在多种解释时，根据合同法的相关规定，对格式条款有两种以上解释的，应当作出不利于提供格式条款一方的解释；当事人对合同条款的理解有争议的，应当按照合同所使用的词句、合同的有关条款、合同的目的、交易习惯以及诚实信用原则，确定该条款的真实意思。本案中因冯某对被保险机动车的管理行为与损害发生之间具有连续性，亦具备事实上的关系，且车辆静止或是行驶只是物理状态的不同，均未改变按照车辆的性质而占有和使用车辆，故我们认为对“使用”应结合保险合同条款、合同目的及事故发生的实际状态作出更有利于被保险人的解释。

再次，车上人员如何认定。

判断因使用被保险车辆发生意外事故而遭受人身伤亡的属于“第三者”还是属于“车上人员”，必须以该人在意外事故发生当时这一特定的时间是否身处被保险车辆之上为依据，在车上即为“车上人员”，其中包括在被保险机动车车体内或车体上的人员，亦包括正在上下车的人员；在车下即为“第三者”。本案中该意外事故发生时，冯某系在涉案车辆车体上，其应属于保险条款中约定的“车上人员”。保险合同中所涉及的“第三者”和“车上人员”均为在特定时空条件下的临时性身份，即“第三者”与“车上人员”均不是永久的、固定不变的身份，二者可以因特定时空条件的变化而转化。

最后，考量是否存在除外条款。

一般保险合同中均有责任免除的约定，如违章搭乘人员的人身伤亡；车上人员因疾病、分娩、自残、殴斗、自杀、犯罪行为造成的人身伤亡；驾驶员紧急刹车造成乘客伤亡。而本案保险合同中约定，在营业性场所维修、保养、改装期间发生的事故造成人身伤亡的，保险人均不负责赔偿，且对该免除保险人责任的条款，保险公司已经进行了提示并作了明确说明，该条款依法具有合同效力。

编写人：北京市第一中级人民法院　耿瑗

21

不利解释原则在保险合同纠纷中的运用

——射阳县华厦混凝土有限公司与中国人寿财产保险股份有限公司射阳县支公司保险合同案

【案件基本信息】

1. 裁判书字号

江苏省盐城市中级人民法院（2018）苏09民终5517号民事判决书

2. 案由：保险合同纠纷

3. 当事人

原告（上诉人）：射阳县华厦混凝土有限公司（以下简称华厦公司）

被告（被上诉人）：中国人寿财产保险股份有限公司射阳县支公司（以下简称人寿财保射阳支公司）

【基本案情】

2016年3月10日，华厦公司在人寿财保射阳支公司为苏JT×××6号泵车投保机动车损失保险，保险金额3500000元；第三者责任保险不计免赔，保险金额500000元，保险期间为2016年3月12日0时至2017年3月11日24时，并在特别约定处载明“该车为不足额投保，出险时按比例赔偿”。

2017年2月20日，苏JT×××6号泵车在进行泵送混凝土作业时泵车二节臂突然断裂，造成地下车库钢筋笼和底板损坏。华厦公司到派出所报警，派出所未到现场进行勘查，现场由保险公司自行勘查认定。事故发生后，射阳县气象局出具气象证明一份，载明：2017年2月20日6时02分，射阳县城测得最大风速为17.2m/s，风力8级。

事故发生当日人寿财保盐城中心支公司派员到现场查勘，与现场建筑瓦工王某作询问笔录，王某陈述：“……当时出险时风非常大，臂抖动比较严重，是阵风时间不长，出险时就在刮大风的时间，当时浇注地下室，六节臂全部扯平……”人寿财保盐城中心支公司出具机动车辆保险车辆损失情况确认书一份，认可泵车维修费为675500元，施救费为12500元。

2017年2月26日，江苏江都建设集团有限公司出具情况说明，载明：华厦公司苏JT×××6号泵车在我工地浇筑砼承台时，大臂断裂导致我方损失28048元；出具收条，载明：今收到华厦公司苏JT×××6号泵车赔偿款28048元。另外，盐城市壹航起重服务有限公司出具发票载明，施救费共计16000元。

2017年2月26日，苏JT×××6号泵车生产厂家江苏三翼工程机械有限公司出具情况说明，载明：“经现场勘查和现场作业的泵车工和工人了解，具体情况分析如下……泵送的是地下车库，泵车六节泵臂全部展开，泵臂的重心前移，压力相当大，摆臂时阵风达到六～七级（射阳县天气预报显示风力五级），导致泵车头冲击地面，导致事故的发生……”

另查明，案涉事故发生时，苏JT×××6号泵车系由袁某开车到现场，谢某来进行施工操作，两人均持有混凝土输送泵车资格证及建设类建设机械施工作业操作证。

华厦公司的诉讼请求为：人寿财保射阳支公司赔偿车辆维修费675500元、施救费16000元、财产损失28048元，合计719548元。

【案件焦点】

1. 案涉泵车投保的是普通机动车损失险还是特种车辆损失险；2. 案涉事故是否属于保险责任范围；3. 被保险车辆的损失金额如何确定。

【法院裁判要旨】

江苏省射阳县人民法院经审理认为：1. 案涉泵车投保时，承保险别中载明的亦是“机动车损失险”而非“特种车辆损失险”，故可以认定泵车虽属于特种车辆，但人寿财保射阳支公司是认可投保普通机动车损失险的。2. 案涉保险条款约定：保险期间内，被保险人或其允许的合法驾驶人在使用被保险机动车过程中，因下列原因造成被保险机动车的损失，保险人依照本保险合同的约定负责赔偿：（1）碰撞、倾覆、坠落……（3）暴风、龙卷风……从气象证明、现场人员陈述事故的经过可证明，事发当天的风力较大，施工时泵车六节泵臂全部展开，泵臂的重心前移，抖动幅度大，泵车头极有可能受风力影响冲击地面，二臂断裂损坏。涉案保险条款中对“碰撞”的定义是指被保险机动车与外界物体直接接触发生意外撞击、产生撞击痕迹现象，但是并未明确指明是因何原因与外界物体接触以及外界物体为何物。该保险合同属于格式条款，对保险人应当适用不利解释原则。泵车臂因风力影响导致展开的车臂与地面直接接触发生撞击，符合条款中约定的“碰撞”的情形。3. 华厦公司在事故发生后，及时向人寿财保盐城支公司报案，人寿财保盐城支公司到达现场出具车辆损失情况确认书。人寿财保盐城支公司与人寿财保射阳支公司系上下级业务管理关系，上级保险公司出具的定损单对下级保险公司适用。案涉保险单特别约定载明“该车为不足额投保，出险时按比例赔偿”，故应按比例赔偿。

江苏省射阳县人民法院依法判决如下：

一、被告人寿财保射阳支公司于本判决生效后十日内给付原告华厦公司车辆损失险保险金 472850 元、施救费 16000 元、第三者责任险保险金 28048 元，合计 516898 元；

二、驳回原告华厦公司的其他诉讼请求。

华厦公司及人寿财保射阳支公司均不服并提起上诉，二审法院经审理同意一审法院裁判意见。

【法官后语】

1. 各方当事人之间成立的合同关系只要不违反法律、行政法规的强制性规定，均应当认定合法有效。本案中泵车虽属于特种车辆，但华厦公司与人寿财保射阳支公司签订保险合同时在承保险别中载明是“机动车损失险”而非“特种车辆损失险”，说明双方均认可泵车投保的是普通机动车损失险。另外，保险单特别约定载明“该车为不足额投保，出险时按比例赔偿”。依法成立的合同，对当事人具有法律约束力。当事人应当按照约定履行自己的义务，不得擅自变更或者解除合同。本案中华厦公司与人寿财保射阳支公司均应遵循诚实信用原则履行各自义务。

2. 保险合同是典型的格式合同，大多为格式条款，具有附和性、不可协商性，保险人预先将自己的意志表示为文字，拟好条款交给对方，与其缔结合同的相对人只能对合同内容表示全部接受或全部不接受，而没有和保险人就格式条款进行协商修改的余地。保险行业的垄断和各保险公司相似的保险条款，使被保险人在选择签订合同的权利上受到了限制。虽然表面上被保险人接受提供的条款是意思自治的表示，但是被保险人被迫屈于保险人的现实却藏在这种资源约束的背后，掩盖了其意思表示的不自由。运用不利解释弥补了双方信息不对称的弊端，当双方对保险合同条款发生争议时，可以保护处于弱势地位的缔约人，平衡双方的权利与义务。

《中华人民共和国保险法》第三十条规定，采用保险人提供的格式条款订立的保险合同，保险人与投保人、被保险人或受益人对合同条款有争议的，应当按照通常理解予以解释。对合同条款有两种以上解释的，人民法院或仲裁机构应当作出有利于被保险人和受益人的解释。本案中保险条款中对“碰撞”的定义是指被保险机动车与外界物体直接接触发生意外撞击、产生撞击痕迹现象。人寿财保射阳支公司认为，“碰撞”应当是碰撞行为直接导致的损失，“碰撞”应是原发性的，本案的接触是继发性的。但从保险条款对“碰撞”的释义来看，并不能明确何种情形为原发性碰撞、何种情形为继发性接触。事故当日风力达到八级，案涉泵车施工时泵车六节泵臂全部展开，泵臂的重心前移，抖动幅度大，因风力影响导致展开的车臂与地面直接接触发生撞击，符合条款中约定的“碰撞”的情形，故华厦公司要求人寿财保射阳支公司在保险责任范围内赔偿的诉请请求应得到支持。

编写人：江苏省射阳县人民法院　徐颖

22

保险人法定免责条款是否需要保险人提示和明确说明

——孔某诉中国太平洋财产保险股份有限公司重庆分公司财产损失保险合同案

【案件基本信息】

1. 裁判书字号

重庆市第五中级人民法院（2018）渝05民终4690号民事判决书

2. 案由：财产损失保险合同

3. 当事人

原告（上诉人）：孔某

被告（被上诉人）：中国太平洋财产保险股份有限公司重庆分公司（以下简称太平洋财保重庆分公司）

【基本案情】

2016年5月9日，孔某为其所购的轿车向太平洋财保重庆分公司投保机动车损失保险、第三者责任险和车上乘客责任险等，后太平洋财保重庆分公司向孔某签发了《神行车保机动车保险单》，该保险单附有太平洋保险《中国保险行业协会机动车损失保险条款》（责任免除）第八条第二款第一项载明："在上述保险责任范围内，下列情况下，不论任何原因造成的人身伤亡、财产损失和费用，保险人均不负责赔偿……（二）驾驶人有下列情形之一者：1. 事故发生后，在未依法采取措施的情况下驾驶被保险机动车或者遗弃被保险机动车离开事故现场……"第十条第四款载明"下列损失和费用，保险人不负责赔偿……（四）投保人、被保险人或其允许的驾驶人知道保险事故发生后，故意或者因重大过失未及时通知，致使保险事故的性质、原因、损失程度等难以确定的，保险人对无法确定的部分，不承担赔偿责任，但保险人通过其他途径已经及时知道或者应当及时知道保险事故发生的除外"。

2016年11月27日，驾驶人尤某驾驶涉案车辆发生侧翻的单方道路交通事故，事故发生后尤某留下车辆自行离开现场回到住所，尤某称事发后乘坐其他车辆离开因未携带手机所以无法报警。28日上午，巡查的路政人员发现事故现场后报警，高速公路交通警察支队出具《道路交通事故认定书》认定尤某负全部责任，但该认定书未认定事故的性质和成因。2017年4月19日，太平洋财保重庆分公司出具拒赔通知书，表示根据机动车损失保险条款以及相关规定不予理赔。孔某主张保险合同中的免除保险人责任条款未经提示和明确说明不产生效力，并就太平洋财保重庆分公司举示的投保单和投保人声明中手书的"孔某"字迹申请进行笔迹鉴定，经鉴定上述两处的"孔某"署名字迹均不是孔某书写。

【案件焦点】

保险人在未尽到免责条款的提示和明确说明义务的情况下，是否可以免除保险人责任。

【法院裁判要旨】

重庆市渝中区人民法院经审理认为：投保单和投保人声明处的投保人签字不是本人所签，保险人未就保险合同中的免责条款向投保人尽到提示和明确说明义务，该免责条款不发生效力。但发生交通事故后立即停车、保护现场并报警等候处理是每个取得驾驶资格的驾驶人员应当知晓的基本常识。本案中，尤某作为被保险车辆的驾驶人，在交通事故发生后依法应当承担对保险人的通知义务。尤某明知交通事故处理流程和报警义务，但在交通事故发生后却离开事故现场，后在具备报警或报险条件时仍未及时报警、报险，且未能提供合理说明，可以认定其具有重大过失。虽然保险合同中的免责条款无效，但是驾驶人尤某在事故发生后因重大过失未及时通知保险人的行为导致本案交通事故的性质、成因无法查清，符合保险法第二十一条规定的免赔情形。保险人有权拒绝承担赔偿责任，原告孔某的诉讼请求法院不予支持。

重庆市渝中区人民法院依据《中华人民共和国保险法》第二十一条之规定，作出如下判决：

驳回原告孔某的诉讼请求。

孔某不服一审判决，提起上诉。重庆市第五中级人民法院同意一审法院裁判意见。

【法官后语】

本案处理重点主要在于对保险人免责条款生效要件的理解。保险人免责条款的效力具有相对独立性，以保险合同的生效为前提，却不必然随保险合同的生效而生效。实践中，保险人免责条款根据生效要件不同主要分为三种：一是保险合同约定的一般免责条款，经保险人履行提示和明确说明义务后生效；二是保险合同约定以法律、行政法规的禁止性规定作为免责事由的免责条款，保险人无需明确说明，经提示后即生效；三是法定保险人免责条款，保险人既不需要明确说明也无需提示，保险合同生效时即发生法律效力。

法定保险人免责条款是立法机关出于保护公序良俗、维护保险秩序之目的，在法律、行政法规中对投保人、被保险人或受益人设立禁止性规范或课以特定义务，并明确规定在投保人、被保险人或受益人违反禁止性规范或未履行特定义务时保险人对保险事故不承担赔偿或者给付保险金责任的条款，如保险法中规定的投保人故意制造保险事故、被保险人故意犯罪导致伤残或死亡等。其效力直接来源于法律、行政法规的规定，而无需当事人在保险合同中特别约定，更不以保险公司履行提示或明确说明义务作为生效要件。

具体到本案中，驾驶人尤某因重大过失未及时通知保险人，导致保险事故的性质和成因无法查清，符合保险法第二十一条“投保人、被保险人知道保险事故发生后，应当及时通知保险人。故意或者因重大过失未及时通知，致使保险事故的性质、原因、损失程度等难以确定的，保险人对无法确定的部分，不承担赔偿或者给付保险金的责任，但保险人通过其他途径已经及时知道或者应当及时知道保险事故发生的除外”的规定。保险法第二十一条系法定免责条款，在保险合同生效的同时即对保险人、投保人、被保险人等保险合同各方当事人产生法律效力。一、二审法院正是依据保险法规定的法定免责条款作出上述判决的。

值得注意的是，本案中保险法第二十一条的内容已纳入保险合同约定且保险人未就该免责条款进行提示和说明，故该保险合同中约定的免责条款未生效，但这并不影响保险法的效力，保险人仍可依据法律规定拒绝承担保险责任。

编写人：重庆市渝中区人民法院　李冰心

23

持有部队驾驶证驾驶地方车辆
是否属于保险公司“无证驾驶”的免赔情形

——戚甲诉中国平安财产保险股份有限公司广东分公司保险合同案

【案件基本信息】

1. 裁判书字号

河南省通许县人民法院（2018）豫0222民初417号民事判决书

2. 案由：保险合同纠纷

3. 当事人

原告：戚甲

被告：中国平安财产保险股份有限公司广东分公司（以下简称平安财险广东分公司）

【基本案情】

2017年10月3日，戚乙未取得公安机关交通管理部门发给的相应类别的机动车驾驶证驾驶粤A××××J号小型越野客车沿大广高速行驶，由于路段雨天积水，戚乙操作不当撞上道路右侧护栏后，导致粤A××××J号车翻入路边沟内，造成戚乙、戚丙两人当场死亡，马某、施某两人受伤，粤A××××J号车损坏及路产损失的交通事故。交警部门作出道路交通事故认定书，认定戚乙负此事故全部责任。粤A××××J号车在被告平安财险广东分公司投保了交强险和责任限额为747200元商业机动车损失保险，事故发生在保险期间。戚乙具有军事部门部颁发的中国人民解放军车辆驾驶证，准驾车型B。粤A××××J号车车辆损失价值为591228元，平安财险广东分公司支付评估费35000元。

戚甲作为涉案车辆的所有人提出诉讼请求，要求被告赔偿车辆损失698000元、评估费20000元、施救费5800元，共计723800元，并承担本案诉讼费。

【案件焦点】

持有部队驾驶证驾驶地方车辆是否属于保险公司“无证驾驶”的免赔情形，该免责条款对投保人是否产生法律效力。

【法院裁判要旨】

河南省通许县人民法院经审理认为：根据《中华人民共和国道路交通安全法》第一百二十条“中国人民解放军和中国人民武装警察部队在编机动车牌证、在编机动车检验以及机动车驾驶人考核工作，由中国人民解放军、中国人民武装警察部队有关部门负责”的规定，戚乙的驾驶证的核发和考核工作应由中国人民解放军有关部门负责。戚乙的驾驶证为中国人民解放军南京军区联勤部军事交通运输部颁发，准驾车型为B，该驾驶证属于有权部门核发的驾驶证件且在有效期内，所以戚乙的驾驶证是合法有效的驾驶证件。另根据《机动车驾驶证申领和使用规定》第三十三条“持军队、武装警察部队机动车驾驶证的人申请大型客车、牵引车、城市公交车、中型客车、大型货车准驾车型机动车驾驶证的，应当考试科目一和科目三；申请其他准驾车型机动车驾驶证的，免于考试核发机动车驾驶证”的规定，戚乙驾驶的系小型越野客车，持有C照的人就能驾驶，而戚乙是持B照驾驶的被保险车辆，本案交通事故认定书也未认定戚乙系无证驾驶。

被告辩称戚乙属无证驾驶，按照保险合同约定不应赔偿，其所依据的是《公安部关于持军队和武装警察部队驾驶证驾驶民用车辆如何定性问题的批复》。但是，该批复已于2004年8月19日被《公安部关于保留修改废止部门规章及规范性文件的通知》明文废止，故对被告的前述主张不予采信。此外，《中华人民共和国保险法》第十七条第二款规定，对保险合同中免除保险人责任的条款，保险人在订立合同时应当在投保单、保险单或者其他保险凭证上作出足以引起投保人注意的提示，并对该条款的内容以书面或者口头形式向投保人作出明确说明；未作提示或者明确说明的，该条款不产生效力。故被告应对“无驾驶证”这一免责情形在签订合同过程中尽到明确说明义务，现原、被告对“无驾驶证”这一术语在理解上存在歧义，而根据本案证据，不能认定被告已告知投保人持部队驾驶证驾驶地方车辆属于“无驾驶证”情形，故该免责条款对投保人不产生法律效力。

河南省通许县人民法院依照《中华人民共和国合同法》第六十条第一款，《中华人民共和国保险法》第十四条、第十七条第二款，《中华人民共和国民事诉讼法》第六十四条之规定，判决如下：

一、被告平安财险广东分公司于本判决生效之日起十日内在机动车损失险责任限额内赔偿原告戚甲机动车损失、施救费共计597028元；

二、驳回原告戚甲的其他诉讼请求。

【法官后语】

本案的关键在于戚乙持有的部队驾驶证驾驶C类民用小车是否是无证驾驶。

（1）公安部2016年修改的《机动车驾驶证申领和使用规定》第十七条规定，持有军队、武装警察部队机动车驾驶证，或者持有境外机动车驾驶证，符合本规定的申请条件，可以申请相应准驾车型的机动车驾驶证；第三十三条规定，持军队、武装警察部队机动车驾驶证的人申请大型客车、牵引车、中型客车、大型货车准驾车型机动车驾驶证的，应当考试科目一和科目三；申请其他准驾车型机动车驾驶证的，免予考试核发机动车驾驶证。相关法律法规并没有规定持有军队、武装警察部队驾驶证的属于无证驾驶的行为。

（2）现实中武装警察部队机动车与地方车大都是在相同的道路上行驶，持军队准驾型B照驾驶小型客车（C照系列）并未在技术上增加难度，正因如此，《机动车驾驶证申领和使用规定》规定持军队机动车驾驶证的人申请除大型客车、牵引车、中型客车、大型货车准驾车型机动车驾驶证外准驾车型机动车驾驶证的，直接核发机动车驾驶证。而机动车驾驶证是驾驶员在符合法律规定的条件下，依法通过相关部门考核的一种技术职能证书，驾驶员依法取得机动车驾驶证后方可驾驶准驾车型机动车，故拥有机动车驾驶证足以证明拥有者具有了驾驶相应准驾车型的驾驶技能。依照《中华人民共和国道路交通安全法》第一百二十条的规定，中国人民解放军和中国人民武装警察部队拥有审核、考核现役军人机动车驾驶证的权利。保险合同和保险法律法规设定的“无证驾驶”免赔主要也是限制不具备驾驶技能和驾驶资格的人驾驶保险车辆。具体到本案中，戚乙作为现役军人持有军队准驾型B照，具备驾驶小型客车的技能资格，并不违背保险合同和保险法律法规关于“无证驾驶”免于赔偿的规定精神。

（3）判断驾驶员是否持有有效的机动车驾驶证，是交通事故的处理单位首先应该审查的，而本案交通事故认定书中并没有认定被告系无证驾驶。

（4）保险合同中并没有约定“无驾驶证”包含持有军人驾驶证驾驶民用车辆的情况，保险公司没有充分证据证明其向投保人履行了解释和说明义务。根据“格式条款”应作有利于条款接受人的解释的原则，应认定被告有驾驶资格。

编写人：河南省通许县人民法院　赵鹏

24

保险合同中的“双重赔偿”问题

——秦甲、延某诉中国人民财产保险股份有限公司雅安市分公司、汉源县顶宏物流有限责任公司财产保险合同案

【案件基本信息】

1. 裁判书字号

四川省雅安市雨城区人民法院（2018）川1802民初750号民事判决书

2. 案由：财产保险合同纠纷

3. 当事人

原告：秦甲、延某

被告：中国人民财产保险股份有限公司雅安市分公司（以下简称财保雅安分公司）、汉源县顶宏物流有限责任公司（以下简称顶宏物流公司）

【基本案情】

秦乙是秦甲、延某夫妻的儿子，未婚，无子女。2017年8月24日，秦乙驾驶一辆重型自卸货车发生交通事故死亡。甘洛县公安局交通警察大队对事故出具的《交通事故认定书》认定秦乙承担此事故的全部责任。

涉案重型自卸货车在发生该交通事故时登记车主为顶宏物流公司，实际车主为白某某，该车行驶证载明的检验有效期至2018年6月。秦乙受雇于白某某为专职驾驶员。顶宏物流公司为该车在财保雅安分公司购买有机动车商业保险车上人员责任险（司机）等险种，事故发生在保险期内。前述事故发生后，秦甲、延某作为原告以白某某、顶宏物流公司为被告向汉源县人民法院提起了提供劳务者受害责任纠纷诉讼，汉源县人民法院作出判决，判决白某某赔偿秦甲、延某因秦乙死亡的丧葬费、死亡赔偿金、精神损害抚慰金的70%即197534.75元，扣除白某某已支付50920元，应支付146614.75元，顶宏物流公司对此承担连带赔偿责任，案件受理

费4970元，秦甲、延某负担2845元，白某某、顶宏物流公司负担2125元。该判决书发生法律效力后，秦甲、延某向汉源县人民法院申请强制执行赔偿款及垫付的案件受理费148739.75元。财保雅安分公司于2018年2月1日，根据顶宏物流公司的申请将车上人员责任险（司机）的理赔款103440元支付给了顶宏物流公司。顶宏物流公司也以网上银行汇款方式将148739.75元转入汉源县人民法院诉讼费及案款专户。此后，秦甲、延某在汉源县人民法院领取了执行款148739.75元。

【案件焦点】

顶宏物流公司、白某某按已发生法律效力的民事判决要求支付了赔偿款后，秦甲、延某是否还可以要求财保雅安分公司按保险合同向其支付车上人员责任险（司机）的保险理赔款，即所谓的“双重赔偿”。

【法院裁判要旨】

四川省雅安市雨城区人民法院经审理认为：车上人员责任险承保的是机动车被保险人对车上人员的损害赔偿责任，即被保险人基于保险事故对车上人员的伤亡负有赔偿责任时，被保险人的该赔偿责任风险可以转移给保险公司。本案事故发生后，秦甲、延某以提供劳务者受害责任纠纷向汉源县人民法院提起诉讼后，汉源县人民法院亦已作出判决。该判决发生法律效力后，秦甲、延某申请了强制执行，执行中承担义务之一的顶宏物流公司按判决将赔偿款转入汉源县人民法院账户，秦甲、延某也已领取该判决确定的赔偿款。随后，财保雅安分公司按保险合同约定向被保险人顶宏物流公司履行了赔付义务。被保险人顶宏物流公司基于保险合同约定，在保险事故发生时对保险标的具有保险利益，在财保雅安分公司领取保险理赔款，是填补其基于保险事故对车上人员司机秦乙死亡应负的赔偿责任而遭受的财产损失。秦甲、延某主张其不仅可以按已发生法律效力的民事判决要求顶宏物流公司、白某某支付赔偿款，还可以要求财保雅安分公司按保险合同向其支付车上人员责任险（司机）的保险理赔款，其所谓的“双重赔偿”没有合同依据和法律依据，其列举的证据不足以证明主张成立，故不予支持。

综上所述，四川省雅安市雨城区人民法院依照《中华人民共和国保险法》第十二条第三款、第四款、第五款，第四十八条，《中华人民共和国民事诉讼法》第六十四条之规定，判决如下：

驳回秦甲、延某的诉讼请求。

【法官后语】

现实生活中，提供劳务者在驾驶用人单位车辆发生人身损害时，多数情况下构成侵权责任纠纷。这时，如果单位车辆投保了车上人员责任险，则单位和提供劳务者容易出现如何处理车上人员责任险和人身损害纠纷问题即保险合同纠纷与侵权责任纠纷竞合的问题，如是否可以同时主张两种赔偿。

依据中国保险行业协会机动车综合商业保险示范条款，机动车车上人员责任险为保险期间内，被保险人或其允许的驾驶人在使用被保险机动车过程中发生意外事故，致使车上人员遭受人身伤亡，且不属于免除保险人责任的范围，依法应当对车上人员承担的损害赔偿责任，保险人依照保险合同约定负责赔偿。车上人员责任险属于财产保险。而提供劳务者受害责任纠纷是指个人之间存在劳务关系的前提下，提供劳务者因劳务活动而受到伤害，在提供劳务者向接受劳务一方主张损害赔偿时，由双方根据各自的过错程度承担相应的民事责任。车上人员责任保险赔偿与人身损害赔偿是两种不同性质的赔偿，前者属于保险合同范畴，主要法律依据为《中华人民共和国合同法》，后者属于侵权责任范畴，主要法律依据为《中华人民共和国侵权责任法》。二者可以竞合，但不能混为一谈，亦不能相互替代。

本案事故发生后，秦甲、延某以提供劳务者受害责任纠纷向汉源县人民法院提起诉讼后，汉源县人民法院亦作出判决，顶宏物流公司已经按照发生法律效力的民事判决书支付了秦甲、延某因秦乙死亡的丧葬费、死亡赔偿金、精神损害抚慰金的70%，其中，扣除了白某某已支付的50920元。秦甲、延某选择了以侵权责任纠纷提起诉讼，也得到了相应的赔付，二人再依据车上人员责任险即财产保险合同向顶宏物流公司与保险公司主张权利，缺乏事实和法律依据。

综上，用人单位为事故发生时的驾驶员所驾驶的车辆投保的车上人员责任险系用人单位对其驾驶员在工作过程中发生意外而作出的对用人单位自身利益的一种保障，该保险合同的双方为保险公司和用人单位。用人单位赔付受害者后，根据合同相对性原理，保险公司赔付的该笔保险金应归用人单位所有。提供劳务者只享有一次按照侵权责任标准对应的赔偿款项的权利，而不享有两次主张同一款项的权利。

编写人：四川省雅安市雨城区人民法院　李垚　樊凌莎

25

未经年审的机动车是否属于保险赔偿免责事由

——茌平县冯屯镇宏源劳务服务部诉中国人寿财产保险股份有限公司聊城市中心支公司保险合同案

【案件基本信息】

1. 裁判书字号

山东省聊城市中级人民法院（2018）鲁15民终395号民事判决书

2. 案由：保险合同纠纷

3. 当事人

原告（被上诉人）：茌平县冯屯镇宏源劳务服务部（以下简称宏源服务部）

被告（上诉人）：中国人寿财产保险股份有限公司聊城市中心支公司（以下简称人寿保险公司）

【基本案情】

2016年6月21日，宏源服务部为其雇员成某在人寿保险公司投保了雇主责任保险，约定在保险期间内，被保险人的工作人员在上下班途中，受到交通事故及意外事故伤害，应由被保险人承担的经济赔偿责任，由保险人按约定负责赔偿。保险金额为60万元。2017年1月4日，成某驾驶一辆二轮摩托车在下班途中与许某驾驶的货车相撞，造成成某死亡。经宏源服务部与成某家属协商，宏源服务部赔偿各项费用60万元。后宏源服务部去人寿保险公司办理理赔，人寿保险公司于2017年7月7日向宏源服务部送达了拒赔通知书，理由是：被保险人工作人员成某驾驶的二轮摩托车未有效年检，依据保险单条款第六条第六项“被保险人的工作人员犯罪或者违反法律、法规的，保险人不负责赔偿”的规定，本案不属该保险单的保险责任。成某驾驶的二轮摩托车注册登记日期为2011年4月20日，检验合格证标至2013年4月。

【案件焦点】

1. 该保险合同中的免责条款是否属于无效条款；2. 车辆未经有效年审是否属于免责事由。

【法院裁判要旨】

山东省茌平县人民法院经审理认为：宏源劳务部与人寿保险公司所签保险合同系双方真实意思表示，且不违背有关法律、行政法规的强制性规定，应认定为有效合同，双方均应受合同约定的约束，积极履行合同义务。宏源劳务部如约缴纳保费，履行了合同义务，发生保险事故后，宏源劳务部作为雇主承担了赔偿责任，人寿保险公司理应按照约定履行伤亡责任保险赔付义务。人寿保险公司辩称被保险人的工作人员驾驶的二轮摩托车未有效年审，属于保险公司免责事由，保险公司不予赔付。对此，首先，本案属正常交通事故，成某逆向行驶及观察操作不当是事故发生的原因，并非机械故障等车辆状况所致，事故的发生与车辆未有效年审没有直接的联系；其次，车辆未有效年检属于违反道路交通安全法的规定，应由行政主管部门处理，对于理赔问题应按照合同约定及保险法的相关规定解决，不能当然作为拒赔的根据；最后，保险合同中第六条第六项“被保险人的工作人员犯罪或者违反法律、法规的，保险人不负责赔偿”的规定，属格式条款，该条款加重了投保人、被保险人的责任，当属无效条款，人寿保险公司以此作为拒赔的理由不能成立，不予采纳。另，保险合同与侵权损害赔偿是两个不同的法律关系，人寿保险公司以事故相对方已部分赔偿受害人，不应重复赔偿的抗辩理由于法无据，不予采纳。

山东省茌平县人民法院依照《中华人民共和国合同法》第六十条，《中华人民共和国保险法》第十九条，《中华人民共和国民事诉讼法》第一百三十四条之规定，作出如下判决：

人寿保险公司于判决生效后十日内赔偿宏源劳务部60万元。

二审法院同意一审法院裁判意见。

【法官后语】

本案争议焦点是未经年检的机动车是否属于免责事由。机动车年检是指登记后上道路行驶的机动车，应当依照法律、行政法规的规定，根据车辆用途、载客载货数量、使用年限等不同情况，定期进行安全技术检验，其目的是保证通行机动车质量符合安全技术要求，防止存在安全隐患的机动车上路通行对他人造成损害。机动车未按照规定及时进行年检会增加风险发生的概率，但也不必然表示机动车一定存在安全隐患，故将其作为免责事由有以偏概全、矫枉过正之嫌，应当对其适用加以合理的限缩。

本案的关键在于未按规定对车辆进行审验与此交通事故的发生之间有无因果关系。事故发生时涉案车辆虽未按照规定年检，但道路交通事故认定书中确认成某驾驶机动车逆向行驶是事故发生的主要原因，车辆未年检并非本案交通事故发生的原因，车辆未在规定期限内年检，并未使得驾驶危险性增加或事故概率上升，故不能认定事故的发生与该车未按时进行检验存在因果关系。

另外，本案中人寿保险公司主张免除赔偿责任的理由是成某驾驶未经年检的机动车的行为违反法律规定，依据是投保单免责条款中第六条第六项约定，“被保险人的工作人员犯罪或违反法律、法规的，保险人不承担保险责任”。但该条款对于“违反法律、法规”的约定过于笼统，未区分法律、法规的管理性规定和禁止性规定，该约定加重了投保人、被保险人的责任，根据《中华人民共和国保险法》第十九条“采用保险人提供的格式条款订立的保险合同中的下列条款无效：（一）免除保险人依法应承担的义务或者加重投保人、被保险人责任的；（二）排除投保人、被保险人或者受益人依法享有的权利的”的规定，应当认定该条款为无效条款。

综上而言，确定保险人是否免责应以保险免责条款的规定为基础，结合机动车未按规定检验是否明显增加了风险发生的概率为标准加以衡量。

编写人：山东省茌平县人民法院　彭艺

26

保险公司主张投保人“骗保”依据不足时应依法理赔

——华某诉中国人民财产保险股份有限公司北京市分公司财产损失保险合同案

【案件基本信息】

1. 裁判书字号

江苏省无锡市中级人民法院（2018）苏02民终3122号民事判决书

2. 案由：财产损失保险合同纠纷

3. 当事人

原告（被上诉人）：华某

被告（上诉人）：中国人民财产保险股份有限公司北京市分公司（以下简称人保公司）

【基本案情】

2017年3月5日16时18分许，卢某（系华某的丈夫）驾驶一辆小型越野车，沿江阴市新桥镇新郁路河西路村道由西向东行驶时避让车辆，不慎驶入河道，致卢某受伤、车辆损坏。江阴市公安局交通警察大队出具道路交通事故认定书，载明：卢某负事故的全部责任，车损及施救费1900元由卢某承担。发生事故时车辆副驾驶位的乘坐人为袁某，华某此时乘坐案外人周某驾驶的同行车辆，发生事故后报警后又向保险公司报案，公安机关接警后到场处置，但人保公司当日未达事故现场。涉案车辆于当日被打捞，产生施救费1900元，并先后停放于4S店及周庄镇澄杨路。事故发生时的照片显示，车辆打捞前在水中呈倾斜状态，大部分车体没于水中，且部分车顶在水面以下。华某为其名下的涉案车辆向人保公司投保了车损险（保险金额61万元）、三责险、发动机涉水损失险、不计免赔率等险种，该保险事故发生在保险期间内。

2017年3月15日，人保公司单方委托淮工鉴定所对涉案车辆落水是否系人为恶意造成进行鉴定。2017年4月15日，淮工鉴定所作出司法鉴定意见书，认为该起落水事故系车辆驾驶员故意造成，人保公司于2017年5月2日向华某出具拒赔通知书。华某认为该鉴定意见系人保公司单方委托作出，未通知其参与，鉴定的取材等不符合法律规定，且在庭审时才知晓该份鉴定意见书，故对此不予认可。法院要求人保公司通知淮工鉴定所鉴定人员出庭，淮工鉴定所未派鉴定人员到庭参加诉讼，法院通知人保公司勘察人员到庭说明情况，未有相关人员到庭；人保公司庭审中陈述未因本案涉嫌骗保向公安机关报案。

驾驶人卢某非本地人，三人陈述事故过程基本一致且均否认系故意驾驶车辆入水。经现场查勘，结合事故地照片显示，入水处部分路段突然变窄。

华某向一审法院提出申请，要求对案涉车辆整体的损失和因进水造成汽车发动机部分的损失进行司法评估。评估结论为“委托评估标的于价格评估基准日的损失（包含进水造成发动机的损失）总价格为513827元，委托评估标的进水造成的发动机损失价格为145770元”。

【案件焦点】

1. 现有证据能否认定该案事故系卢某故意驾驶车辆入水造成；2. 保险公司是否可以因当事人骗保而免赔。

【法院裁判要旨】

江苏省江阴市人民法院经审理认为：人保公司主张本案事故系卢某故意驾驶车辆入水造成依据不足。理由如下：第一，淮工鉴定所出具的司法鉴定意见书不应采信。该司法鉴定意见书系人保公司单方委托鉴定形成，其在鉴定之前未告知华某及驾驶员卢某，在鉴定过程中未通知华某及驾驶员卢某参与，在鉴定意见形成后、本案诉讼前未向华某及驾驶员卢某提供，现华某明确对此不予认可，且法院在庭审过程中明确要求人保公司通知淮工鉴定所的鉴定人、人保公司事故勘察人员到庭，但上述人员无正当理由均未到庭，故对于淮工鉴定所作出司法鉴定意见书及人保公司的该抗辩意见均不予采信。第二，根据事故现场照片、交警部门出具的道路交通事故认定书并结合华某、卢某、袁某等人的陈述，事故发生地道路路况不佳，落水处路面变窄、驾驶人路况不熟，法院确认案涉事故系因卢某驾驶车辆行驶过程中避让车辆不慎驶入河道造成。第三，人保公司主张卢某系故意驾驶车辆入水，后又要求理赔已经涉嫌刑事犯罪，但其并未向公安机关报案，仅提供司法鉴定意见书予以证明，在该证据不予采信的情形下，应由人保公司承担举证不能的责任。华某同时主张车辆损失 513827 元及发动机损失 145770 元，但车辆损失中已包含了发动机损失部分，华某的该主张于法无据，对于其主张的要求人保公司赔偿车辆损失 513827 元的诉讼请求予以支持，对于其要求人保公司赔偿发动机损失 145770 元的诉讼请求不予支持。综上，依据双方订立的保险合同，人保公司应支付华某保险理赔款 515727 元（车辆损失 513827 元 + 施救费 1900 元），华某的其他主张于法无据，法院依法不予支持。

据此，江苏省江阴市人民法院依据《中华人民共和国合同法》第六十条、第一百零七条，《中华人民共和国保险法》第十条、第十四条、第十七条，《最高人民法院关于适用〈中华人民共和国保险法〉若干问题的解释（二）》第九条、第十一条第一款，《中华人民共和国民事诉讼法》第六十四条第一款之规定，判决：

一、人保公司应于判决发生法律效力之日起十日内给付华某保险理赔款 515727 元；

二、驳回华某的其他诉讼请求。

二审法院同意一审法院裁判意见。

【法官后语】

本案的重点在于涉案车辆入水是否系驾驶人故意驾车入水造成的保险事故，如果确实是故意驾车入水则保险公司可以拒赔，保险公司在首次庭审时即提出了上述抗辩主张。针对上述抗辩主张保险公司提交了鉴定意见书，该鉴定意见书认为该起落水事故系车辆驾驶员故意造成。据此，本案审理的核心为鉴定意见书能否采信。

鉴定意见能否采信所涉及的法律规定主要包括两个方面：一是保险法的规定。根据保险法第一百二十九条的规定，对双方有争议的保险事故，保险人和被保险人可以聘请依法设立的独立的评估机构或具有法定资格的专家，对保险事故进行评估和鉴定。二是民事诉讼法的规定。民事诉讼法第七十七条、第七十八条规定，鉴定人有权了解进行鉴定所需要的案件材料，必要时可以询问当事人、证人。鉴定人应当提出书面鉴定意见，在鉴定书上签名或者盖章。当事人对鉴定意见有异议或者人民法院认为鉴定人有必要出庭的，鉴定人应当出庭作证。经人民法院通知，鉴定人拒不出庭作证的，鉴定意见不得作为认定事实的根据；支付鉴定费用的当事人可以要求返还鉴定费用。

根据上述规定，保险公司单方委托鉴定是保险人自己内部设立的一项业务权利，其设立的目的在于防止未发生保险事故而骗取保险理赔或是发生保险事故后高估性虚假理赔，其本质上属保险人对自身经营成本及保险金赔偿的控制制度，但目前该行为已被个别保险公司发展为限制被保险人获取充分赔偿的一个主要手段。不仅如此，2012年民事诉讼法修改时，将之前的“鉴定结论”修改为“鉴定意见”。这本身也表明，鉴定作为证据的种类之一，并不具有终局性，不具有结论性质，司法实践中涉及的事实查明可以结合鉴定的情况综合认定，而不是必须与鉴定得出一致的“结论”。

本案审理过程中，针对原告提出的异议，为慎重起见，一审法院对车主、驾驶人、同行人员分别进行了交叉调查，要求当事人补充提供了病例资料，并至事故现场勘查实际路况，在上述调查的基础上，结合保险公司在委托单方鉴定时未通知车主及驾驶人，且鉴定后也未及时向车主及驾驶人出具鉴定意见的实际情况，上述鉴定意见能否采信存在较大疑问。由此法院通知鉴定人、保险公司经办人到庭，但鉴定人及经办人均未能到庭作证，故上述证据依法未予采信。此外，在一审合议时，合议庭也认为，是否驾车入水故意造成保险事故，系驾驶人的主观心理状态，而鉴定作为一种推断性的判断，仅凭笔录及现场情况，在未对当事人进行询问的情况下，直接认定当事人（驾驶人）的主观心理状态，明显违背一般认知。保险公司单方委托鉴定机构作出的鉴定意见，被保险人不认可的，人民法院有权依据相关标准依法审查，被保险人提出的异议理由经审查成立的，对该鉴定意见人民法院依法不予采信，该举证不能的后果由保险公司承担。

结合本案，我们认为针对单方定损或鉴定意见，人民法院应该建立必要审查标准，单方鉴定的采信也必须符合一定的条件：一是鉴定材料的真实性与关联性必须经过严格的审查；二是鉴定人员应当到庭，防止单方鉴定中的鉴定机构为了迎合委托人的鉴定目的，得出难以令人信服的鉴定意见；三是诉讼相对方对于单方鉴定没有提出有力的反驳意见。唯此，才能真正发挥鉴定意见作为证据证明待证事实的功能，而非简单“以鉴代审”，甚至产生鉴定机构僭越司法权的不良后果。

编写人：江苏省江阴市人民法院　王杰兵　王莹

（三）其他财产保险纠纷

27

保险事故发生后保险公司无权要求投保人缴纳保险费

——中国人民财产保险股份有限公司南通市分公司
诉严某保证保险合同案

【案件基本信息】

1. 裁判书字号

江苏省南通市通州区人民法院（2018）苏0612民初6990号民事判决书

2. 案由：保险合同纠纷

3. 当事人

原告：中国人民财产保险股份有限公司南通市分公司（以下简称人保南通分公司）

被告：严某

【基本案情】

2017年2月22日，严某（甲方）与案外人华夏银行（乙方）签订保证借款合同，约定严某向华夏银行借款65000元。借款合同约定：借款用途为购买商品，借款期限为36个月，自2017年2月22日起至2020年2月22日止，借款利息为年利率6.65%，甲方负责向人保南通分公司投保个人贷款保证保险。合同还对借款的还款方法、利息计算方式及逾期还款责任等进行了约定。合同签订当日，华夏银行向严某发放贷款65000元。为办理上述借款，严某向人保南通分公司投保了个人信用贷款保证保险。保险条款第五条约定，在保险期间内，当超过贷款合同约定的应付款日或被保险人宣布的贷款提前到期日，投保人仍未履行或未完全履行在规定期间内还款（或付息）义务，且超过保单载明的期限的，视为保险事故发生。保险人对保险事故发生时投保人在所投保的贷款合同项下未偿还的全部贷款本金和相应利息按照本保险合同的约定承担赔偿责任。保险条款第十条约定，保险期间根据贷款合同约定的还款期限而确定，但最长不得超过三年，具体起始日和终止日以保险单上载明的日期为准，如果借款人提前还清贷款，则保险期间至实际还款日结束。保险单载明：保险费为48008.16元，保险金额为71878.54元，赔偿等待期80天，保费缴纳方式为每月缴纳，每月保险费为1333.56元，保险期间为自个人贷款合同项下贷款发放之日起至清偿全部贷款本息之日止。保险单还约定如下："1. 保险人赔偿后，投保人需向保险人归还全部赔偿款和未付保险费，从保险人赔偿当日开始超过30天，投保人仍未向保险人归还全部赔偿款项，则视为投保人违约，投保人需以尚欠全部款项为基数，从保险人赔偿当日开始计算按每日千分之一向保险人缴纳违约金。2. 保险人基于投保人违约而理赔后，保险人有权追回赔偿款、违约金理赔及催收产生的其他费用。"保险合同签订后，严某缴纳了八期保险费，共计10668.48元。

合同履行过程中，因严某超过80天未偿还借款，华夏银行就严某结欠的剩余借款本息合计54473.20元（本金53352.84元、贷款利息1036.81元、逾期罚息83.55元）向人保南通分公司提出索赔请求，人保南通分公司遂向华夏银行赔偿54473.20元。嗣后，华夏银行向严某发出《代偿债务通知书》，告知严某应向人保南通分公司支付上述代偿款54473.20元。

【案件焦点】

人保南通分公司向华夏银行履行赔偿责任后，是否有权要求被告严某继续缴纳剩余的保险费。

【法院裁判要旨】

江苏省南通市通州区人民法院经审理认为，人保南通分公司无权要求严某继续缴纳剩余保险费。理由如下：合同法第九十一条规定，合同权利义务关系因债务由当事人按照约定履行而终止。本案保证保险中，借款合同的借款人为投保人，借款合同的贷款人即银行为被保险人，银行对借款人享有的债权为保险标的，若借款人逾期未能偿还借款，保险公司按照约定向银行承担赔偿责任。因严某未按期还款导致发生保险事故，人保南通分公司根据保险合同约定向华夏银行承担赔偿责任后，本案保险标的即华夏银行对严某享有的债权已不复存在，则人保南通分公司与严某签订的保险合同由此而终止。因保险合同业已终止，而缴纳保险费系投保人在保险合同存续期间的义务，故人保南通分公司在保险合同终止后再行向严某收取保险费，违反了合同法第九十一条的规定。

保险法第十九条规定，保险人提供的格式条款具有免除保险人依法应承担的义务或者加重投保人责任的情形，不具有法律效力。本案中，保险合同约定的保险期间为三年，保险费合计48008.16元，每月缴纳保险费1333.56元。按照保险合同约定，投保人无论在保险期间的任何一个时间节点出现违约，均应承担支付全部保险费用的后果，而若投保人因借款期限临近届满前违约（借款合同约定每月等额还本付息，若投保人在最后一个月逾期还款或未还，保险人只需承担最后一个月欠款本金即2000余元的赔偿责任），则保险人承担的保险责任大为减小，但在此情况下其仍然向投保人收取全部保险费，将导致投保人和保险人之间的利益严重失衡，显然有违公平原则。因此，案涉保险单关于保险费缴纳的特别约定，不仅加重了投保人责任，也违反了保险行业保险费的高低以危险损害概率大小为依据的基本原理，应当认定无效。

江苏省南通市通州区人民法院依照《中华人民共和国合同法》第一百零七条、第一百一十四条第二款，《中华人民共和国保险法》第十条、第十九条、第六十条第一款，《中华人民共和国民事诉讼法》第一百四十四条之规定，作出如下判决：

一、被告严某于本判决发生法律效力后十日内向原告人保南通分公司给付代偿款54473.20元；

二、被告严某于本判决发生法律效力后十日内向原告人保南通分公司承担违约金（以54473.20元为基数，自2018年1月11日起计算至实际给付之日止，按照年利率24%计算）；

三、驳回原告人保南通分公司的其他诉讼请求。

一审宣判后，双方均未提起上诉，一审判决已发生法律效力。

【法官后语】

保证保险是保险法第九十五条规定的新型的财产保险业务，保证保险合同既是合同的一种，也是财产保险之一，因此涉及保证保险合同的签订、解除、违约责任等适用合同法的一般规定；在保险事故的索赔、理赔以及保险责任等方面应适用保险法的一般规定和财产保险合同的有关规定；合同法和保险法均无明确规定的，如保险人的代位求偿权问题，可参照适用保险法第六十条的规定。

保险人代位求偿权是法律赋予保险公司的权益，代位求偿制度的目的是维护保险的补偿原则、避免道德风险，同时体现社会公平原则。本案中，保险公司针对银行借款而向借款人提供信贷保证保险，在该保险法律关系中，借款合同的借款人严某为投保人，银行为被保险人，银行对借款人严某所享有金融债权为保险标的。严某为了获得银行50000元贷款与保险公司签订贷款保证保险合同，不仅需要承担三年合计48008.16元的保险费，保险单还特别约定如严某违约未能返还保险金，每日按未返还保险金的1‰计算违约金。显然，严某为获得该笔贷款，其承担的融资成本（包括银行的借款利息、保险费和可能发生的违约金）已远高于合法民间融资利率即民间借贷约定的年利率24%的标准。

本案因严某未按时偿还借款导致发生了保险事故，为此保险公司向银行履行了赔偿责任。根据保险法第六十条规定，保险公司取得了银行代位求偿权，可向投保人严某进行追偿。但根据保险人代位求偿的原理，保险公司行使代位权的范围仅限于其赔偿的严某未能偿还的借款本金和利息，无权再根据保险合同约定主张严某继续缴纳剩余的保险费。另外，根据合同法第九十一条规定，合同权利义务关系因债务由当事人按照约定履行而终止。本案中，因严某未能还款而发生保险事故，在保险公司履行赔偿责任后保险标的发生消灭，则保险合同关系已终止，保险公司在保险合同关系终止后要求严某继续缴纳保险费亦然违反了合同法第九十一条的规定。

关于保险公司主张的违约金问题，法院根据利益衡量和公平原则，认定保险单特别约定的每日1‰计算的违约金明显过高，故按照年利率24%进行了调整。

编写人：江苏省南通市通州区人民法院　邓建华

28

依据公平原则认定诉讼财产保全责任险的保费支付标准

——中国平安财产保险股份有限公司上海分公司诉上海绿地建设（集团）有限公司其他保险合同纠纷案

【案件基本信息】

1. 裁判书字号

上海市第二中级人民法院（2018）沪02民终8624号民事判决书

2. 案由：其他保险合同纠纷

3. 当事人

原告：中国平安财产保险股份有限公司上海分公司

被告：上海绿地建设（集团）有限公司

【基本案情】

肖某非原告公司员工。2016年起，肖某陆续介绍诉讼财产保全责任保险业务给原告业务员王某与张某。2016年8月，被告因与昆特公司发生建设工程施工合同纠纷，诉至江苏省常州市中级人民法院（以下简称常州中院）并申请财产保全。为提供保全担保，被告员工孙某通过肖某向原告投保诉讼财产保全责任保险。由于肖某持有印有原告抬头的名片且涉案业务沟通进展顺利，孙某“信任”肖某为原告员工。针对付款条件，孙某向肖某提出“出裁付款”的要求，肖某也将这一要求反馈给王某，但原告未同意。

嗣后，原、被告签订《协议书》，约定：甲方为被告，乙方为原告；保费及支付：甲方申请财产保全金额为155711616元，乙方确认保全金额为155711616元，保险费为233567.42元；保费的退回：如常州中院拒不认可乙方出具的保单保函作为甲方申请财产保全的担保，需提供相关书面证据材料，乙方同意在甲方退回保函之日起三日内全额退还甲方所支付的保费，且乙方需收回保单及保函。《协议书》

中未约定保费支付条件或期限。

2016年8月8日，原告签发《平安诉讼财产保全责任保险保单》，保单约定：被保险人（保全申请人）为被告，保全被申请人为昆特公司，保险金额为155711616元，保险期间自2016年8月9日0时起至2017年8月8日24时止；保费为233567.42元，适用条款为平安诉讼财产保全责任保险条款。同日，原告签发致常州中院的保单保函，明确财产保全申请人为被告，被申请人为昆特公司，保险金额155711616元，保函有效期为自被保险人向法院提出诉讼财产保全申请之日起至保全损害之债诉讼时效届满时终止，并附保单及条款。王某将上述保单、保单保函等材料送至常州中院。由于当天未能见到承办法官，便将材料留放在法官指定的周转箱中。

2016年8月25日，常州中院对本案被告谈话，谈话笔录记载："……你们的保函上明确要附保单及条款，法院不可能对你们的合同约定进行审查。所以要求保函必须是清洁的且不加任何附加条件等。所以要求你们重新调整出具。重新出具的不能附加任何限制性条件。假如对保险责任做了附加限制性说明的话，我们的保全也会在该附加限制性说明范围内。"嗣后，原告未调整出具过新的保单保函。

2016年9月23日，本案被告向常州中院递交民事撤诉申请书。2016年9月28日，常州中院出具民事裁定书准许本案被告撤诉。被告未向常州中院取回保单保函等材料。

【案件焦点】

1. 原、被告间是否存在"出裁付款"的约定；2. 原告是否完全履行自身合同义务；3. 原告是否有权向被告收取保费。

【法院裁判要旨】

上海市虹口区人民法院经审理认为：关于争议焦点一，原、被告间未就"出裁付款"达成合意。理由如下：1.《协议书》未明确约定"出裁付款"。肖某确曾向王某反馈过被告关于"出裁付款"的要求，但原告不予认可，故在《协议书》中未作此约定。嗣后，双方也未以任何方式追认、变更过协议内容。2. 被告根据孙某与"肖某"的微信聊天记录主张肖某曾承诺"出裁付款"，但在肖某未能到庭认可被告提供的微信材料的真实性且原告不认可微信材料的情况下，法院对该微信材料不予确认，对被告的主张不予采纳。3. 肖某仅为中介身份，即使承诺过"出裁付款”，对原告也难生效力。涉案业务主要由孙某与肖某沟通协商达成，王某与张某均表示未参与投保事宜的具体磋商。涉案业务系原、被告首次合作，保险金额巨大，保费对价不菲，在非至原告营业场所洽谈业务的情况下，被告本应对肖某身份尽到必要的审慎和注意义务，但被告在既未要求肖某出示劳动合同、工作证等身份证明，又未向原告人事管理部门核实的情况下，仅凭肖某提供的名片就轻信肖某的员工身份，对此被告存在重大过失。被告称曾实地走访肖某的办公场所，有合理理由相信该场所为原告旗下办公场所，但未能提供任何证据予以证明。此外，被告也未能举证证明肖某与原告之间存在委托代理关系或对被告形成可资信任的权利外观。故对被告关于有合理理由信任肖某为原告员工或认为肖某对被告构成表见代理的辩称意见，法院不予采纳。结合以上，被告认为双方约定“出裁付款”的辩称意见，法院不予采信。

关于争议焦点二，原告未能完全履行自身合同义务。诉讼财产保全责任保险作为一种新兴险种，是财产保全申请人作为投保人与保险人签订保险合同，在发生保全错误时，财产保全申请人依据财产保全责任险约定，要求保险公司在保险限额内予以赔偿，继而实现诉讼财产保全担保的目的。对于这一责任保险担保，法院有权审查具体案件情况、保险人的资信状况、经营许可、担保范围、承担责任等内容，决定是否接受担保；对于担保材料中最为关键的保单保函材料，法院应当审查其担保函表述承担担保责任的内容、期限、方式等，若经法院认定存在足以影响承担保险责任的情形，法院有权拒绝该保险人提供的责任保险担保。据此，原告作为保险人，既应按约出具保单保函，同时应确保该保单保函被相关法院所接收并认可，上述系保险人基于合同产生的主要义务。

本案中，一方面，原告出具的保单保函未被常州中院所认可。谈话笔录中，常州中院明确要求保函必须是清洁的且不加任何附加条件，要求重新调整出具，否则保全也会在该附加限制性说明范围内。从该表述可见，首先，常州中院要求对保单保函进行调整；其次，若保险人原告与投保人被告能够协商一致明确向常州中院表示对保单保函不作修改，可径行在保单保函的限制性范围内出具相应保全裁定，常州中院也仍是能够在限制性范围内出具的。但本案中，原告后续未能跟进了解保单保函接收情况，也未能与被告协商一致向常州中院明确作出上述不变更、可径行出具的意思表示，故常州中院最终仍是不认可该保单保函的担保效力。另一方面，原告在履约过程中存在明显懈怠：1. 原告作为专业的保险人，对于此险种项下的保单保函材料须经有关法院接收并认可应属明知，其本应关注保单保函能否被法院所确认及后续保全裁定出具情况。但王某送交材料至常州中院，在未见到承办法官的情况下，将材料留放在法官指定周转箱后便自行离去，未留下有效的原告联系方式，事后也再未与承办法官取得联系，以至于常州中院发现保单保函瑕疵后也只能联系保全申请人即本案被告。2. 原告自身员工并未与投保人被告直接接触，送交材料后本应主动向投保人跟进了解，但包括王某、张某在内的原告员工在送达之后并未积极与被告展开沟通。3. 原告明知肖某仅为中介身份，在无自身业务员与被告、常州中院对接的情况下，本应积极督促肖某及时反馈业务进展，但在原告否认肖某曾反馈保函未被常州中院采纳的情况下，原告自始至终未能知悉保单保函未被法院确认的事实，原告对此难谓不具有过失。结合以上，关于原告认为自身已完全履行合同义务的意见，法院不予采纳。保险合同系双务合同，保险人在己方未履行主要义务的情形下，无权要求投保人对价支付保费，且保单保函所担保的案件最终撤诉，保险人再无履行的客观条件和必要，投保人可以此抗辩。

关于争议焦点三，《协议书》系原、被告的真实意思表示，内容均合法有效，双方应予恪守。双方对保费金额、支付方式、保费退还等均有约定，但未明确约定保费支付事宜。《诉讼财产保全责任保险条款》虽记载“投保人应当在保险合同成立时一次性交付保险费”，但由于保费支付问题关系双方当事人权利义务甚巨，且双方就保费支付时间及条件存在明显分歧，在原告未能证明交付过被告上述条款的情况下，难以认定被告知悉上述条款。本案中，由于原告出具的保单保函存在影响责任保险担保范围的情形，在原、被告未一致向常州中院表示可径行在限制性范围内出具裁定的情况下，常州中院最终不认可该保单保函的担保效力，也未出具相应保全裁定，这与《协议书》中所约定的法院“拒不认可”的情形相互吻合。即便被告在合同签订后已主动缴纳保费，一旦发生上述约定的法院不认可保单保函的情形，被告仍可要求原告退还保费。本案中，被告并未实际支付保费，常州中院未予认可保单保函后，被告又同时享有要求退还保费的权利，两者一经折抵，被告也无须再行支付。至于原告认为《协议书》约定退回保费须以退回保单保函为前提，被告若未取回保单保函则保费无退回之可能，则失之偏颇。实践中，保单保函未能退回既有当事人主观原因又有其他诸多客观因素，该约定究其关键还是约束原告在法院不予认可保单保函的情况下无权收取保费，保单保函的取回只是形式上施与被告的义务。被告在知悉保函瑕疵后未取回，的确构成合同义务的违反，但尚不足以就此推导出被告须支付全额保费。

在原、被告未就保费支付事宜达成实质性约定的情况下，原告此时究竟有无权利收取保费，须进一步结合公平原则予以确定。根据合同法第五条之规定，当事人之间的权利义务要公平合理，强调一方给付与对方给付之间的等值性，防止出现一方仅享有权利而另一方仅承担义务或权利义务极端不对等的现象。另根据保险法第十一条之规定，应遵循公平原则确定各方的权利和义务，其亦强调合同双方享有的权利与承担的义务应为对等。保险合同较于其他合同有其特殊的射幸性质，但仍严格遵循权利义务对等的公平原则，外观上双方当事人所取得的价值可能不完全对等，但彼此间的权利义务却始终处于对等状态。投保人主要义务为支付保费，而保险人主要义务为在保险期间内承受可能发生保险事故的风险并于出险后予以赔付。针对案涉诉讼财产保全责任保险，保险人承保风险在于保全申请人因申请错误而给被保全人造成的损失，而该风险的实质发生须以法院出具保全裁定并启动保全程序为前提。本案中，常州中院最终未出具保全裁定，这使得保全错误的发生根本不具有事实上的可能性，原告承保风险自始未曾发生，后续也绝无发生之可能。既然保险人无法履行其主要义务，那么投保人支付保费的主要义务也相应得以免除。

另需说明的是，原告保单保函出具并送达的时间为2016年8月上旬，常州中院告知被告保单保函瑕疵的谈话笔录时间为2016年8月25日，被告在常州中院的案件申请撤诉的时间为2016年9月23日。根据民事诉讼法有关规定，人民法院接受保全申请后，必须在四十八小时内作出裁定。若原告出具的保单保函能为常州中院所认可，那么常州中院早已出具保全裁定，原告承保风险也相应得以开启；即使保单保函一开始未被常州中院所认可，若原告能与常州中院、被告、肖某三方中的任一方保持沟通，在被告案件撤诉之前原告重新出具能被认可的新保单保函也并非不可能。据此，对于原告所称被告撤诉行为才导致常州中院未出具保全裁定的意见，法院不予采纳。

综上所述，一方面原告未完全履行自身合同义务，另一方面结合公平原则，原告应收取与自身实际承受风险相对应的保费。在原告未承担任何风险的情况下，原告主张保费并无法律依据，故对于原告要求被告支付保费的诉讼请求，法院无法支持。原告主张被告支付逾期利息的诉讼请求，法院亦不予支持。

综上，上海市虹口区人民法院依法判决：

驳回原告中国平安财产保险股份有限公司上海分公司的全部诉讼请求。

二审法院同意一审法院裁判意见。

【法官后语】

一、诉讼财产保全责任险的创设

当事人向法院申请保全时，由于自有资金紧张、实物资产不足或短时间内无法寻觅到合适保证人等原因，难以在规定时间内提供相应保全担保。针对这一现象，诉讼财产保全责任险应运而生，即由保险公司承保申请人因保全错误对被申请人造成损害的风险，并向法院出具保函；当保险事故发生时，由保险人承担对被申请人的赔偿责任。这一担保模式于2016年10月被《最高人民法院关于人民法院办理财产保全案件若干问题的规定》所认可。其第七条规定：保险人以其与申请保全人签订财产保全责任险合同的方式为财产保全提供担保的，应当向人民法院出具担保书；担保书应当载明，因申请财产保全错误，由保险人赔偿被保全人因保全所遭受的损失等内容，并附相关证据材料。诉讼财产保全责任险的创设打破了担保规则的局限性，有利于降低当事人的诉讼成本及法院启动保全的风险。

二、相关法院对保单保函的审查及接收认可

实践中，保函通常载明以下内容：申请人与被申请人的基本情况、保险人资信状况、经营许可、请求保全金额、担保金额、担保期限、本保函为不可撤销保函、为申请人的错误保全申请造成被申请人的损失在担保金额范围内承担赔偿责任的明确意思表示等。其中，对于最为关键的保单保函材料，法院应审查其担保函表述承担担保责任的内容、期限、方式等，若经法院认定存在足以影响承担保险责任的情形，法院有权拒绝该保险人提供的责任保险担保。据此，作为保险人既应按约出具保单保函，同时应确保该保单保函被相关法院所接收并认可，上述系保险人基于合同产生的主要义务。1. 保险合同期限与保函期限是否相匹配。保险公司在向法院出具的保函中就担保期限多表述为“自协议签订之日起，以保全损害之债诉讼时效届满时终止”，时间跨度较长；而其与投保人签署的保险合同中惯常约定的保单期限为一年。该时间上的难以匹配导致单份保单难以有效涵盖因保全错误损害导致的全程风险。投保人往往在保单届满后方被告知须重新缴纳保费，否则将无法继续获得该保险保障，进而可能影响到被保全申请人的利益。2. 保费是否缴纳。保险条款通常约定为“除另有约定外，投保人应当在保险合同成立时一次性交付保险费”，但投保人往往主张与保险公司口头约定采“出裁付款”而非“见单即付”的模式，即由法院出具相关保全裁定后投保人再行支付保险费。然而，投保人通常难以举证存在该事项的补充书面协议或电子证据。3. 免责条款对担保效力的影响。诉讼财产保全责任险本质上属于申请保全人（投保人）与保险人之间的合同，系双方意思自治的结果。保险责任的约定通常表述为：“如因申请错误致使被申请人遭受损失的，依法应由被保险人承担的损害赔偿责任，保险人根据本条款规定在赔偿限额内承担赔偿责任。”在这一责任项下，保险人通常制定格式化的责任减免条款。例如，要求被保险人将所涉及的基础债权债务纠纷案件的任何重大进展情况及时告知保险人，否则保险人后续赔付后有权向被保险人追偿；又如，要求被保险人积极行使诉讼权利或履行诉讼义务，避免因怠于行使诉讼权利而承担不利的诉讼后果，否则保险人后续赔付后有权向被保险人追偿。这些条款均可能影响到被保全申请人诉请财产损害赔偿获赔的可能性。

编写人：上海市虹口区人民法院　张毅　夏梦

29

投保险种与保险利益不符时保险性质的认定

——北京燕房华兴仓储有限公司诉中国人民财产保险股份有限公司北京市燕山支公司等财产保险合同案

【案件基本信息】

1. 裁判书字号

北京市第二中级人民法院（2018）京02民终10616号民事判决书

2. 案由：财产保险合同纠纷

3. 当事人

原告（被上诉人）：北京燕房华兴仓储有限公司（以下简称燕房公司）

被告（上诉人）：中国人民财产保险股份有限公司北京市燕山支公司（以下简称保险公司）

第三人（被上诉人）：北京利硕商贸有限公司（以下简称利硕公司）

【基本案情】

燕房公司为仓储服务公司，其作为被保险人与保险公司签订书面《保险合同》，载明保险名称为“财产保险基本险”，保险标的为“由被保险人经营管理或替他人保管的财产”及仓库房屋。

保险期间内，燕房公司的仓库发生火灾，导致仓库房屋建筑和库存商品发生重大损失，燕房公司向保险公司索赔遭拒赔。利硕公司是仓库的货主之一，火灾造成利硕公司货物损失，北京市房山区人民法院作出判决确定了燕房公司对利硕公司货损应负赔偿责任45万元，判决生效后，燕房公司未履行。燕房公司认为《保险合同》的保险性质是责任险，故起诉至法院，请求法院判令保险公司支付其房屋建筑及库存商品保险赔偿金，并向利硕公司支付保险赔偿金45万元。

【案件焦点】

1.《保险合同》对于“库存商品”所提供的保险的性质是否为责任险；2. 保险公司是否应直接向利硕公司支付保险金。

【法院裁判要旨】

北京市房山区人民法院经审理认为：本案“财产保险基本险”是为库存商品本身提供保障，还是为燕房公司对其代为保管的货物履行保管义务时产生的赔偿责任提供保障，关键在于确定燕房公司对保险标的“库存商品”中由其负责保管的货物存在何种保险利益。燕房公司与各实际第三方货主之间形成仓储合同关系，燕房公司是库存商品的保管方和管理者，负有保障库存商品安全的合同义务，但其不是库存商品的所有权人或合法使用人，在保险法意义上，燕房公司对其保管的库存商品所享有的保险利益是责任利益。此外，从订立保险合同的目的来看，燕房公司作为仓库经营者，其向被告投保之初衷和目的，在于发生保险事故造成库存商品损失时，能够转移己方对第三方货主承担的赔偿责任的风险，由保险公司代其赔偿第三方货主相应的损失。因此，以燕房公司为被保险人，以燕房公司保管的库存商品为保险标的的保险合同之性质应为责任险，应按照保险法有关责任险的规定处理库存商品赔偿的相关问题。

责任保险的被保险人给第三者造成损害，被保险人对第三者应负的赔偿责任确定的，根据被保险人的请求，保险人应当直接向该第三者赔偿保险金。北京市房山区人民法院的生效判决确定了燕房公司对利硕公司应负赔偿责任 45 万元，现燕房公司作为被保险人请求保险人保险公司直接向第三者利硕公司赔偿保险金，符合法律的规定，该诉讼请求予以支持。

北京市房山区人民法院依照《中华人民共和国民法通则》第一百三十七条、第一百四十条，《中华人民共和国保险法》第十二条、第十三条、第十四条、第十六条、第十七条、第二十六条、第五十二条、第五十五条、第六十五条，《最高人民法院关于适用〈中华人民共和国保险法〉若干问题的解释（二）》第六条、第十八条之规定，作出如下判决：

一、被告保险公司于本判决生效后十日内支付原告燕房公司房屋建筑保险赔偿金 4691472.5 元；

二、被告保险公司于本判决生效后十日内支付第三人利硕公司保险赔偿金 450000 元［如原告燕房公司具有向第三人利硕公司履行（2011）房民初字第 04127 号民事判决书所规定的义务的行为，被告保险公司将相应数额的保险金赔偿给原告燕房公司］；

三、驳回原告燕房公司其他的诉讼请求。

保险公司不服一审判决，提起上诉。北京市第二中级人民法院经审理认为：在保险合同双方当事人意思表示形成一致的情况下，应当结合合同目的，遵从保险原理，尊重当事人的真实意思表示，以此判断案涉库存商品的保险性质。燕房公司向保险公司投保的目的，是希望在发生保险事故造成库存商品损失时，能够将自己对第三方货主承担的赔偿责任的风险，转移由保险人承担。燕房公司对于库存商品并不具有物权，仅是基于其与货主之间的仓储保管合同关系，对于仓储商品具有保管义务；在保险事故发生时，仓储商品发生毁损灭失的，燕房公司并不直接产生物权意义上的损失，虽然“财产保险基本险”从字面意义上看是为库存商品的物品损失提供保障，实际上是基于所负的保管义务产生对于货主承担的赔偿责任。因此，对于燕房公司而言，在保险事故发生之时，其对保险标的物享有的保险利益是弥补其赔偿责任损失的责任利益。

北京市第二中级人民法院依照《中华人民共和国民事诉讼法》第一百七十条第一款第一项之规定，作出如下判决：

驳回上诉，维持原判。

【法官后语】

财产保险通常包括财产损失保险、责任保险、信用保险、保证保险等。近年来，随着人们投保需求趋于多样化、个性化，传统保险业迎来新的突破，保险公司在进行财产保险产品设计时，会考量投保人和被保险人经营的多样性以及成本等技术因素，可能使保险利益对应的保险责任不能明确区分。例如，本案中“财产保险基本险”从字面意义上看是为库存商品的物品损失提供保障，但保险合同针对燕房公司所保管的库存商品的保险性质却不是财产损失保险。在审判实践中，面对保险利益与投保险种不符或不易直接识别财产保险合同纠纷中承担保险责任的依据时，不应简单以投保的保险名称直接确定财产保险性质，应当综合保险利益原则及合同目的解释方法认定是否承担保险责任或承担何种保险责任。

保险利益原则历来是保险法的基本原则之一，保险利益决定了被保险人获得赔偿的范围。保险利益是指投保人或者被保险人对保险标的具有的法律上承认的利益。确定保险利益，应当同时把握主体、时点和利益性质三个维度，即保险利益的主体是被保险人，时点是发生保险事故时，利益性质是对于保险标的物享有的法律上承认的利益。这种利益既可以来自物权，也可以来自债权或股权。责任保险是指以被保险人对第三者依法应负的赔偿责任为保险标的的保险，即责任保险的保险标的是被保险人向第三者依法应负的赔偿责任。财产的非所有权人，不享有所有权保险利益，如果被保险人对保险标的享有责任保险利益，如基于运输义务、保管仓储义务，则应当按照责任保险的相关法律规定处理。在确定具有保险利益的前提下，法官需要参考具体的投保单、保险单、批单等，通过当事人之间关于财产保险的具体约定来界定，不能泛泛地通过险种名称径直裁判。考虑到保险公司应当对投保人、被保险人阐明何为法律认可的保险利益的义务，若有证据证明在投保之初保险公司明知或应知投保人为被保险人所投险种不具有保险利益，仍然订立保险合同，那么在发生保险事故时，保险公司以保险利益原则作为抗辩时，法官应当审慎采纳。

合同解释的目的是通过阐明合同条款的含义，以探寻当事人的真意。合同成立后，当事人受共同意思的制约，合同法第一百二十五条也体现了我国对当事人合议的重视。不管采取何种解释方法，都是为了探求当事人在该条款上的真实目的。在不能求得当事人的真意时，或依据一般解释方法明显不公平、不合常理时，才可以运用诚实信用、交易习惯等方法解释合同含义。因此，寻求合同双方订立合同时共同意志的目的解释原则，应当是合同解释中的最重要和优先使用的原则。转移风险是投保人投保的根本目的，因此识别意图转移何种风险是解释保险合同的前提。如果基于财产所有权，意图在财产灭失后通过理赔的方式补偿自身财产损失的，基于该意图，则保险的性质为财产损失保险。如果意图在发生保险事故造成财产损失时，将自己对第三方承担的赔偿责任的风险，转移由保险人承担，基于该意图，则保险的性质为责任保险。

编写人：北京市房山区人民法院　柴也婧

30

责任保险项下被保险人“怠于请求”的判断标准

——中国太平洋财产保险股份有限公司航运保险事业营运中心诉天安财产保险股份有限公司航运保险中心海上保险合同案

【案件基本信息】

1. 裁判书字号

上海海事法院（2017）沪72民初2556号民事判决书

2. 案由：海上保险合同纠纷

3. 当事人

原告：中国太平洋财产保险股份有限公司航运保险事业营运中心（以下简称太平洋保险）

被告：天安财产保险股份有限公司航运保险中心（以下简称天安保险）

【基本案情】

2015年11月1日，太平洋保险就“新南方818”轮船载货物签发了被保险人为宝钢湛江钢铁有限公司（以下简称宝钢公司）的险别为综合险的保险单。2015年11月4日，“润恒达”轮与“新南方818”轮在福建平潭海域发生碰撞，事故造成“新南方818”轮及船载货物沉没。事故发生后，宝钢公司就碰撞事故遭受的损失向太平洋保险提出保险赔偿要求，太平洋保险赔付后依法取得代位求偿权。

2016年6月7日，太平洋保险向上海海事法院提起诉讼，要求“新南方818”轮的船舶所有人钦州南方轮船有限公司（以下简称南方公司）就涉案货损承担赔偿责任。上海海事法院作出（2016）沪72民初1675号民事判决，依法认定碰撞事故当事方南方公司应依其过失责任对太平洋保险承担货损金额280635.09元的赔偿责任。对该判决太平洋保险和南方公司均未提起上诉，该判决于2017年6月18日生效。南方公司未履行判决义务。

2015年3月3日，天安保险就“新南方818”轮向南方公司签发承保范围包括“船东对货物责任保险”的保单。该项责任保险限额为300万元，每次事故绝对免赔额为3万元，保险期限自2015年3月4日0时起至2016年3月3日24时止。

2016年3月21日，天安保险与南方公司就涉案“新南方818”轮及“润恒达”轮碰撞所造成的两轮受损、“新南方818”轮及船载涉案货物一同沉没、油料溢漏等达成和解协议。和解协议第四条约定，就保险单项下可能的保险赔偿责任，天安保险同意向南方公司一次性支付990万元，作为南方公司因上述碰撞事故所遭受的所有损失、损害、责任、费用及利息（但南方公司对“新南方818”轮所载货物损失的可能赔偿责任除外）之全部和最终的解决方案。

2017年6月22日，太平洋保险要求天安保险向其支付保险赔款280635.09元及相应利息。

2017年6月27日，南方公司向天安保险及天安保险诉讼委托代理人张律师发送邮件称："王经理、张律师，两位好，继上次将'新南方818'轮货损的判决转发给贵司知晓后，近日我方律师收到生效函件，我方一并转发给贵司，本事故属于保险事故，请贵司尽快按照判决安排赔付事宜。"

原告诉请法院判令被告向其支付保险赔偿金人民币280635.09元及相应的利息损失。被告认为原、被告间无法律关系，原告无相应诉权；南方公司已要求被告向原告支付保险赔偿金，因被告与南方公司就同一保单同一碰撞事故存有诸多争议，不存在南方公司"怠于请求"的情形；根据其向南方公司签发的保单，被告享有绝对免赔额人民币3万元。

【案件焦点】

南方公司是否存在保险法第六十五条第二款"怠于请求"的情形，即原告是否享有诉权。

【法院裁判要旨】

上海海事法院经审理认为：本案系海上保险合同纠纷。针对原告是否享有诉权、南方公司是否存在保险法第六十五条第二款"怠于请求"的情形的问题，法院明确保险法第六十五条第二款第三者保险金请求权行使的适用要件及"怠于请求"的认定标准，"在被保险人对第三者应负的赔偿责任确定后，被保险人不履行赔偿责任，且第三者以保险人为被告提起诉讼时，被保险人尚未向保险人提出直接向第三者支付保险金请求的情形"。本案中，天安保险提交邮件用以证明南方公司已要求天安保险向太平洋保险支付保险赔偿金。但法院认为，首先，从天安保险提供的邮件内容看，南方公司的确就涉案货损向天安保险提出保险理赔，但并未明确保险赔付的对象是南方公司自身还是太平洋保险；其次，因同一碰撞事故，南方公司与天安保险就《船舶油污责任保险保险单》项下的责任保险达成了和解，南方公司已要求天安保险向其先行赔付了责任保险。故在语意不详的情况下，应认定南方公司就涉案货损赔偿责任未明确要求天安保险将保险赔偿金直接支付给太平洋保险。在南方公司对太平洋保险应负的赔偿责任已由生效的（2016）沪72民初1675号民事判决予以确定，南方公司未履行赔偿责任，且在太平洋保险向天安保险提起诉讼前，被保险人南方公司未明确要求保险人天安保险直接向第三者太平洋保险支付保险赔偿金的情况下，可认定南方公司“怠于请求”，太平洋保险依据保险法第六十五条第二款的规定可直接要求天安保险向其支付保险赔款。故太平洋保险依照法律规定享有对天安保险的相应诉权。

南方公司应履行的货损赔偿责任280635.09元因生效的（2016）沪72民初1675号民事判决予以确定，天安保险应依保险合同的约定就南方公司所承担的货损赔偿责任在扣除免赔额3万元的情况下承担保险责任，在南方公司“怠于请求”的情况下，太平洋保险依法享有对天安保险的保险金给付请求权。

综上，上海海事法院判决：

天安保险向太平洋保险支付保险赔偿金250635.09元及利息损失。

一审判决后，原、被告服判息诉。

【法官后语】

该案系海上责任保险中非油污致损，受损第三者直接向保险人行使保险金给付请求权的首例案件。一般责任保险中受损第三者直接请求权的行使需被保险人“怠于请求”保险人给付。“怠于请求”是指被保险人应当且能够请求保险人向受损第三者赔偿保险金，但不予请求或迟延请求的情形。何为“请求”、何为“怠于”，2018年9月实行的《最高人民法院关于适用〈中华人民共和国保险法〉若干问题的解释（四）》第十五条对“怠于”的时间标准予以了明确规定。该案在2017年审理时，司法实践中如何判断和衡量被保险人“怠于请求”尚未有具体细化的认定标准，裁判尺度并不统一。该案判决后，《最高人民法院〈关于保险法司法解释（四）〉理解与适用》一书将该案作为解析《最高人民法院关于适用〈中华人民共和国保险法〉若干问题的解释（四）》第十五条的典型案例，并对该案的审理思路予以了肯定性的评价。

该案确立了以下审理思路：一方面，法官应当审查“请求”行为是否发生，发生的标准为被保险人是否现实启动了保险理赔程序，要求保险人向第三者进行赔付，同时，法官还应在该基础上进一步审查“请求”行为是否真实，是否出现保险人同被保险人串通、伪造曾“请求”的证据以损害第三者权利的情形；另一方面，法官应当审查该请求行为是否构成“怠于”，“怠于”的审查标准为时间标准即第三者以保险人为被告提起诉讼时，被保险人尚未向保险人提出直接向第三者支付保险金请求。通过上述两方面的全面审查形成对“怠于请求”的综合判定。该案于2017年11月审结，其提出的“怠于”的时间标准与2018年9月实行的《最高人民法院关于适用〈中华人民共和国保险法〉若干问题的解释（四）》第十五条的规定相一致。

编写人：上海海事法院　王寰瑾

二、人身保险

（一）人身意外伤害保险

31

保险公司应当就其对雇主责任险中保险事故范围的限制以及伤残赔付比例表的适用尽到提示说明义务

——林某诉中国人民财产保险股份有限公司威海市分公司人身保险合同案

【案件基本信息】

1. 裁判书字号

山东省威海市中级人民法院（2018）鲁1082民终2642号民事判决书

2. 案由：人身保险合同纠纷

3. 当事人

原告（被上诉人）：林某

被告（上诉人）：中国人民财产保险股份有限公司威海市分公司（以下简称人保威海分公司）

【基本案情】

2016年12月16日，林某在人保威海分公司处为×号货车1名司机投保了雇主责任保险（1999年版），保险责任期间自2016年12月17日0时起至2017年12月

16 日 24 时止，保障内容为：每人人身伤亡责任限额 500000 元、每人医药费用责任限额 50000 元。人保威海分公司向林某交付了对应的保险单，该保险单备注部分记载“营业货车雇员只有在驾驶或乘坐车辆过程中或为了维护车辆继续运行的临时停车过程中，如加油、加水、故障处理、换胎、装卸货物等情形而遭受意外伤害，本公司才按条款规定承担赔偿责任”，但上述备注内容的字体较小，亦未以加粗或更改颜色等方式作出明显提示。

2017 年 8 月 13 日，林某雇用司机刘某驾驶上述投保货车到大修厂修理消声器，在修理过程中，其按修理厂工作人员要求使用小型电割锯切割铁皮过程中不慎割伤左手拇指，后被立即送至山东省文登整骨医院治疗。出院后，林某委托威海鉴通司法鉴定所对刘某的伤残等级进行司法鉴定，结论为：刘某损伤的伤残等级为十级。2018 年 4 月 9 日，林某与雇佣司机刘某签订和解协议书，林某按协议向刘某支付了医疗费 12943.47 元、伤残赔偿金 5 万元，刘某将所有医疗费单据、用药清单及住院病历原件交给林某，并为林某出具收到现金 5 万元的收条。后林某凭刘某交付的治疗材料向人保威海分公司理赔雇主责任险，要求保险公司按照人身伤残赔偿的一般标准，赔付保险限额 50 万元的 10% 即 5 万元，但人保威海分公司以雇主责任险所附的伤残赔付比例表规定十级伤残每人伤亡责任限额百分比为 1% 为由，仅同意支付林某伤残赔偿金 5000 元。为此双方协商未果，遂成诉。

【案件焦点】

1. 保险单中载明的承担保险责任的雇员事故范围限制对投保人林某是否产生免责效力；2. 保险公司主张的伤残赔付比例表对投保人林某是否产生免责效力。

【法院裁判要旨】

山东省荣成市人民法院经审理认为，本案中保险公司在保单上备注的限制保险事故范围的事项以及条款中约定的伤残赔付比例表都属于法律规定的免除或者减轻保险人责任的条款，保险公司应当举证证实其就条款的内容及法律后果对投保人尽到了提示和说明义务，而本案中保险公司就此未能举证证实。依照《中华人民共和国保险法》第十条、第十七条第二款，《最高人民法院关于适用〈中华人民共和国保险法〉若干问题规定的解释（二）》第九条第一款、第十一条之规定，判决如下：

一、人保威海分公司于本判决生效之日起十日内赔付林某医药费用责任保险金12943.47元；

二、人保威海分公司于本判决生效之日起十日内赔付林某人身伤亡责任保险金50000元。

二审法院同意一审法院裁判意见。

【法官后语】

本案两个争议焦点都涉及对保险限制条款的认定和适用问题。雇主责任险的设立基础是雇员在从事雇佣活动过程中致人损害或遭受人身损害，雇主应当承担赔偿责任之法律规定，故雇主为司机等雇员投保时的正常初衷即应为减轻因雇员的雇佣行为造成的一系列责任后果。本案中刘某系投保人所有货车的驾驶司机，其修理货车的行为与从事驾驶本职工作任务之间存在内在联系，应当认定为“从事雇佣活动”。被告在保单备注部分虽对营业货车雇员承担保险责任的事故范围进行了说明，但说明内容对雇主责任范围作出了极大限制，按该限制内容可以构成保险事故的情形远少于通常理解的雇主责任事故，从而明显减轻了保险人责任。保险法以及司法解释明确规定保险人提供的格式合同文本中的责任免除条款、免赔额、免赔率、比例赔付或者给付等免除或者减轻保险人责任的条款，可以认定为保险法第十七条第二款规定的“免除保险人责任的条款”，对于该类条款，保险人应当在投保单、保险单或者其他保险凭证上作出足以引起投保人注意的提示，并对该条款的内容以书面或者口头形式向投保人作出明确说明，否则该条款不产生效力。而保险单上的该部分内容没有以足以引起投保人注意的文字、字体、符号或者其他明显标志作出提示，被告也未举证证实其已就该限制内容的概念尤其是法律后果以书面或者口头形式予以了提示和说明，故不能认定被告履行了法定的提示和说明义务。据此，该限制事故范围的条款对原告不产生效力。同理，对于被告以伤残比例表为由提出的抗辩意见，被告未能举证证实其已履行法定提示、说明义务，因此该比例表对原告亦不产生效力。

从该案的审理情况来看，保险人在日常投保中应当以录音录像或者问答试卷等有效方式，对条款中涉及限制投保人权利、加重投保人义务或者实际内容区别于对保险名称的正常理解等类似条款进行充分说明，由此既可以保证投保人确实知晓条款内容，又可以为将来的诉讼保存有力证据，避免投保人滥用法律关于提示、说明免责类条款的规定。

编写人：山东省荣成市人民法院　慈方铭

32

保险合同中对自驾车的解释应符合普通民众的通常理解

——张某某等诉某某人寿保险股份有限公司河北分公司人身保险合同案

【案件基本信息】

1. 裁判书字号

河北省邯郸市中级人民法院（2018）冀04民终5029号民事判决书

2. 案由：人身保险合同纠纷

3. 当事人

原告：张某某、汲某某、薛某某、张冰某、张哲某

被告：某某人寿保险股份有限公司河北分公司（以下简称某某保险分公司）

【基本案情】

原告张某某、汲某某系张某飞父母，薛某某系张某飞妻子，张冰某、张哲某系张某飞儿子。2014年5月4日，张某飞向某某保险分公司申请农银爱自由两全保险，并作为投保人及被保险人在银行代理保险投保书、投保要约变更确认书及人身保险投保提示书上签字确认。2014年5月5日，张某飞与被告某某保险分公司签订保险合同，保险单上加盖有某某保险分公司合同专用章，保险单显示：投保人及被保险人均为张某飞，身故保险金受益人：法定，险种名称为：农银爱自由两全保险，保险期间30年，交费期间10年，基本保险金额100000元，年交保险费1920元。保险条款第2.3条约定："一般意外身故保险金：自本主险合同生效之日起，若被保险人遭受意外伤害（见第10.5条），并且自意外伤害发生之日起180日内因

该意外伤害直接导致身故，将按基本保险金额的2倍给付一般意外身故保险金，本主险合同终止。自驾车意外身故保险：被保险人于年满70周岁后的首个保单周年日前（不含），以乘客身份搭乘或作为驾驶员驾驶自驾车（见第10.6条）时遭受意外伤害，并且自意外伤害发生之日起180日内因该意外伤害直接导致身故，按基本保险金额的20倍给付自驾车意外身故保险金，本主险合同终止。”保险条款第10.5条约定：“意外伤害指遭受外来的、突发的、非本意的、非疾病的客观事件直接致使身体受到的伤害，猝死不属于意外伤害。”保险合同签订后，张某飞分别于2014年5月5日、2015年5月5日、2016年5月5日、2017年5月5日缴纳了当年的年保险费1920元。2018年2月23日2时22分，河北省邢台市桥东区高开王快镇百泉村147号驾驶人张某驾驶轻型普通货车（非营运）由南向北行驶至京港澳高速公路513千米加300米东半幅，与河南省鹤壁市淇滨区九洲路郭庄驾驶人王某某驾驶的重型半挂车尾部发生碰撞，造成轻型普通货车驾驶人张某和乘车人张某飞死亡的交通事故，经河南省公安厅高速公路交通警察总队四支队作出道路交通事故认定书，张某承担事故的主要责任，王某某承担事故的次要责任，张某飞无责任。经安阳市公安局物证鉴定所鉴定：张某飞符合机动车撞击、挤压致颅脑损伤所致死亡。因原告与被告就赔偿事宜未达成一致意见，原告诉至法院，要求被告某某保险分公司赔偿保险理赔金2000000元。

另查明，被告公司销售人员及保险客服回访中均未就《汽车和挂车类型的术语和定义》（GB/T 3730.1－2001）中的乘用车定义对张某飞进行提示说明，张某飞签字的人身保险投保提示书中也未有对自驾车的定义，保险合同约定的责任免除情形也没有对自驾车发生的意外事故进行约定。

【案件焦点】

涉案车辆是否为保险合同约定的自驾车，原告的请求应否得到支持。

【法院裁判要旨】

河北省邯郸经济技术开发区人民法院经审理认为：保险公司应当对该“自驾车”释义的内容向被保险人履行提示和明确说明义务。保险公司对《汽车和挂车类型的术语和定义》（GB/T 3730.1－2001）中的乘用车定义未向被保险人作出足以引起被保险人注意的提示和明确说明义务的，免责条款对被保险人不产生效力。按照通常理解，“自驾车”相对于“公车”而言，是指购买并拥有使用支配权的家庭自用车辆。涉案车辆性质为非营运，车主为自然人，核定载人数为3人，有合法有效的行驶证，符合普通民众对“自驾车”的通常理解。因此，涉案车辆为保险合同约定的自驾车，保险公司应按合同约定履行支付保险金的义务。河北省邯郸经济技术开发区人民法院依法判决：

某某保险分公司于判决生效之日起十日内赔偿张某某等五人保险理赔金2000000元。

宣判后，某某保险分公司不服判决，上诉于河北省邯郸市中级人民法院，河北省邯郸市中级人民法院经审理同意一审法院裁判意见。

【法官后语】

一、被告未对保险合同中“自驾车”释义的内容履行提示和明确说明义务，该条款不产生效力。被告在保险条款中的释义部分对自驾车作了如下释义：（1）符合《汽车和挂车类型的术语和定义》（GB/T 3730. 1－2001）中的乘用车定义；（2）在境内登记、登记的使用性质为非营业性运输（非营运）且有合法有效机动车行驶执照的机动车；（3）主要用于载运乘客及其随身行李或临时物品，包括驾驶员座位在内最多不超过9个座位。《汽车和挂车类型的术语和定义》（GB/T 3730. 1－2001）中对乘用车定义为，在其设计和技术特性上主要用于载运乘客及其随身行李和/或临时物品的汽车，包括驾驶员座位在内的不超过9个座位。它也可以牵引一辆挂车。保险人显然对“自驾车”的定义作了限制性解释，该“自驾车”释义直接减轻或免除了保险人的保险责任，属于免除保险人责任的条款。根据《中华人民共和国保险法》第十七条第二款的规定，对保险合同中免除保险人责任的条款，保险人在订立合同时应当在投保单、保险单或者其他保险凭证上作出足以引起投保人注意的提示，并对该条款的内容以书面或口头形式向投保人作出明确说明；未作提示或者明确说明的，该条款不产生效力。

二、根据《中华人民共和国合同法》第四十一条规定，对格式条款的理解发生争议的，应当按照通常理解予以解释。对格式条款有两种以上解释的，应当作出不利于提供格式条款一方的解释。本案中，按照通常理解，“自驾车”相对于“公车”而言，是指购买并拥有使用支配权的家庭自用车辆。涉案车辆性质为非营运，车主为自然人，核定载人数为3人，有合法有效的行驶证，符合普通民众对“自驾车”的通常理解。

三、保险公司应按合同约定履行支付保险金的义务。依据《中华人民共和国保险法》第十四条规定，保险合同成立后，投保人按照约定交付保险费，保险人按照约定的时间开始承担保险责任。本案中，被告某某保险分公司与张某飞的保险合同为双方真实意思表示，合法有效。张某飞在保险期限内乘车发生交通事故意外身亡，被告应按照合同约定的基本保险金额20倍的保险金赔偿张某飞的法定继承人即本案原告。

编写人：河北省邯郸经济技术开发区人民法院　代丽荣　韩丽君

33

恶劣工况下的突发死亡可推定为意外

——陈甲等诉中国人寿保险股份有限公司沈阳市分公司人身保险合同案

【案件基本信息】

1. 裁判书字号

四川省成都市青白江区人民法院（2018）川0113民初3058号民事判决书

2. 案由：人身保险合同纠纷

3. 当事人

原告：陈甲、陈丙、陈丁

被告：中国人寿保险股份有限公司沈阳市分公司（以下简称寿险沈阳分公司）

【基本案情】

2017年4月15日，陈乙购买并激活了寿险沈阳分公司销售的意外伤害“安康卡”，保险期间1年，意外伤害保险金额为8万元。

2018年1月13日13时25分，陈乙在成都市城北市政工程有限公司维护处从事成华区花径路雨水管网疏掏工作时，在1米直径的地下管道内作业十余分钟后晕倒，工友及时发现后将其转移至地面进行人工呼吸、按压人中等方式进行抢救并拨打“120”急救电话送医，陈乙被送至四川省中西医结合医院抢救，抢救7天后死亡，死亡原因为：心肺复苏术后，蛛网膜下腔出血。

陈乙死亡后，其无配偶、无子女，父母也已去世，法定继承人为其兄陈甲、其妹陈丙、其弟陈丁。2018年1月20日，陈甲、陈丙、陈丁与陈乙的用工单位成都市城北市政工程有限公司签订《关于陈乙因工死亡一次性处理的协议》，陈甲、陈丙、陈丁获得赔偿款共计56.5万元。

事故发生后，陈乙的亲属及用工单位未向保险公司报案，陈乙的尸体火化后其兄妹才申请理赔，死亡原因未通过尸检认定。寿险沈阳分公司受理理赔后，向陈乙的施工班组长陈举贵进行调查，根据陈举贵陈述的案发时工地现场没有异常味道，管道内不潮湿，其他两名工友没有中毒状况的事实，认定陈乙系因自身疾病死亡，不属于意外责任，于2018年6月21日出具《拒绝给付保险金通知书》。

【案件焦点】

陈乙系因自身疾病死亡还是意外死亡。

【法院裁判要旨】

四川省成都市青白江区人民法院经审理认为：所谓意外，应当具备外来的、突发的、非本意的和非疾病的四个要素。本案中，陈乙的死亡符合外来的、突发的和非本意的特征，双方就陈乙是否系因疾病死亡产生分歧。从陈乙的入院症状看，呼吸性酸中毒合并代谢性酸中毒是最终导致陈乙心肺复苏术后、蛛网膜下腔出血的直接死亡原因之一，而呼吸性酸中毒产生的医学原因为体内生成的CO_2不能充分排出，结合陈乙在地下管道内作业仅十余分钟即突发此症，与该作业空间狭小空气流通不畅有直接关系，在无证据证明陈乙下井前即有身体不适症状或者其之前曾有相关病史的情形下，陈乙的死亡与井下作业有直接关系，应认定为意外，保险公司应当承担保险责任。

四川省成都市青白江区人民法院依照《中华人民共和国保险法》第十四条、第四十条，《中华人民共和国民事诉讼法》第六十四条第一款之规定，作出如下判决：

寿险沈阳分公司于本判决生效之日起十日内支付陈甲26666.67元，支付陈丙26666.67元，支付陈丁26666.66元。

【法官后语】

当前，我国保险行业诚信环境不够理想：一方面，保险公司信用度低，“投保易，索赔难”现象突出；另一方面，投保人或受益人在保险事故发生后未按规定及时通知保险人，造成保险公司现场勘查难、调查取证难、责任认定难，这也是保险理赔纠纷产生的重要原因。本案中，陈乙的法定受益人在事故发生后未按照保险法第二十一条“投保人、被保险人或者受益人知道保险事故发生后，应当及时通知保险人”的规定及时通知保险公司，造成保险公司未能及时进行现场勘查，保险公司在事故调查过程中又发现与死者同时作业的工友未有中毒现象，故援引保险法的相关规定拒绝赔偿。因此，本案是否属于保险事故的认定成为难点。

人身保险合同中的意外死亡应当排除突发疾病死亡，但因本案死者未进行尸检，不能直接排除疾病死亡的可能。依照《最高人民法院关于适用〈中华人民共和国民事诉讼法〉的解释》第一百零五条“人民法院应当按照法定程序，全面、客观地审核证据，依照法律规定，运用逻辑推理和日常生活经验法则，对证据有无证明力和证明力大小进行判断，并公开判断的理由和结果”的规定，在本案中，法官运用逻辑推理和日常生活经验法则，根据死者在直径1米的地下管道内作业仅十余分钟即晕倒，推定该晕倒与作业环境狭小空气流通不畅有关，再结合呼吸性酸中毒为死亡原因之一，而该中毒的产生系因体内生成的CO_2不能充分排出这一事实，可基本认定死亡原因为意外。再从死者下井前并未出现身体不适现象，之前也未曾有过因自身原因造成相关中毒病史的情形综合分析，形成法官心证，判定陈乙系因工作意外中毒而亡，属于保险责任。一审判决后，寿险沈阳分公司未提起上诉，并主动履行了判决义务。

编写人：四川省成都市青白江区人民法院　付军

34

意外伤害应区分原因意外与结果意外

——张甲、张乙诉新华人寿保险股份有限公司江苏分公司保险合同案

【案件基本信息】

1. 裁判书字号

江苏省盐城市盐都区人民法院（2017）苏 0903 民初 6571 号民事判决书

2. 案由：保险合同纠纷

3. 当事人

原告：张甲、张乙

被告：新华人寿保险股份有限公司江苏分公司（以下简称新华人寿）

【基本案情】

张甲、张乙系高某之子女。2016 年 10 月 15 日，江苏恒源物业管理有限公司作为投保人，以高某等人为被保险人在新华人寿投保了华平团体意外伤害保险一份，保险期间自 2016 年 10 月 15 日 0 时起至 2017 年 10 月 14 日 24 时止，保险金额为意外伤害每人 160000 元，意外住院津贴每人 21000 元。保险合同签订后，高某于 2017 年 4 月 25 日 22 时 30 分左右，驾驶电动自行车经过盐城市亭湖区青年路盛世华城住宅区南门时摔倒，后路人呼叫“120”急救车，高某被送至盐城市第一人民医院，后抢救无效于次日死亡。高某在盐城市第一人民医院抢救过程中，该院诊断其有“高血压病病史多年，具体服药及血压控制情况不详，4 年前有胃穿孔术后治疗病史，6 年前有左下肢骨折病史，具体部位不详”，对其头颅 CT 检查显示“左侧基底节区脑出血破入脑室，有铸行及中线移位”，该院急诊处理并联系神经外科医生会诊后建议手术治疗，但高某家属拒绝并要求内科保守治疗。该院出具的死亡医学证明记载高某死亡原因为脑出血。事后，张甲、张乙作为高某的子女向新华人寿

申请支付身故保险金未果，遂诉至法院。

新华人寿“华平”团体意外伤害保险条款第2.3条保险责任约定，在保险期间内被保险人因遭受意外伤害导致残疾或身故的，保险人依照下列约定给付保险金。第2.3.2条意外伤害身故保险责任约定，被保险人自意外伤害发生之日起180日内因该意外伤害身故的，保险人按该被保险人的保险金额给付意外身故保险金，对该被保险人的保险责任终止。第6.4条对意外伤害的释义为“以外来的、突发的、非本意的、非疾病的客观事件为直接且主要原因导致的身体伤害，猝死不属于意外伤害”。

【案件焦点】

案涉死亡原因能否认定为意外伤害。

【法院裁判要旨】

江苏省盐城市盐都区人民法院经审理认为：江苏恒源物业管理有限公司作为投保人以高某等为被保险人与新华人寿作为保险人签订的意外伤害保险合同，不违反我国法律和行政法规的强制性规定，应为有效合同。本案的争议焦点是被保险人高某死亡是意外伤害还是自身疾病致死、是否属于新华人寿保险责任赔偿范围。对此法院认为，首先，因监控录像无法显示高某摔倒时的具体细节，亦无其他证据证实高某摔倒瞬间的详情，盐城市公安局交通警察支队向盐城市盛世华城住宅区保安所作的调查，也仅能证实高某摔倒、后被“120”急救车送走抢救的经过，因此无证据证实高某摔倒系外力作用或者是其避让他人而引发碰撞等情况导致。交警部门的处警记录对该起事故记载为“高某驾驶电动自行车在盐城市亭湖区青年路盛世华城南门发生单方交通事故摔倒”，但处警记录不能等同于交通事故认定书，高某未碰撞任何物品而意外摔倒非等同于交通事故，故张甲、张乙认为高某摔倒属于交通事故证据不足。其次，高某入盐城市第一人民医院抢救过程中，该院诊断其有“高血压病病史多年，具体服药及血压控制情况不详，4年前有胃穿孔术后治疗病史，6年前有左下肢骨折病史，具体部位不详”，对其头颅CT检查显示“左侧基底节区脑出血破入脑室，有铸行及中线移位”，该院急诊处理并联系神经外科医生会诊后建议手术治疗，但高某家属拒绝而要求内科保守治疗。该院出具的死亡医学证明记载高某死亡原因为脑出血。现代医学认为，脑出血是指原发性非外伤性脑实质内的自发性出血，多发生于50岁以上人群，多伴有高血压病史。盐城市第一人民医院对高某的医学检查显示，高某并无任何外伤或颅脑损伤，因此高某脑出血可以排除系外力作用所致。张甲、张乙认为高某死亡系“交通事故”引起，属于外伤性致脑出血致死原因，与客观事实不符。最后，现有证据能够证明高某意外摔倒被送至医院抢救无效死亡的事实，虽然摔倒原因无法查明，但摔倒不是致死的直接原因，导致高某死亡的真正原因是其脑出血。张甲、张乙未提供充分的证据证实高某脑出血系外力所致，应承担举证不能的法律后果，故新华人寿辩称高某脑出血死亡不属于外来的意外事件死亡原因，法院予以采信。

江苏省盐城市盐都区人民法院依照《中华人民共和国保险法》第十四条、第二十四条之规定，判决：

驳回张甲、张乙的诉讼请求。

【法官后语】

本案的争议焦点为：被保险人是否属于意外伤害死亡。在裁判思路上法官重点考虑以下三个因素，以确定是否支持两原告的诉请。

一是解读合同要义。根据案涉保险合同对意外伤害的释义，指外来的、突发的、非本意的、非疾病的客观事件为直接且主要原因导致的身体伤害，猝死不属于意外伤害。可以看出，“意外”具有外来性、突发性、非本意性。因此，对于投保了意外伤害（死亡）险的被保险人死亡，能否适用意外伤害的保险合同进行理赔，必须查明被保险人的死亡原因是因意外伤害导致的死亡，还是因自身疾病导致的死亡或者其他非因意外导致的死亡。为此，需要还原事故发生时的情形，判断被保险人是否符合意外死亡的情形。结合本案，被保险人摔倒时的监控无法显示摔倒时的具体情形，现场也无证人目睹事故发生的具体情况，交警大队调查结果仅证实了被保险人摔倒及死亡的事实。因此，根据现场调查，无法查明被保险人摔倒的具体原因是否属于意外。

二是死亡原因推断。事故现场无法证明被保险人的死亡原因，结合抢救过程，根据医院的诊断记录，能够显示被保险人患有高血压病史，并且曾做过两次外伤手术。死亡证明载明死亡原因系脑出血，根据检查记录，被保险人无任何外伤或者颅脑损伤，结合现代医学对于脑出血的定义即“原发性非外伤性脑实质内的自发性出血……”推断被保险人的死亡原因系自身疾病导致而非意外伤害导致。

三是举证责任分配。根据“谁主张、谁举证”原则，原告依据意外伤害保险合同主张赔偿，其应当就意外发生的事实及其因果关系进行举证，但是原告仅能证明被保险人投保了意外伤害险以及被保险人倒地、死亡的事实，无相应的证据印证被保险人的摔倒系外力所致，或死亡原因系外力所致，即无法证明被保险人死于意外伤害，故原告依据意外伤害的保险合同主张保险赔偿证据不足。

对于意外伤害的保险理赔纠纷，核心要义是查明被保险人是否因意外伤害而受伤（死亡）。所谓“意外”应当指原因的意外，而非结果的意外。意外伤害产生的原因是多方面的，但是无论情形如何，都应当符合伤害发生的外来性、突发性、非本意性，也仅有符合意外伤害的情形，才能适用意外伤害保险条款进行理赔。综上，裁判法官作出了驳回两原告诉讼请求的判决，文书送达后双方当事人均未提起上诉，一审判决已生效。

编写人：江苏省盐城市盐都区人民法院　朱蕾

35

工伤保险待遇中护理期的确定及可不经过仲裁前置诉求的认定

——赵某诉明达实业（厦门）有限公司工伤保险待遇案

【案件基本信息】

1. 裁判书字号

福建省厦门市中级人民法院（2018）闽02民终字3564号民事判决书

2. 案由：工伤保险待遇纠纷

3. 当事人

原告（被上诉人）：赵某

被告（上诉人）：明达实业（厦门）有限公司（以下简称明达公司）

【基本案情】

2015 年 10 月 23 日，赵某与明达公司签订劳动合同，入职该公司，岗位为作业员，合同期限自 2015 年 10 月 24 日起至 2018 年 12 月 20 日止，试用期为 6 个月。明达公司为赵某办理社会保险。2016 年 9 月 27 日，赵某在工作中受伤住院进行治疗，经诊断为脑外伤后综合征。2016 年 10 月 9 日，厦门市人力资源和社会保障局确认赵某为工伤。2017 年 9 月 5 日，厦门市劳动能力鉴定委员会同意延长赵某停工留薪期 3 个月，自 2017 年 9 月 27 日至 2017 年 12 月 27 日。2017 年 12 月 11 日，福建省劳动能力鉴定委员确认延长赵某停工留薪期三个月至 2017 年 12 月 27 日。赵某受伤后，多次到厦门海沧新阳医院等多家医院进行治疗。明达公司支付赵某部分医疗费。赵某因伤长期聘请护工进行护理，医院出具《疾病诊断证明书》，注明赵某因脑外伤，遗留左侧偏瘫、头痛、言语欠流利等，需要别人护理，建议休息等。之后因与公司就其工伤待遇发生纠纷，赵某于 2017 年 9 月 25 日向厦门市海沧区劳动人事争议仲裁委员会（以下简称海沧仲裁委）申请仲裁，请求裁决：明达公司支付赵某截至 2017 年 9 月 6 日的工伤医疗费用 11708.57 元、停工留薪期工资 50346.95 元、截至 2017 年 8 月 27 日的停工留薪期护理费 1959 元。2018 年 1 月 9 日，海沧仲裁委裁决：一、明达公司应一次性支付赵某停工留薪期工资差额 2923.38 元；二、驳回赵某的其他仲裁请求。赵某因不服裁决诉至法院，请求：1. 判令明达公司立即向赵某支付 2016 年 9 月 27 日至 2017 年 9 月 6 日工伤医疗期间医疗费 11708.57 元、2016 年 9 月 27 日至 2017 年 12 月 27 日停工留薪期工资 50346.95 元、2016 年 9 月 27 日至 2018 年 5 月 3 日期间的护理费 75945.33 元（5768 元 ÷ 21 天 × 0.5 × 553 天）；2. 本案诉讼费用由明达公司承担。

【案件焦点】

工伤保险待遇中护理期的确定及可不经过劳动仲裁前置诉求的认定。

【法院裁判要旨】

福建省厦门市海沧区人民法院经审理认为：赵某与明达公司形成劳动合同关系，赵某在工作中受伤经认定为工伤，明达公司已为赵某缴纳社会保险，赵某可享受工伤保险待遇。赵某因工伤所花费的医疗费应由工伤保险基金支付。职工因工伤停工接受医疗的，在停工留薪期内，原工资福利待遇不变，由所在单位按月支付。

除2017年3月工资外，明达公司已按月支付赵某2016年9月27日至2017年12月27日的工资。故应按照赵某受伤前3356.47元平均工资标准向赵某支付2017年3月工资。赵某仲裁请求明达公司支付停工留薪期护理费1959元，现变更诉讼请求为请求明达公司支付护理费75945.33元，该增加的诉讼请求部分与讼争的工伤保险待遇具有不可分性，根据法律规定，应当合并审理，减少当事人讼累。相关医院出具的证明可以证实赵某因工作造成脑外伤、左侧偏瘫等状况，认定其停工留薪期间需要护理，护理人数酌定为1人，根据厦门市实施《工伤保险条例》规定标准，赵某护理费为62761.33元（5768元÷21天×0.5×457天），根据规定，该费用应由用人单位承担。2017年12月28日之后的护理费应另行处理，不予支持。

福建省厦门市海沧区人民法院依法判决：

明达公司于本判决生效之日起十日内支付赵某工资3356.47元、护理费62761.33元。

宣判后，明达公司不服提起上诉。福建省厦门市中级人民法院经审理认为：首先，关于停工留薪期工资，因明达公司的举证不足以证明其有支付赵某2017年3月的工资，一审判决明达公司向赵某支付该月工资3356.47元，并无不当。其次，赵某在一审中增加的关于护理费的诉讼请求与讼争的工伤保险待遇具有不可分性，一审法院合并审理，有事实和法律依据。最后，相关医院出具的证明可以证实赵某因工作造成脑外伤、左侧偏瘫等状况，需要护理，结合赵某伤残三级的事实，一审认定赵某在停工留薪期均需要护理，并按法定标准支持赵某停工留薪期护理费62761.33元，有事实和法律依据。

福建省厦门市中级人民法院依法判决：

驳回上诉，维持原判。

【法官后语】

本案主要涉及两个法律问题：一是关于护理期限的确定；二是劳动争议案件中可不经过劳动仲裁前置诉求的认定。

1. 关于护理期限的确定

在人身损害赔偿案件中，常常会涉及护理期限确定的问题，通常情况下，护理情况可以根据住院天数、医嘱、司法鉴定来确定。但在工伤保险待遇纠纷案件中，根据《工伤保险条例》第三十三条第三款“生活不能自理的工伤职工在停工留薪期需要护理的，由所在单位负责”的规定，工伤职工在停工留薪期的护理费用需要所在用人单位负责，无法在工伤保险基金中报销，该部分费用常常成为工伤保险待遇纠纷中发生争议的内容。因护理情况的确定往往涉及医学专业知识，法官出于规避事实认定错误风险的考虑，一般直接根据医疗机构的护理意见来确定，同时出于诉讼效率、诉讼成本等因素的考虑，即使存在争议，也很少单独针对停工留薪期的护理情况进行司法鉴定。在工伤职工无法提供证据证明其实际护理情况时，若直接根据医疗机构的意见认定护理期限，则可能造成与实际客观事实不符，工伤职工的护理费用得不到补偿的情况，如本案中医疗机构意见只能证明赵某存在一个月的护理需要，但直到本案开庭时，简单从外观看就可判断其仍处于需要护理状态。因此，法官需要在具体个案中，综合考虑工伤职工的伤残情况、恢复情况、医疗机构的建议等因素对停工留薪期的护理情况进行认定，以实现案件的公平公正。

2. 劳动争议案件中可不经过劳动仲裁前置诉求的认定

根据劳动争议仲裁前置原则，劳动争议案件的诉讼请求必须先经过劳动仲裁，但在实践中，当事人常常会在诉讼阶段新增诉讼请求，因此需要判断新增的诉讼请求是否应当合并审理。《最高人民法院关于审理劳动争议案件适用法律若干问题的解释》第六条规定：“人民法院受理劳动争议案件后，当事人增加诉讼请求的，如该诉讼请求与讼争的劳动争议具有不可分性，应当合并审理……”但对于什么情况属于“与讼争的劳动争议具有不可分性”，该司法解释没有进一步规定，实践中对此认定不一。笔者认为，该条款的“不可分性”增加的诉讼请求与仲裁的事项是基于同一事实而产生的，相互之间具有依附性。具体而言，下列情况应属“不可分性”的情况，应当合并审理。

（1）在诉讼阶段增加关于“确认劳动关系”请求的。因为确认劳动关系属于审理劳动争议的前提，无论当事人是否在仲裁和诉讼中提出，均应对该问题进行审理。（2）同一诉求，在诉讼阶段增加金额的，包括计算基数、时间的变化等导致金额增加。本案中赵某在诉讼阶段增加护理费金额即属于该种情形。（3）对诉求性质进行变更的，如将经济补偿金变更为经济赔偿金。（4）工伤待遇纠纷中，在诉讼阶段增加理赔项目的。因为工伤待遇理赔的项目具有法定性，被告有明确的预期，无需进行额外的举证，不会对被告造成诉求突袭，且从保护弱势群体的角度出发，也应合并审理。

编写人：福建省厦门市海沧区人民法院　颜思远　章先攀

36

第三人侵权赔偿后不能免除工伤保险待遇赔偿责任

——付某春等诉冯某、龙某工伤保险待遇案

【案件基本信息】

1. 调解书字号

四川省雅安市中级人民法院（2019）川18民终175号民事调解书

2. 案由：工伤保险待遇纠纷

3. 当事人

原告（被上诉人）：付某春、李某、刘某、付某甲、付某乙

被告（上诉人）：冯某、龙某

【基本案情】

雅安市名山区鑫隆汽修厂类型为个体工商户，经营者为冯某，投资人为冯某、龙某。付某于2016年10月经人介绍到雅安市名山区鑫隆汽修厂（以下简称汽修厂）从事机修工作，月平均工资为4600元。汽修厂未为付某购买工伤保险。

2017年10月5日，付某受该厂方工作安排在名山区蒙阳镇皇茶大道中段对交通事故现场施救过程中，案外人蒋某驾驶轿车撞倒付某，致付某当场死亡。2017年10月27日，经雅安市公安局名山区分局交通管理大队认定：蒋某承担此次事故的全部责任，付某无责任。2018年3月16日经法院另案调解，案外人蒋某赔偿付某春（付某父亲）、李某（付某母亲）、刘某（付某配偶）、付某甲（付某之子）、付某乙（付某之女）交通事故各项损失105万元。2017年12月21日，经雅安市人力资源和社会保障局认定付某为工亡。2018年8月，经雅安市名山区劳动人事争议仲

裁委员会仲裁裁决：汽修厂支付付某春、李某、刘某、付某甲、付某乙工亡补差赔偿金423869元。付某春、李某、刘某、付某甲、付某乙不服仲裁裁决，起诉至雅安市名山区人民法院，请求被告支付一次性工亡补助金、丧葬补助金、供养亲属抚恤金共计2833949元。

本案事故发生后汽修厂注销。2016年度全国城镇居民人均可支配收入为33616元，2016年度雅安市职工月平均工资为3871.5元。

【案件焦点】

1. 工伤保险待遇责任是否扣除第三人侵权赔偿金额后补差及如何适用法律的问题；2. 本案供养亲属抚恤金的问题。

【法院裁判要旨】

四川省雅安市名山区人民法院经审理认为：关于焦点一，《中华人民共和国社会保险法》《工伤保险条例》明确规定了构成工伤应享受的相关待遇，而《中华人民共和国社会保险法》第四十二条规定"由于第三人的原因造成工伤，第三人不支付工伤医疗费用或者无法确定第三人的，由工伤保险基金先行支付。工伤保险基金先行支付后，有权向第三人追偿"，仅明确了工伤保险基金可就先行支付的工伤医疗费用向第三人追偿，并未规定因第三人侵权引发的工伤工亡待遇应将第三人所作赔偿予以抵扣。根据《最高人民法院关于审理工伤保险行政案件若干问题的规定》第八条第三款"职工因第三人的原因导致工伤，社会保险经办机构以职工或者其近亲属已经对第三人提起民事诉讼为由，拒绝支付工伤保险待遇的，人民法院不予支持，但第三人已经支付的医疗费用除外"的规定，受害人有权在因第三人侵权获得侵权赔偿的时候同时享受工伤保险待遇，只是医疗费用不能重复享受，体现出法律对于生命和健康的尊重。本案中，原告虽依据《中华人民共和国侵权责任法》的有关规定已获得相应赔偿，但根据上述法律、法规及相关司法解释的规定，仍可获得除医疗费用外的其他工伤保险待遇。结合本案用人单位未为死者付某购买工伤保险导致原告无法从社会保险经办机构获得工伤保险待遇，且汽修厂已经注销，依法由投资人冯某、龙某向五原告支付相应的工伤保险待遇。

关于焦点二，根据原劳动和社会保障部发布的《因工死亡职工供养亲属范围规定》第三条的规定，依靠因工死亡职工生前提供主要生活来源，并且工亡职工父母男年满60周岁、女年满55周岁，工亡职工子女未满18周岁的，可按规定申请供养亲属抚恤金。付某于2017年10月5日工亡，其父亲付某春未满60周岁，且五原告未提交付某春完全丧失劳动能力的相关证据，故法院对付某春要求支付供养亲属抚恤金的请求不予支持。其母亲李某已年满60周岁，应当计算供养亲属抚恤金15年。

《工伤保险条例》第三十九第一款条规定："职工因工死亡，其近亲属按照下列规定从工伤保险基金领取丧葬补助金、供养亲属抚恤金和一次性工亡补助金：（一）丧葬补助金为6个月的统筹地区上年度职工月平均工资；（二）供养亲属抚恤金按照职工本人工资的一定比例发给由因工死亡职工生前提供主要生活来源、无劳动能力的亲属。标准为：配偶每月40%，其他亲属每人每月30%，孤寡老人或者孤儿每人每月在上述标准的基础上增加10%。核定的各供养亲属的抚恤金之和不应高于因工死亡职工生前的工资。供养亲属的具体范围由国务院社会保险行政部门规定；（三）一次性工亡补助金标准为上一年度全国城镇居民人均可支配收入的20倍。"对原告主张工伤保险待遇确认如下：1. 一次性工亡补助金672320元（33616元/年×20年）；2. 丧葬补助金23229元（3871.5元/月×6月）；3. 供养亲属抚恤金811440元［母亲李某248400元（4600元/月×12月×15年×30%）+儿子付某甲281520元（4600元/年×12月×17年×30%）+女儿付某乙281520元（4600元/年×12月×17年×30%）］；以上合计1506989元。

综上，四川省雅安市名山区人民法院依法判决：

冯某、龙某给付付某春、李某、刘某、付某甲、付某乙一次性工亡补助金、丧葬补助金、供养亲属抚恤金，共计1506989元。

一审判决后，冯某、龙某认为付某春等已经得到了蒋某因交通事故的赔偿款，因此应当以补差方式支付补偿金183749元，并向四川省雅安市中级人民法院提起上诉。二审中，冯某、龙某与付某春等达成调解协议：

一、冯某、龙某自愿支付付某春、李某、刘某、付某甲、付某乙一次性工亡补助金、丧葬补助金、供养亲属抚恤金，共计1470000元；

二、付某春、李某、刘某、付某甲、付某乙自愿放弃其他诉讼请求。

【法官后语】

劳动者因用人单位以外的第三人侵权造成劳动者人身损害，构成工伤的，劳动者因工伤事故享有人身损害赔偿请求权，因第三人侵权享有人身损害赔偿请求权。关于劳动者能否获得侵权损害赔偿和工伤赔偿双重赔偿，我国司法实践中有代表性的观点有两种：一种观点认为，受害人已获得的第三人赔偿款应予扣除，即采取“填平补差原则”。因为不管是侵权赔偿还是工伤保险待遇，只是对受害人的一种补偿，受害人不能因此获得额外的利益。在法律规定不明确的情况下，应以实际损失填平为限。已经取得侵权损害赔偿的，如果低于工伤保险补偿标准的，可以就不足部分主张工伤保险赔偿。另一种观点认为，不应扣除，可以兼得。因为工伤保险赔偿和第三人侵权赔偿，系与不同赔偿主体之间的不同法律关系，受害人的请求均有充分的法律依据，在法律未作明确限制的情形下，应充分保护受害人的合法权益。

笔者认为本案按照第二种意见所做的裁判是正确的。因为工伤保险待遇属于社会保险范畴，其本质是国家对劳动者劳动权益的社会保障措施，目的是将损害负担社会化，实现对劳动者利益的充分保护和快速补偿，属于公法领域的赔偿；而第三人与受害人之间属于平等主体间侵权的民事法律关系，是私法领域的侵权赔偿。二者虽然基于同一损害事实，但存在于不同法律关系之中，赔偿主体、赔偿范围、赔偿标准亦有区别，不可相互替代。而且工伤保险待遇是劳动者依照劳动法和社会保险法应享有的劳动待遇，不能因第三人已赔偿，而剥夺劳动者获得工伤保险待遇的权利。

《最高人民法院关于审理工伤保险行政案件若干问题的规定》第八条第三款规定：“职工因第三人的原因导致工伤，社会保险经办机构以职工或者其近亲属已经对第三人提起民事诉讼为由，拒绝支付工伤保险待遇的，人民法院不予支持，但第三人已经支付医疗费用除外。”此外，社会保险法第四十二条也是对实际发生的医疗费规定了工伤保险机构享有向第三人的追偿权。可见，除医疗费部分系实际发生的费用，受害人不能获取双份外，对于伤亡赔偿金等确定标准计算的赔偿项目，受害人可以兼得，体现了充分保护其利益的原则。

编写人：四川省雅安市名山区人民法院　李默然

37

保险合同约定伤残等级应符合《人身保险伤残评定标准》的条款不应认定为免责条款

——蒋某诉安盛天平财产保险股份有限公司保险合同案

【案件基本信息】

1. 裁判书字号

四川省成都市武侯区人民法院（2018）川0107民初34号民事判决书

2. 案由：保险合同纠纷

3. 当事人

原告：蒋某

被告：安盛天平财产保险股份有限公司

【基本案情】

2016年1月8日，被告通过电话方式与原告订立了《卓越全意保交通工具意外伤害险》保险合同。在电话中，被告工作人员向原告介绍了该险种的相关内容，同时告知原告将会以短信方式告知原告如何查询保单信息。该保险合同的保险期限为2016年1月12日至2017年1月11日，保险金额为50万元。保险责任范围为被保险人驾驶或乘坐保单约定的交通工具期间遭受交通事故意外伤害，包括身故、残疾、烧伤三种责任内容。关于残疾保险金，保险责任范围约定为被保险人于保险期限内遭遇交通意外事故，且自交通事故发生之日起180天内致成《人身保险伤残评定标准》（行业标准）所列伤残等级程度之一者，被告以保险金额50万元为基数，按照该伤残等级对应的保险金给付比例给付伤残保险金。合同所附的《人身保险伤残评定标准》（行业标准）将人身保险伤残程度分为一级至十级，最重为一级，最轻为十级，相对应的保险金给付比例分为十档，一级对应的保险金给付比例为

100%，十级对应的保险金给付比例为10%，每级相差10%。

2016年10月29日，原告驾驶A车辆与案外人胡某驾驶的B车辆相撞，事故导致两车受损，原告受伤。经交警部门认定，原告承担事故主要责任，胡某承担次要责任。原告受伤后，住院治疗23天。2017年2月10日，原告伤情适用《道路交通受伤人员伤残评定标准》被评定为十级。原告向被告申请理赔后，被告以原告伤情不符合《人身保险伤残评定标准》（行业标准）为由，拒绝向原告支付保险金。

被告向法院申请对原告伤残等级按照《人身保险伤残评定标准》重新进行鉴定。法院向原告释明依照保险合同约定，应当按照《人身保险伤残评定标准》进行残疾等级评定，如不重新鉴定，可能承担败诉风险，并询问原告是否同意按照《人身保险伤残评定标准》重新进行鉴定，原告明确予以拒绝。

【案件焦点】

约定伤残等级应符合《人身保险伤残评定标准》的条款，系明确保险责任范围的条款还是免责条款。

【法院裁判要旨】

四川省成都市武侯区人民法院经审理认为：原、被告签订的保险合同是当事人的真实意思表示，不违反法律、行政法规的强制性规定，合法有效。原告称被告未向原告明确告知保险合同约定伤残程度等级应适用《人身保险伤残评定标准》，故该约定无效，原告在交通事故中受伤应当适用《道路交通受伤人员伤残评定标准》。根据《中华人民共和国保险法》第十七条第二款的规定，对保险合同中免除保险人责任的条款，保险人在订立合同时应当在投保单、保险单或者其他保险凭证上作出足以引起投保人注意的提示，并对该条款的内容以书面或者口头形式向投保人作出明确说明；未作提示或者明确说明的，该条款不产生效力。从该条款内容可知，保险人对保险合同中免除保险人责任的条款未尽提示及明确告知义务，方导致该条款不产生效力，故本案需要审查的是保险合同约定应当适用《人身保险伤残评定标准》确定伤残程度等级的条款，是否属于免责条款范围。对此分析如下：

1. 保险合同将《人身保险伤残评定标准》约定于保险责任范围项下，意在明确保险人承担的保险责任范围和保险金给付标准，而非免除保险人的责任，故《人身保险伤残评定标准》不应当属于免责条款，而应当属于免责条款之外的确定保险责任范围的条款。

2.《最高人民法院关于适用〈中华人民共和国保险法〉若干问题的解释（二）》第九条第一款规定，保险人提供的格式合同文本中的责任免除条款、免赔额、免赔率、比例赔付或者给付等免除或者减轻保险人责任的条款，可以认定为保险法第十七条第二款规定的“免除保险人责任的条款”。《人身保险伤残评定标准》有按照比例支付保险金的内容，但该标准中的比例给付是按照伤残等级的高低程度向被保险人支付保险金，是为了确定保险金的支付标准，而不是免除保险责任。《人身保险伤残评定标准》所列的伤残程度，基本覆盖了大多数伤残情况，同时体现了被保险人伤残程度与保险金数额的相互对应关系，即重伤的多赔，轻伤的少赔。《人身保险伤残评定标准》不仅兼顾了保险人与被保险人双方利益，也反映了对遭受特定风险的被保险人予以分担风险的保险功能，适用该标准相对合理与公平，该标准并未在保险责任范围内免除或者减轻保险人责任。

综上，保险合同约定伤残等级应符合《人身保险伤残评定标准》的条款，系对保险责任范围的约定，而非免责条款。原告称被告未明确告知，该条款无效的理由，依法不予采纳。原告在法院明确告知其如不按照《人身保险伤残评定标准》对伤残等级进行重新评定，可能承担败诉风险的情况下，明确表示拒绝重新鉴定，应当承担不利的法律后果。原告蒋某之诉讼请求，依法不予支持。据此，四川省成都市武侯区人民法院依照《中华人民共和国保险法》第二十三条之规定，作出如下判决：

驳回原告蒋某诉讼请求。

【法官后语】

保险合同系典型的格式合同。根据《中华人民共和国合同法》第三十九条以及《中华人民共和国保险法》第十七条第二款的规定，对保险合同中免除保险人责任的条款，保险人在订立合同时应当在投保单、保险单或者其他保险凭证上作出足以引起投保人注意的提示，并对该条款的内容以书面或者口头形式向投保人作出明确说明；未作提示或者明确说明的，该条款不产生效力。保险合同纠纷案件中，对免责条款的甄别是案件审理中的常见点，也是审理难点。

《最高人民法院关于适用〈中华人民共和国保险法〉若干问题的解释（二）》规定：保险人提供的格式合同文本中的责任免除条款、免赔额、免赔率、比例赔付或者给付等免除或者减轻保险人责任的条款，可以认定为免责条款。本案中，原告称被告未向原告明确告知保险合同约定伤残程度等级应适用《人身保险伤残评定标准》，而该标准系免责条款，故该约定无效。原告在交通事故中受伤应当适用《道路交通受伤人员伤残评定标准》。法院认为，本案需要审查保险合同约定应当适用《人身保险伤残评定标准》确定伤残程度等级的条款，是否属于免责条款范围。如属于免责条款，需进一步审查被告是否尽到提示及明确告知义务，如未尽到，则该免责条款无效，被告需承担保险责任。

本案中，《人身保险伤残评定标准》的条款，系对保险责任范围的约定，而非免责条款。原告在法院明确告知其如不按照《人身保险伤残评定标准》对伤残等级进行重新评定，可能承担败诉风险的情况下，明确表示拒绝重新鉴定，应当承担不利的法律后果。原告蒋某之诉讼请求，法院不予支持，故判决驳回原告蒋某诉讼请求。

编写人：四川省成都市武侯区人民法院　杜伟

38

建筑工程团体人身意外保险项目下被保险人的认定标准

——蒋某、刘某等诉百年人寿保险股份有限公司四川分公司意外伤害保险权益案

【案件基本信息】

1. 裁判书字号

四川省南充市中级人民法院（2018）川13民终1524号民事判决书

2. 案由：意外伤害保险合同纠纷

3. 当事人

原告（被上诉人）：蒋某、刘某、郑小甲、郑小乙

被告（上诉人）：百年人寿保险股份有限公司四川分公司

【基本案情】

蒋某系死者郑某妻子，二人系再婚。刘某系蒋某之子、郑某之继子。郑小甲、郑小乙系郑某、蒋某婚生子女。

2014年2月9日，四川明越建筑工程有限公司中标承建营山永康房地产开发有限公司开发的营山县天成国际1~2期工程。2014年2月10日，四川明越建筑工程有限公司将其中标的上述工程的劳务分包给四川伟力建筑劳务有限公司。2014年8月7日，四川明越建筑工程有限公司在百年人寿保险股份有限公司四川分公司投保了一份建筑工程团体人身意外伤害保险，保险合同约定：保险合同生效期为2014年8月8日，投保总人数为50人，保险期间为1800天（自2014年8月8日0时起至2019年7月12日24时止），投保险种分别为：百年建筑工程团体意外伤害保险B款（保险金额1000万元）、百年附加建筑工程意外团体医疗保险（保险金额50万元）。该保险合同无具体被保险人名册。

2015年11月1日，郑某在天成国际1~2期工程15号楼工地作业时被楼上掉下的钢管砸中受伤，致重度颅脑损伤、T4爆裂性骨折，先后经营山县人民医院及南充市中心医院治疗，分别花费医疗费用19484.19元、354939.6元，共计374423.79元。2016年6月10日，郑某经成都蓉城司法鉴定中心鉴定，认定郑某目前症状符合头部外伤致机体"植物状态"，根据《人身保险伤残评定标准》有关颅脑损伤导致植物状态的规定，认定郑某因外伤致头部损伤致植物状态，评定为一级伤残。2016年10月18日，郑某去世。郑某及其家人在发生事故后向百年人寿保险股份有限公司四川分公司申请理赔，但未获得相应赔付。故起诉至法院，请求法院判令被告百年人寿保险股份有限公司四川分公司立即给付原告蒋某、刘某、郑小甲、郑小乙因郑某意外伤害发生的残疾保险金及医疗保险金共计21万元。

【案件焦点】

1. 如何确认建筑工程团体人身意外保险范围，即建筑工程施工过程中哪些人享有保险权益；2. 如何保护农民工的合法权益。

【法院裁判要旨】

四川省营山县人民法院经审理认为：四川明越建筑工程有限公司与被告百年人寿保险股份有限公司四川分公司签订的保险合同，是双方当事人的真实意思表示，未违反法律禁止性规定，该保险合同成立有效。郑某在营山县天成国际工程项目工地中的15号楼作业时受伤，原、被告对事故发生地无争议。被告百年人寿保险股份有限公司四川分公司认为郑某系四川蓬安第二建筑有限公司建筑设备分公司员工，不符合百年人寿保险股份有限公司四川分公司百年建筑工程团体意外伤害保险B款条款第二条有关投保范围中对凡年满16周岁至60周岁、能够正常工作或劳动，在建筑工地施工现场从事管理和作业并与施工企业建立合法劳动关系的人员可作为被保险人的规定；事实上，郑某系通过四川蓬安第二建筑有限公司建筑设备分公司的管理人员介绍到四川伟力建筑劳务有限公司务工，并接受四川伟力建筑劳务有限公司的考勤、管理并发放相应的劳动报酬，故郑某系四川伟力建筑劳务有限公司雇佣员工，与四川伟力建筑劳务有限公司构成事实上的劳务关系，郑某不属于被保险人的抗辩理由不能成立。

建筑工程项目保险是指以承保土木建筑为主体的工程，在整个建设期间，由于保险责任范围内的风险造成保险工程项目的物质损失和列明费用损失的保险。同时由于工程项目建设施工过程的复杂性，其牵涉参与方和关系方众多，其主要包括建设单位、总承包商、分包商等，均对工程项目拥有保险利益，成为被保险人，结合本案，总承包人四川明越建筑工程有限公司对天成国际1～2期工程投了项目保险，劳务承包人四川伟力建筑劳务有限公司具体负责该项目的劳务施工，死者郑某受四川伟力建筑劳务有限公司的雇请从事施工作业，且事故发生在保险合同所约定工地的施工现场及保险期内，按照工程项目保险的相关论述以及保险合同的相关原则，郑某具有保险利益，属于投保人四川明越建筑工程有限公司与保险人百年人寿保险股份有限公司四川分公司所签订保险合同中的被保险人，根据四川明越建筑工程有限公司与被告百年人寿保险股份有限公司四川分公司所投保的百年建筑工程团体意外伤害保险B款、百年附加建筑工程意外团体医疗保险，对郑某的伤残所应给付的伤残保险金及医疗保险金，由被告百年人寿保险股份有限公司四川分公司按投保时双方所签订的保险合同给付本案的四原告，由四原告共同享有。

四川省营山县人民法院依照《中华人民共和国保险法》第十四条、第三十一条第一款第四项、第四十二条，《中华人民共和国继承法》第三条第一款第七项、第五条、第十条及《最高人民法院关于适用〈中华人民共和国民事诉讼法〉的解释》第九十条之规定，作出如下判决：

被告百年人寿保险股份有限公司四川分公司于本判决生效之日起十日内向原告蒋某、郑小甲、刘某、郑小乙给付郑某应享有的意外伤害残疾保险金 20 万元以及意外伤害医疗保险金 7840 元。

百年人寿保险股份有限公司四川分公司不服一审判决，提起上诉。四川省南充市中级人民法院经审理认为：建筑职工意外伤害保险是法定的强制性保险，也是保护建筑业从业人员合法权益、转移企业事故风险、增强企业预防和控制事故能力、促进企业安全生产的重要手段。建筑施工企业应当为施工现场从事施工作业和管理的人员，在施工活动过程中发生的人身意外伤亡事故提供保障，办理建筑意外伤害保险、支付保险费，范围应当覆盖工程项目。本案中，四川明越建筑工程有限公司与百年人寿保险股份有限公司四川分公司签订的保险合同，是双方真实意思表示，未违反法律规定，保险合同成立生效。虽然保险条款约定了投保范围是“凡年满 16 周岁至 60 周岁、能够正常工作或劳动，在建筑工地施工现场从事管理和作业并与施工企业建立合法劳动关系的人员”，但百年人寿保险股份有限公司四川分公司在四川明越建筑工程有限公司投保时，未要求四川明越建筑工程有限公司提供 50 名被保险人名册，是百年人寿保险股份有限公司四川分公司对风险的管理和控制问题，是其对自己民事权利的处分。结合保险合同，保险费是按建筑工程施工面积来收取的，可见建立保险合同关系时被保险人是不确定的，只要符合保险合同约定即可。《百年建筑工程团体意外伤害保险 B 款》条款第二条约定：“……在建筑工地施工现场从事管理和作业并与施工企业建立合法劳动关系的人员，可作为被保险人……”对其中劳动关系的理解，保险公司认为应当是劳动合同关系或事实劳动关系，蒋某、刘某、郑小乙、郑小甲则认为对该工程进行了施工即可，双方对此理解有争议，而该保险条款的释义条款中并未对“劳动关系”的概念作出专门解释，根据不利解释原则，此处的劳动关系不应限缩理解为劳动合同关系或事实劳动关系，而应指广义的劳动施工事实关系。且本案所涉及的建筑工程施工人员团体意外伤害保险，通常理解为对工程施工人员受到的意外伤害进行保险赔偿，该保险的保险风险来自建筑工程施工。而死者郑某是案涉工地的施工人员，劳动成果归于该工程，后也是在施工中意外受伤导致死亡，符合该保险合同约定的被保险人范围。综上，原审判决认定事实清楚，适用法律正确。

四川省南充市中级人民法院依照《中华人民共和国民事诉讼法》第一百七十

条第一款第一项之规定，作出如下判决：

驳回上诉，维持原判。

【法官后语】

近年来，城乡一体化建设飞速发展，建筑工程遍地开花，但很大一部分承揽建筑工程的企业并未为全体施工人员购买建筑工程团体意外伤害保险，或未明确具体被保险人。建筑工程实际施工过程中，施工人员大多又不是建筑企业的职工，而是实际承建人临时雇佣、组织的施工人员（其中多为农民工），在此情况下，如发生意外事故，将涉及对建筑工程团体意外伤害保险的理赔问题，引发诸多纠纷。

《建设部关于加强建筑意外伤害保险工作的指导意见》第六条第一款规定：“关于建筑意外伤害保险的投保，施工企业应在工程项目开工前，办理完投保手续。鉴于工程建设项目施工工艺流程中各工种调动频繁、用工流动性大，投保应实行不记名和不计人数的方式……”由此，建筑工程团体意外伤害保险，难以从固定被保险人名册的方式上去确定被保险人，需要结合工程实际，合理并合法地确定被保险人，就本案来看，四川明越建筑工程有限公司作为总承包单位为项目投保，意在转移企业事故风险，更多的是给职工的一种福利，对职工施工的一种精神性安抚和人身性保障；四川明越建筑工程有限公司作为总承包人购买的团体人身意外保险，是对修建天成国际项目的50名个人的意外伤害的保险，是针对项目而购买，范围应当覆盖整个工程项目，只要是公司在该项目上作业的工人均享有保险利益关系。因此，郑某虽未明确在被保险人之列，也应当认定为建筑工程团体人身意外保险项目下的被保险人，享有相应的保险权益。

为有效维护建筑行业农民工群体的合法权益，避免矛盾的增加和升级，除扩大解释，将工程项目具体相关人员纳入被保险人范围外，还可以在以下方面推动发展。

（一）适当放宽对被保险人同意的认定标准

鉴于团体保险的特殊性，被保险人同意的意思表示应作相对宽松的认定，不宜要求为严格的书面形式。一般情况下，根据投保人在投保前其对员工进行了宣传及集中投保，且被保险人亲属作为受益人主张保险金的，应认定被保险人同意并认可了保险金额，保险合同有效。

（二）对伤亡人员是否属于被保险人范围合理分配举证责任

在审理建筑工程团体意外伤害系列案件时，若保险公司未在投保时要求投保人提供被保险人名单，发生保险事故后又以伤亡人员不是被保险人为由拒绝支付保险金的，应由保险公司对伤亡人员不是被保险人这一事实负举证责任，保险公司无法举证的，只要能够确认伤亡人员系涉案工程施工人员且在施工过程中发生保险事故导致伤亡的事实，即使无进一步的证据证明伤亡人员与投保人之间建立了劳动关系，也应当认定该伤亡人员属于被保险人。

（三）对团队成员资格的存疑不影响保险合同效力

团体保险是一种总括性的合同，团体保险合同的效力并不能因为某些个别被保险人的团体成员资格存在错误陈述而受影响。如果某些成员资格存在错误陈述，它所涉及的仅仅是该成员是否属于团体保险的承保范围之内的问题，与保险合同的有效性无关。

对建筑工程团体意外伤害保险被保险人的确定，举足轻重，关乎从事建筑这个高危行业农民工群体的人身财产性权益，也关乎家庭这个社会细微单元的稳定问题。只有多管齐下，从切实保障被保险人权益角度出发，完善被保险人确定标准，才能为建筑行业的农民工群体撑起一片公平正义的法治蓝天。

编写人：四川省营山县人民法院　何俐辉

39

合同中存在“承保五日后生效”条款，保险合同生效时间如何认定

——叶某某等诉太平养老保险股份有限公司河北分公司保险合同案

【案件基本信息】

1. 裁判书字号

河北省沧州市中级人民法院（2018）冀09民终6519号民事判决书

2. 案由：保险合同纠纷

3. 当事人

原告（被上诉人）：叶某某、陈某某、王某甲、王某乙

被告（上诉人）：太平养老保险股份有限公司河北分公司（以下简称保险公司）

【基本案情】

王某某与保险公司于2016年10月24日签订“太平至尊全家宝卡（A款）”保险合同，并于当日缴纳了相应的保险费用。“太平至尊全家宝卡（A款）”投保对象为被保险人及其配偶、子女；约定被保险人意外身故保险金额为10万元；被保险人配偶意外身故保险金额为10万元；被保险人子女意外身故保险金额总计为5万元。保险合同未指定受益人。2016年10月25日，王某某、叶某甲发生交通事故死亡，叶某甲为王某某配偶，本案原告均是叶某甲的继承人。本案中，“太平至尊全家宝卡（A款）”保险合同中约定的“自本产品承保5日后生效，保险期限一年”属于特别约定；投保声明第二款载明“投保人及被保险人已详细阅读并理解了本保险的相关格式条款，特别是保险责任、责任免除、特别约定和合同解除等事宜，了解并完全明白本保险合同规定的权利和义务，愿意遵守保险公司的保险条款及特别约定”，但在该保单中投保人签名一栏中没有王某某的签字确认。

【案件焦点】

涉案保险合同是即时生效还是自承保五日后生效。

【法院裁判要旨】

河北省泊头市人民法院经审理认为：保险公司应就“王某某投保时就特别约定中的生效时间对王某某履行了明确告知义务”承担举证责任。保险公司未能举出充分有效的证据加以证实，因此认定本案保险合同生效的时间为成立时生效，即2016年10月24日。原告的诉讼请求成立，依法予以支持。原、被告的其他诉辩，缺乏理据，不予采信。

河北省泊头市人民法院依照《中华人民共和国保险法》第二条、第十条、第十三条、第三十一条、第四十二条和《最高人民法院关于适用〈中华人民共和国保险法〉若干问题的解释（二）》第十三条之规定，判决如下：

保险公司于判决生效之日起十日内给付叶某某、陈某某、王某甲、王某乙保险理赔款100000元。

保险公司不服一审判决，提起上诉。河北省沧州市中级人民法院经审理认为：保险公司原审提供的“太平至尊全家宝卡（A款）”显示，保险公司将“自本产品承保5日后生效，保险期限一年”记载于特别约定一栏，而投保声明栏并无投保人王某某的签名，证实该特别约定并非充分体现投保人的意思表示，且保险公司也未就该特别约定向投保人以书面或口头方式履行提示或明确说明义务，该条款不产生效力。因此，涉案保险合同应在投保人履行支付保费的义务后生效，本案事故发生在保险期间内，保险公司应当承担相应的保险责任。

河北省沧州市中级人民法院依照《中华人民共和国民事诉讼法》第一百七十条第一款第一项之规定，判决如下：

驳回上诉，维持原判。

【法官后语】

本案中，保险公司主张其公司不应承担保险责任，被上诉人则主张保险公司应承担保险责任。两个观点彼此对立，核心点在于涉案保险合同的生效时间如何认定，是即时生效还是自本产品承保5日后生效。

判断保险合同的生效时间，应从当事人对保险合同生效时间有无特别约定、保险合同生效时间的特别约定是否是投保人的真实意思表示、保险公司对保险合同不即时生效的风险是否向投保人尽到了提示说明义务这几个方面着手。

一、“承保5日后生效”并非投保人真实意思表示

《中华人民共和国合同法》第四十四条第一款规定：“依法成立的合同，自成立时生效。”《中华人民共和国保险法》第十三条规定：“投保人提出保险要求，经保险人同意承保，保险合同成立。保险人应当及时向投保人签发保险单或者其他保险凭证……依法成立的保险合同，自成立时生效。投保人和保险人可以对合同的效力约定附条件或者附期限。”根据上述规定可知，除双方当事人对合同生效时间另行约定外，一般保险合同自成立时生效。具体到本案中，保险公司主张涉案保险合同自承保5日后生效，保险公司应提供证据证明双方就此问题达成了一致的意思表示，而“太平至尊全家宝卡（A款）”显示，上诉人将“自本产品承保5日后生效，保险期

限一年”记载于特别约定一栏，而投保声明栏并无投保人王某某的签名，由此可见该特别约定并不是投保人的真实意思表示，双方并未就合同效力附期限问题达成一致的意思表示，因此保险公司关于保险合同自承保5日后生效的主张不能成立。

二、保险公司对“承保5日后生效”条款未尽到提示说明义务

保险公司“自本产品承保5日后生效”的保险条款，使得保险公司在保险合同依法成立后的一段时间内规避了保险责任，免除了自己特定时段内应承担的义务，排除了投保人在缴纳保费到该条款起保时间段可能获得期待利益的权利。“自本产品承保5日后生效”条款，是保险公司单方事先拟制重复使用的条款，属于格式免责条款，保险公司应当将保险合同不即时生效的风险以书面形式或口头形式对投保人进行告知。本案中，上诉人也未就该特别约定向投保人以书面或口头方式履行提示或明确说明义务，因此该条款不发生法律效力。

本案中，保险公司同意承保，双方当事人于2016年10月24日签订“太平至尊全家宝卡（A款）”保险合同，投保人于当日缴纳了相应的保险费用，双方未就合同生效期限问题另行达成一致的约定，因此保险合同自成立时生效。事故发生在保险期间内，属于保险事故，理应由保险公司承担保险责任。

编写人：河北省南皮县人民法院　张磊

河北省沧州市中级人民法院　槐倩颖

40

建工团体险中保险人不得以投保人未如实告知工程造价为由而拒绝向被保险人赔付

——杨某等诉平安养老保险股份有限公司广东分公司人身保险合同案

【案件基本信息】

1. 裁判书字号

广东省广州市中级人民法院（2018）粤01民终15045号民事判决书

2. 案由：人身保险合同

3. 当事人

原告（被上诉人）：杨某、张小甲、张小乙、余某

被告（上诉人）：平安养老保险股份有限公司广东分公司（以下简称平安养老保险公司）

第三人：广东森洋环境保护工程设备有限公司（以下简称广东森洋公司）

【基本案情】

2014年7月14日，第三人广东森洋公司向被告平安养老保险公司投保团体人身保险，《团体人身险投保单》中载明：主被保险人数为20人，投保险种为意外身故险、意外医疗险等，缴费方式为以工程造价160万元为基数缴纳。

2014年10月28日，第三人广东森洋公司的工人张某在新塘环保工业园污水处理厂工作的时候不慎摔伤头部，后被送到医院治疗无效后死亡。同年12月9日，死者张某的法定继承人即原告杨某、张小甲等人向被告提出理赔申请。

2015年1月4日，被告平安养老保险公司向第三人广东森洋公司发出《解除保险合同告知书》，载明："由于建工团体险的保费是根据所投保的工程项目造价而确定，贵公司在投保时提供的施工合同工程造价为160万元，而实际工程造价为8500万元。贵公司故意不如实告知工程造价，足以影响我司决定是否提高保险费率，现根据保险法第十六条的规定，与贵司解除签订的保险合同，我司对合同解除前发生的保险事故，不承担赔偿或给付保险金的责任，并不退还保险费。"

2017年6月5日，原告杨某等人因保险公司拒赔而诉至法院。庭审中，原告杨某等人提交广州盈隆污水处理有限公司与第三人广东森洋公司签订的《建设施工合同》，证实案涉工程合同价款为160万元，建筑面积19350.3平方米。被告平安养老保险公司认为该合同是虚假的，并提交了其于2014年12月30日在广州盈隆污水处理有限公司处拍照取得的《建设施工合同》复印件，载明上述工程的"合同价款为8500万元，建筑面积19350平方米"。

【案件焦点】

被保险人无过错的，保险人能否以投保人未如实告知工程造价为由而拒绝承担保险责任。

【法院裁判要旨】

广东省广州市天河区人民法院经审理认为：

第一，本案系团体意外的建筑工程团体意外保险（以下简称建工团体险），由用人单位作为投保人，为施工人员在施工过程中的人身安全进行投保，属施工单位对施工人员提供劳动保障的一部分，本案保险合同除了投保人与被保险人之间的商业行为之外，亦承载了对施工人员人身意外的社会保障功能。

第二，被告作为专业金融保险机构，对于投保人提供的信息有核实的权利与义务，其在保险合同订立时应当清楚工程的地理位置、建筑面积，以上信息可以使其作出工程造价是否属实的判断。本案中，投保人提供的《建设施工合同》载明工程建筑面积 19350.3 平方米，但工程价款只有 160 万元，该工程造价明显低于市场合理价格，然而保险人在明知的情况下仍继续予以承保，未尽谨慎核查的义务。

第三，被保险人未参与合同的订立，对投保人是否履行“如实告知义务”既无过错亦不知情，而是将本保险合同视为其劳动保障的一部分，现发生保险事故，其作为于意外事故中死亡的劳动者，若被告仅依据投保人故意不履行如实告知义务，对所发生的保险事故不承担给付保险金的责任，则意味着未履行如实告知的后果实际由被保险人承担，这显失公平，亦非正义。

因此，参照《中华人民共和国保险法》第十六条第六款“保险人在合同订立时已经知道投保人未如实告知的情况的，保险人不得解除合同；发生保险事故的，保险人应当承担赔偿或者给付保险金的责任”之立法精神，不管本案中投保人是否履行如实告知的义务，被告平安养老保险公司仍应对本案保险事故承担支付保险金的责任。

广东省广州市天河区人民法院依照《中华人民共和国保险法》第十条、第十一条、第十三条、第十六条第六款，《中华人民共和国民事诉讼法》第六十四条第一款、第九十二条、第一百四十四条的规定判决：

一、被告平安养老保险公司向原告杨某、张小甲等人支付保险金 65 万元；

二、驳回原告杨某、张小甲等人的其他诉讼请求。

宣判后，被告平安养老保险公司提起上诉，广东省广州市中级人民法院同意一审法院裁判意见。

【法官后语】

建工团体险是由施工单位为施工人员的人身安全进行投保，属施工单位对施工人员提供劳动保障的一部分。在建工团体险纠纷中，往往涉及投保人未履行如实告知工程造价，保险人拒绝承担保险责任的情况。在司法审判中对于保险人能否行使合同解除权，需根据建工团体险的社会保障功能，对保险法律关系所涉投保人、保险人、被保险人权利义务进行综合判断和价值平衡。

（一）投保人的如实告知义务

依据保险法第十六条第一款，投保人应当履行如实告知义务。该款规定："订立保险合同，保险人就保险标的或者被保险人的有关情况提出询问的，投保人应当如实告知。"保险合同是最大诚信合同，投保人告知义务制度的设计初衷是以诚实信用为前提，协助保险人进行危险测定，该制度起着保护保险共同体利益的作用。投保人有义务将与保险标的有关的情况如实告知保险人，保险人因此能够正确评估保险标的的风险，以确定是否承保或者保险费率的高低。

但是在实践中，投保人为了促成保险合同的缔结或者为了缴纳较低的保险费用，往往会违反如实告知义务，隐瞒有关事实，由此可能造成保险合同显失公平。因此，保险法第十六条第二款赋予了保险人的单方合同解除权。

（二）保险人义务中的禁止反言原则

保险人在履行义务的过程中，应当遵循禁止反言原则。保险法第十六条第六款为保险人设定了禁止反言的义务，该款规定："保险人在合同订立时已经知道投保人未如实告知的情况的，保险人不得解除合同；发生保险事故的，保险人应当承担赔偿或者给付保险金的责任。"保险人能否对投保人如实告知义务的抗辩，主要是基于禁止反言原则的适用。

按《元照英美法词典》的解释，禁止反言的本意是："对于当事人先前的行为，主张或否认的，禁止其在此后的法律程序中反悔。否则，将会对他人造成损害。"保险法第十六条第六款引入了禁止反言原则，其法理基础就在于保险法中的合理预期理论，详言之就是满足被保险人的合理期待。按英国法官斯托姆的说法："保险单应根据被保险人的合理期待进行解释。"在保险关系中，被保险人虽是保单利益的享有者，但其在保险合同订立的过程中又处于相对被动的地位。被保险人对于该保险合同的可期待利益应属保险法律关系中被保护的范围。保险人不能为了促成保单获得利益，在订立合同时对投保人的欺诈行为视而不见，而在发生保险事故时又以投保人的过错进行抗辩。这样损害的实际上是被保险人的合理利益。

禁止反言原则要求保险人在缔结保险合同时要履行询问与审查的义务，并且这种询问不是被动的，而应当是主动进行的，怠于履行该义务的就不能行使保险合同单方解除权。

（三）被保险人利益的社会性和无过错性

建工团体险中的被保险人通常是建筑工程施工人员，系保险合同的受益人。建工团体险与其他团体险保险不同，该险种具有一定的社会保障性和公共利益，应当得到保护。

该险种普遍存在的社会基础在于建筑行业的高危性，较容易发生工伤、工亡事故，同时该行业人员流动性大、变动频繁，属人力资源密集型行业。建筑施工企业以及施工人员普遍都不愿意参加工伤保险，为了应对高发的工伤事故，在发生事故后对受伤工人提供经济补偿，建筑施工企业转而为施工人员购买建工团体险，作为工伤保险的替代品，目的在于转移自身风险，由保险人代为赔偿实际施工人员的意外伤害。因此，建工团体险实际上起着对施工人员替代性的社会保障功能，发挥着工伤保险的作用。该类险种所保障的利益因此具备一定的社会性。并且，在此种保险法律关系中，被保险人在保险合同中并无特别需要履行的义务，所以其通常为保险纠纷中的无过错方。

（四）被保险人利益的优先性

基于前述分析，即使本案施工合同的工程造价确为低报，投保人违反了如实告知义务，但保险人并不当然享有依据保险法第十六条第二款的单方解除权。因为保险人是否有权解除合同，还需考量保险人自身义务是否履行得当，以及该行为是否损害了被保险人的合法利益。

第一，保险人存在未履行法定义务的行为，符合禁止反言原则的构成要件。如裁判理由所述，换算后的工程价格仅约 80 元/平方米，这明显不符合 2014 年的工程造价。保险人系建工团体险的承保机构，是商业保险公司，具有高于常人的判断能力和经验，其审查能力亦超过社会的普遍认知，在订约时有义务也有足够的能力对相关资料的真实性进行审查。如经过审查，认为与实际情况显著不符，保险人有义务作出进一步的询问。但是保险人并没有对此进行询问，也未进行实地勘察，在应当知道投保人所述资料存在隐瞒的情况下，仍然予以承保，因此保险人对此有过错，符合禁止反言原则的构成要件。

第二，被保险人是无过错的第三方，其合法的利益应当得到保护。建工团体险的受益人是实际施工人员，其之所以享有该保险利益，是因为在建筑工程中提供了高风险的劳动，而该风险囿于建筑施工行业的实际情况，没有被纳入社会保障的范围。因此，该类保险除具有商业保险的特质外，还承载了社会保障的功能。被保险人对此的可得利益有社会利益的性质，应当属于更优先的保护位阶。

本案中，即使投保人存在未如实告知的过错，但如果不考虑保险人在合同订立过程中的过错程度，而机械地适用保险法第十六条第二款赋予保险人单方解除保险合同的权利，将会直接损害被保险人的合法利益，导致此保险法律关系中的不利后果实际由无过错的被保险人承担，显失公平。在此情况下，保险人的利益显然应当让位于被保险人的利益。

编写人：广东省广州市天河区人民法院　赵心晶

41

不确定概念不能作为保险合同的免责条款

——王木等诉永安财产保险股份有限公司上海分公司意外伤害保险合同案

【案件基本信息】

1. 裁判书字号

云南省昆明市中级人民法院（2018）云01民终2756号民事判决书

2. 案由：意外伤害保险合同纠纷

3. 当事人

原告（被上诉人）：王木、王水、王火、王土

被告（上诉人）：永安财产保险股份有限公司上海分公司

【基本案情】

2017年4月25日，原告王火作为投保人，通过深圳市慧择保险经纪有限公司保险经纪人推送的链接为被保险人王金投保了被告的“众行天下高额户外运动保障方案三保险”，其中意外伤害（身故、伤残）保险金额为800000元，丧葬处理保险金额为20000元，身故遗体运返保险金额为20000元。保险期间自2017年4月28日0时起至2017年5月7日24时止。2017年5月4日，被保险人王金在陕西省穿越鳌太线路时，遇到暴风雪后死亡。该事故发生在保险合同期间。被保险人王金去世后，其法定继承人有王木、王水、王火、王土。

被告永安财产保险股份有限公司上海分公司辩称：在保险合同中明确约定潜水、跳伞、攀岩运动、蹦极、驾驶滑翔机以及探险属于高风险运动，不在被告的承保范围内；被保险人自发进行鳌太穿越运动并发生事故，而鳌太线路属于无人区，穿越该条线路的活动属于高风险运动，投保人在购买保险时未向保险人履行如实告知的法定义务，因此该事故不属于保险合同约定的保险责任范围，被告不应承担保险责任；在保险购买网页被告采用不同样式的字体、符号、颜色履行了对免责条款进行提示和说明的义务，投保人在购买保险时应当明确知晓保险承保的范围，以此可以证明被告已经履行了提示和明确说明的义务。

【案件焦点】

1. 被告保险公司是否尽到了免责条款的提示、说明义务；2. 鳌太线路是否属于被告免责条款中的无人区；3. 被保险人王金从事的活动是被告承保范围内的低风险运动，还是免责条款禁止的高风险活动；4. 被告是否应承担保险责任。

【法院裁判要旨】

云南省昆明市盘龙区人民法院经审理认为：

本案的争议焦点之一，被告保险公司是否尽到了免责条款的提示、说明义务。《中华人民共和国保险法》第十七条第二款规定：“对保险合同中免除保险人责任的条款，保险人在订立合同时应当在投保单、保险单或者其他保险凭证上作出足以引起投保人注意的提示，并对该条款的内容以书面或者口头形式向投保人作出明确说明；未作提示或者明确说明的，该条款不产生效力。”《最高人民法院关于适用〈中华人民共和国保险法〉若干问题的解释（二）》第十二条规定：“通过网络、电话等方式订立的保险合同，保险人以网页、音频、视频等形式对免除保险人责任条款予以提示和明确说明的，人民法院可以认定其履行了提示和明确说明义务。”本案中，被告主张已通过网页对免责条款给予投保人明确的说明或提示，但被告仅提交目前在售网页截图证据，未提交投保人投保时网页截图及投保人投保页面，因此不能推断投保人已经知晓被告的免责条款，亦不能证明被告尽到了说明、提示义务。对被告辩称已尽到免责条款提示、说明义务的主张，法院不予支持。

本案的争议焦点之二，鳌太线路是否属于被告免责条款中的无人区。根据《中华人民共和国自然保护区条例》第十二条第二款、第十四条第一款、第二十七条、第二十八条的规定，“地方级自然保护区的建立，由自然保护区所在的县、自治县、市、自治州人民政府或者省、自治区、直辖市人民政府有关自然保护区行政主管部门提出申请，经地方级自然保护区评审委员会评审后，由省、自治区、直辖市人民政府环境保护行政主管部门进行协调并提出审批建议，报省、自治区、直辖市人民政府批准，并报国务院环境保护行政主管部门和国务院有关自然保护区行政主管部门备案”“自然保护区的范围和界线由批准建立自然保护区的人民政府确定，并标明区界，予以公告”“禁止任何人进入自然保护区的核心”“禁止在自然保护区的缓冲区开展旅游和生产经营活动”。由此，无人区的划定需由行政机关进行审批公示，被保险人有理由相信被告免责条款中的无人区与行政机关划定的生态无人区相符合，而本案中并无行政机关对鳌太线路进行过无人区的划定，因此对被告的免责辩称，法院不予支持。

本案的争议焦点之三，被保险人王金从事的活动是被告承保范围内的低风险运动，还是免责条款禁止的高风险活动。《中华人民共和国保险法》第五条规定，“保险活动当事人行使权利、履行义务应当遵循诚实信用原则”，《最高人民法院关于适用〈中华人民共和国保险法〉若干问题的解释（二）》第十七条规定，“保险人在其提供的保险合同格式条款中对非保险术语所作的解释符合专业意义，或者虽不符合专业意义，但有利于投保人、被保险人或者受益人的，人民法院应予认可”，被告主张被保险人王金从事探险无人区及攀登海拔三千五百米以上独立山峰，属于从事高风险活动，是保险合同中免责条款所规定的内容，但被告提交的证据不能证明被保险人王金所从事的活动与高风险活动相符合。在被告所提交的证据——投保须知中载明“可承保的低风险运动包括远足徒步、登山运动等”，从投保须知中对可承保的低风险运动描述上，符合被保险人王金从事的活动，法院认可被保险人王金所进行的活动属于被告承保范围。因此，对被告辩称被保险人王金从事的是高风险活动主张，法院不予支持。

本案的争议焦点之四，被告是否应承担保险责任。《中华人民共和国保险法》第二条规定，“……投保人根据合同约定，向保险人支付保险费，保险人对于合同约定的可能发生的事故因其发生所造成的财产损失承担赔偿保险金责任，或者当被保险人死亡、伤残、疾病或者达到合同约定的年龄、期限等条件时承担给付保险金责任的商业保险行为”，《最高人民法院关于适用〈中华人民共和国民事诉讼法〉的解释》第九十条规定，“当事人对自己提出的诉讼请求所依据的事实或者反驳对方诉讼请求所依据的事实，应当提供证据加以证明，但法律另有规定的除外。在作出判决前，当事人未能提供证据或者证据不足以证明其事实主张的，由负有举证证明责任的当事人承担不利的后果”。本案中，原告购买被告销售的“众行天下高额户外运动保障方案三保险”，双方形成保险合同关系，该保险合同合法有效，受法律保护，双方均应按保险合同的约定享有权利，履行义务；四原告在被保险人王金发生保险事故后，向被告报险，被告接到报险后应按保险合同的约定履行保险义务、承担保险责任，但被告未到事故现场进行勘查，也未提交证据证明被保险人王金死亡之地属于保险合同不承保范围，对此，被告应承担举证不利的后果。四原告作为被保险人王金的法定继承人有权向被告主张权利，故对四原告要求被告按保险单承保金额理赔意外伤害（身故）保险金 800000 元、丧葬处理保险金 20000 元、身故遗体运返保险金 20000 元的诉讼请求，法院予以支持。

云南省昆明市盘龙区人民法院根据《中华人民共和国保险法》第十七条第二款，《最高人民法院关于适用〈中华人民共和国保险法〉若干问题的解释（二）》第十七条之规定，判决如下：

被告永安财产保险股份有限公司上海分公司于本判决生效之日起十日内，赔偿原告王木、王水、王火和王土意外伤害（身故）保险金 800000 元、丧葬处理保险金 20000 元、身故遗体运返保险金 20000 元，共计 840000 元。

被告永安财产保险股份有限公司上海分公司不服原审判决，提起上诉。云南省昆明市中级人民法院经审理认为：本案中，根据一审查明事实，被上诉人通过网络投保了本案涉及的“众行天下高额户外运动保障方案三保险”，上诉人主张其免责条款主要为“……参加本合同所指高风险运动和活动的，应于投保时书面告知保险人……”“被保险人从事高风险运动……”及相关释义，以及投保须知中载明“本产品不承保下列高风险运动……探险活动……”。因投保人系通过网络链接投保了上述保险，上诉人也陈述并未向投保人或被保险人送达书面保险单或保险条款等文本，故从上诉人主张的网络投保过程分析其是否尽到提示及明确说明义务。其一，从上诉人提交的保险产品详情页面看，“投保须知”及“保险条款”虽已设为蓝色字体并在页面下方附有链接，点击进入“保险条款”链接后通过红色字体提示“责任免除”部分，但上诉人也明确陈述点击阅读“投保须知”及“保险条款”并非购买保险的必要条件或前置步骤，投保人可以直接购买保险并支付款项，同时上诉人提交的证据也不足以证实上诉人是否点击查阅过“保险条款”；其二，上诉人提交了网页版的《深圳市慧择保险经纪有限公司客户告知书》，其载明“我声明：深圳市慧择保险经纪有限公司的服务人员已经对我投保相关的事项讲解清楚，我也对上述内容明确理解”，但该声明并无投保人签字确认或已经送达投保人或被保险人的相关证据，同时，上诉人也未能提交其他通过口头或书面方式向投保人进行明确说明的证据；其三，本案一、二审中，双方对于高风险运动、无人区、海拔三千五百米以上的独立山峰等内容的理解及免责条款是否适用争议较大，而被上诉人陈述是通过深圳市慧择保险经纪有限公司业务员周某购买了保险，而上诉人认可被上诉人通过深圳市慧择保险经纪有限公司推荐的链接购买保险，但对于周某是否为业务员及承保的具体情况表示不清楚，也未能就投保时已经对该保险的免责条款向投保人进行明确说明充分举证。综上所述，上诉人所设计的网络中并未主动提供保险条款及投保须知等，对上述免责条款并未尽到提示或明确说明义务，免责条款不发生效力，上诉人对被上诉人应按意外伤害保险金额给付身故保险金及其他保险金，同时对被保险人的保险责任终止；对于上诉人提出异议的丧葬处理保险金、身故遗体运返保险金，上诉人一审中对被上诉人提交的涉及上述费用的证据质证表示无异议，二审中虽提出异议，但未能提交证据予以反驳，一审法院所作处理并无不当，予以维持。综上，上诉人的上诉请求不能成立，不予支持。据此，云南省昆明市中级人民法院依照《中华人民共和国民事诉讼法》第一百七十条第一款第一项之规定，判决如下：

驳回上诉，维持原判。

【法官后语】

保险合同系严格责任合同，制定免除保险人责任条款，意味着保险人在销售保险产品时，对免责条款应承担更高程度的主动说明义务，做到准确、易懂，为一般人所能理解，不能使用模糊、概念性的表述，便于投保人清楚知晓保险产品的免责内容。因该内容与投保人利益攸关，投保人是否知悉保险免责条款的内容、相关概念及法律后果直接决定其最终能否获得保险赔偿，从而影响投保人是否作出投保的决定。

被告永安财产保险股份有限公司上海分公司一度认为，无人区就是长期空置的土地或不适合人类居住的地区，鳌太路线周边的自然环境险恶且海拔高度超过了三千五百米以上，均是该环境固有的本质，同时其并不适合人类居住，属于根据法律规定或已知事实和日常生活经验法则能推定出的另一事实，故对本案涉及的“鳌太线路”是否属于无人区应当采用逻辑解释，保险事故发生在免责条款范围内，被告应予免责。

根据《中华人民共和国自然保护区条例》第十二条第二款、第十四条第一款、第二十七条、第二十八条的规定，国家划定自然保护区，目的在于保护自然资源、生态环境，防止人类的生产经营活动对环境造成破坏，同时亦为杜绝闯入者在该区域发生意外得不到及时救助，因此明令禁止进入。结合被告的观点，“无人区”应分为禁止进入与无人长期居住（包括不适宜人类居住）两类，禁止进入的区域经过行政机关公示、划有明确边界，对未经许可的擅自闯入予以处罚；而无人长期居住的范围则可作无限延伸，定义比较模糊，属于不确定概念。从维护公平正义的目的出发，若采被告观点将“无人区”理解为无人长期居住地，会导致免责条款适用范围的不当扩大，这既不符合立法本意，也可能损害一方当事人的利益，故应从“最狭义”的角度将免责条款中“无人区”的理解限缩在行政机关划定的禁止进入的区域范围。

因为行政区域的划定需由国家行政机关按法定程序进行审批公示，而鳌太线路并未被行政机关划定过“无人区”，所以鳌太线路“无人区”的说法仅为旅游徒步爱好者之间的荣耀俗称。本案被告在用“无人区”作为免责条款内容时，并未对“无人区”的概念做到准确定义，也未尽到主动明确的说明义务，而是任由投保人自行臆断，发生保险事故后即以字面意义作出有利于自己的解释，其解释不符合损益同归的基本理念，也与合同正义原则相悖，故被告以不确定概念作为免责条款内容，发生保险事故，不能免除被告的赔偿责任。

编写人：云南省昆明市盘龙区人民法院　赵鑫　杨天铭

42

保险条款约定伤残评定标准的有效性

——周某诉安联财产保险（中国）有限公司人身保险合同案

【案件基本信息】

1. 裁判书字号

广东省珠海市中级人民法院（2018）粤 04 民终 3220 号民事判决书

2. 案由：人身保险合同纠纷

3. 当事人

原告（被上诉人）：周某

被告（上诉人）：安联财产保险（中国）有限公司（以下简称安联保险公司）

【基本案情】

周某于 2017 年 5 月 15 日通过网络在安联保险公司处购买了个人意外伤害保险。保单生效日为 2017 年 5 月 16 日 0 时（北京时间），保单到期日为 2018 年 5 月 15 日 24 时（北京时间），总保费为人民币 298 元，保障利益为意外身故及伤残保额 50 万元，猝死保障保额 1 万元，意外医疗保额 1 万元，自驾车意外伤害节假日补偿保额 5 万元。周某于 2017 年 5 月 15 日支付了保险费 298 元，安联保险公司向周某出具了保险单。

2017 年 5 月 20 日，周某不慎砍到左手食指并住院治疗。2017 年 8 月 14 日，周某自行委托广东正光法医临床司法鉴定所进行伤残鉴定。2017 年 8 月 23 日，广东正光法医临床司法鉴定所出具广正司鉴所［2017］法临鉴字第 566 号《广东正光法医临床司法鉴定所司法鉴定意见书》，认为周某被刀砍伤左食指，于 2017 年 5 月 20

日行左食指清创+远侧关节融合复位内固定术，术后因左食指末节指再植术后坏死，于2017年6月1日行左食指再植术后坏死截指清创术+残端修整术，术中用咬骨钳咬除多余指骨，截指平面至中节指骨中段，现遗留左食指中节中段以远缺失。该损伤符合《人体损伤致残程度分级》标准第5.10.6.19条款之规定，构成十级伤残。广东正光法医临床司法鉴定所作出鉴定意见如下：伤者周某被刀砍伤致左食指中节中段以远缺失，其伤残等级评定为十级。

安联保险公司提交了《安联财产保险（中国）有限公司个人人身意外伤害保险条款（2016年版）》，该保险条款用加黑字体载明"《人身保险伤残评定标准》（行业标准）请参考中国保险行业协会、中国法医学会于二零一三年六月八日联合发布的《人身保险伤残评定标准》（行业标准）。如下链接供参考：（网址略）"。另外，该保险条款第二条"保险责任"第二款"伤残保险责任"约定，在保险期间内，被保险人遭受意外伤害事故，并自该事故发生之日起180日内因该事故造成本保险合同所附《人身保险伤残评定标准》（行业标准）所列伤残之一的，保险人按该表所列给付比例乘以意外伤害保险金额给付伤残保险金。该条款与合同文本的其他普通条款字体一致，未予加粗加黑。

法庭调查中，安联保险公司称通过对保险条款中免责条款字体进行加粗加黑的方式进行了提示，并在投保过程中要求投保人进行阅读。周某否认收到了保险条款。

【案件焦点】

1. 保险条款另行约定伤残评定标准的实质；2. 减轻保险人责任条款的效力。

【法院裁判要旨】

广东省珠海横琴新区人民法院经审理认为：安联保险公司辩称该司法鉴定意见书系周某单方委托、鉴定标准不符合合同约定并申请重新鉴定。依照《中华人民共和国民事诉讼法》第七十六条第一款规定，当事人可以就查明事实的专门性问题向人民法院申请鉴定。当事人申请鉴定的，由双方当事人协商确定具备资格的鉴定人；协商不成的，由人民法院指定。然而，本案中周某提交的司法鉴定意见书并非周某向人民法院申请鉴定的情形，不适用该法律规定。并且，单方委托鉴定也不必然导致原司法鉴定意见书的无效或者重新鉴定的启动。另外，《中华人民共和国保险法》第十七条第二款规定：对保险合同中免除保险人责任的条款，保险人在订立合同时应当在投保单、保险单或者其他保险凭证上作出足以引起投保人注意的提示，并对该条款的内容以书面或者口头形式向投保人作出明确说明；未作提示或者明确说明的，该条款不产生效力。本案中，《人身保险伤残评定标准》（行业标准）属于免除保险人责任的约定，安联保险公司虽然在保险条款中对伤残评定标准作出了提示，但并未能证明其尽到了明确说明的义务，故该约定不产生效力。因此，对安联保险公司的答辩意见不予采纳，并不予准许重新鉴定。根据广东正光法医临床司法鉴定所出具的司法鉴定意见书，周某左食指中节中段以远缺失，其伤残等级评定为十级，安联保险公司应当按照意外身故及伤残保额 50 万元的 10% 计算，赔偿周某保险金 50000 元。

广东省珠海横琴新区人民法院依照《中华人民共和国保险法》第十二条、第十四条、第十七条、第三十条，《中华人民共和国民事诉讼法》第六十四条第一款、第七十六条第一款之规定，作出如下判决：

安联保险公司于判决生效后十日内赔偿周某保险金 50000 元。

安联保险公司不服一审判决，提起上诉。广东省珠海市中级人民法院经审理认为：《人体损伤致残程度分级》是由最高人民法院、最高人民检察院、公安部、国家安全部、司法部联合发布的，适用于人身损害致残程度等级鉴定，是法定的、通用的人身损害致残程度等级鉴定标准。现安联保险公司以双方约定为由，主张适用《人身保险伤残评定标准》（行业标准）对周某的伤残等级进行鉴定。保险条款的约定改变了法定标准，存在提高定残标准之嫌，属于《最高人民法院关于适用〈中华人民共和国保险法〉若干问题的解释（二）》第九条规定的“减轻保险人责任的条款”，可以认定为《中华人民共和国保险法》第十七条第二款规定的“免除保险人责任的条款”，安联保险公司依法应当履行提示和说明义务。本案中，且不论保险条款有无向周某送达或出示，安联保险公司自行提供的保险条款中对于伤残鉴定标准的约定并未使用能够引起投保人注意的特殊字体进行提示，更未能举证证明已经就该条款对投保人进行了明确说明。综上，安联保险公司未尽提示和明确说明义务，保险条款中有关适用《人身保险伤残评定标准》（行业标准）的约定对投保人不发生法律效力。安联保险公司请求按《人身保险伤残评定标准》（行业标准）对周某进行伤残鉴定理据不足，不予准许。

本案中，周某自行委托广东正光法医临床司法鉴定所进行伤残鉴定。虽然该鉴定系由周某单方委托，但广东正光法医临床司法鉴定所系有资质的司法鉴定机构，其出具的司法鉴定意见书对周某的伤情描述客观准确，亦具体陈述了评残的标准和依据。安联保险公司虽然不认可，但未能举证证明该鉴定意见存在明显违法或不合常理之处，依法应予采纳。一审法院根据该鉴定意见判令安联保险公司赔偿周某保险金50000元理据充分，予以维持。

广东省珠海市中级人民法院依照《中华人民共和国民事诉讼法》第一百七十条第一款第一项之规定，作出判决如下：

驳回上诉，维持原判。

【法官后语】

随着我国保险行业在最近十几年爆发式的发展，各种保险纠纷也越来越多，诉讼成为越来越多的人解决保险纠纷的重要途径。其中人身保险合同诉讼占据了保险诉讼案件领域的重要一席，因保险人未尽到对免责条款的提示和明确说明义务而判决保险人败诉的案件可以说是相当之多，然而保险人对此义务态度的执着似乎并没有因败诉的案例示范效果而改变。就本案而言，这其中既有保险人对免责条款的性质判断的问题，也有网销这样一种新型保险销售方式下保险人如何履行提示、说明义务的问题。

（一）免责条款的认定

免责条款，指保险合同当事人之间约定的免除或限制将来一方承担责任的条款。一方面，保险免责条款对保险人的承保范围作出界定，明确保险人不承保的风险及不承担责任的情形，对防范道德风险和保障保险公司的科学运营及健康发展起到了积极的作用。但另一方面，免责条款往往成为保险人逃避保险责任、加重对方义务或限制对方权利的工具，损害了保险合同相对方的合法利益。实践中很多时候，对于一些条款，保险人自认为不属于免责条款而没有必要履行明确说明义务，引起理赔纠纷并导致败诉的案例不胜枚举。

本案中保险条款第二条“保险责任”第二款“伤残保险责任”规定安联保险公司给付伤残保险金的伤残评定保准为保险合同所附《人身保险伤残评定标准》（行业标准），该规定实质上改变了由最高人民法院、最高人民检察院、公安部、国家安全部、司法部联合发布的法定的、通用的人身损害致残程度等级鉴定标准《人体损伤致残程度分级》，提高了定残标准，依照《最高人民法院关于适用〈中华人民共和国保险法〉若干问题的解释（二）》第九条第一款“保险人提供的格式合同文本中的责任免除条款、免赔额、免赔率、比例赔付或者给付等免除或者减轻保险人责任的条款，可以认定为保险法第十七条第二款规定的‘免除保险人责任的条款’”的规定，可以认定为《中华人民共和国保险法》第十七条第二款规定的“对保险合同中免除保险人责任的条款，保险人在订立合同时应当在投保单、保险单或者其他保险凭证上作出足以引起投保人注意的提示，并对该条款的内容以书面或者口头形式向投保人作出明确说明；未作提示或者明确说明的，该条款不产生效力”。

（二）免责条款的提示、说明义务

是否尽到明确说明义务的认定标准较为复杂，法律上的明确说明标准应该是一个客观标准，但投保人是否理解则是一个主观上的标准，无法以证据形式固定，规定保险人明确说明的程度为足以使投保人理解难免缺乏可操作性。也正因如此，《最高人民法院关于适用〈中华人民共和国保险法〉若干问题的解释（二）》采用了“常人能够理解”的标准。在形式上，通过录音录像的方式记录保险人明确说明义务的履行能最直观地还原履行的过程，但是考虑到商事交易的效率性，这种记录方式明显不适合市场需求，实践中多采用投保人签字的声明来作为证明保险人已尽明确说明义务的证据。从法理上讲的“权利可以放弃”和国外“签字即同意”的规则来看，书面的载有投保人签章的声明是综合考虑、平衡双方当事人利益、实现商事交易的高效性及法律认定的可操作性之后，最为可行的标准。

本案中，安联保险公司自行提供的保险条款中对于伤残鉴定标准的约定并未使用能够引起投保人注意的特殊字体进行提示，更未能举证证明已经就该条款对投保人进行了明确说明。保险人未尽提示和明确说明义务，有关适用《人身保险伤残评定标准》（行业标准）评残的保险条款中不产生法律效力。安联保险公司要求按《人身保险伤残评定标准》（行业标准）对周某进行伤残鉴定没有事实和法律依据。

（三）网签保险合同保险人如何履行提示、说明义务

周某是通过网络购买的案涉个人意外伤害保险。在网络高度发展的当今社会，保险网销也势必成为保险销售的主流。对于网签的保险合同，保险人履行对免除保

险人的责任条款提示和说明义务时可将保险合同条款尤其是免除保险人责任条款放置在页面显著位置并将条款及释义的阅读设置成投保的强制必经程序，在停留一定时间后跳出对话框，显示“投保人和被保险人声明保险人已履行提示和明确说明义务，我已明知”的“确认”按钮和条款不明晰需要进一步解释的“条款释义”按钮。若点击“确认”按钮，则合同签订流程继续；若点击“条款释义”按钮，则会有客服对话框或者在线电话的方式实时对客户进行解释说明直到投保人明知为止。经过这些程序就应该认为保险人履行了明确说明义务。

编写人：广东省珠海市中级人民法院　徐烽娟

43

未按约定进行伤残评定是否免除保险公司的责任

——石某诉中国人寿保险股份有限公司盐城市分公司人身保险合同案

【案件基本信息】

1. 裁判书字号

江苏省盐城市盐都区人民法院（2018）苏0903民初503号民事判决书

2. 案由：提供劳务者受害责任纠纷

3. 当事人

原告：石某

被告：中国人寿保险股份有限公司盐城市分公司（以下简称保险公司）

【基本案情】

2013年6月28日，航宁浴城作为投保人、石某作为被保险人与保险公司作为保险人订立《国寿绿洲团体意外伤害保险》《国寿通泰交通意外伤害保险》《国寿附加绿洲意外费用补偿团体医疗保险》合同。2014年5月31日，邱某驾驶苏JCX×××号小型普通客车沿盐城市亭湖区大庆中路由西向东行驶至盐城黄海农商银行门前路段，违反禁止标线超车，与石某驾驶的雅迪无号牌电动自行车由南向北横过机动车道时发生碰撞，致石某倒地受伤，两车及路灯杆损坏。对该交通事故的责任，经公安交警部门认定，邱某负事故的主要责任，石某负事故的次要责任。石某因该起交通事故花费医疗费426600.24元。后原告就案涉交通事故诉至盐都区人民法院，盐都区人民法院依法作出（2016）苏0903民初4616号民事判决书，认定超出交强险责任限额的部分，由原告石某自行承担20%的责任，现该判决书已生效。在该案中，法院对原告石某的伤残等级依法委托盐城市第四人民医院司法鉴定所进行了鉴定，鉴定意见为：石某因交通事故致双侧额颞叶挫伤、外伤性蛛血、右额部及左额颞部硬膜下积血积液、左侧4－11（共8根）肋骨骨折、两肺挫伤、脾破裂等，构成下列伤残：（1）后遗颅脑外伤所致四肢瘫痪（双上肢肌力5级，双下肢肌力4级），构成交通事故四级伤残；（2）后遗颅脑外伤所致智能损害（轻度），构成交通事故八级伤残；（3）外伤致脾破裂行脾切除术，构成交通事故八级伤残；（4）外伤致左侧4－11（共8根）肋骨骨折，构成交通事故九级伤残。后石某撤回了对“后遗颅脑外伤所致四肢瘫痪是否构成四级伤残”的鉴定申请。石某在事故发生后，曾至被告保险公司要求理赔，但因被告保险公司认为石某不符合理赔的情形，致理赔未果。

诉讼中，保险公司提交了团体保险投保单（复印件），其中的投保人及被保险人声明载明：贵公司已对保险合同条款内容履行了说明义务，并对责任免除条款履行了明确说明义务；投保单位已仔细阅读、理解投保提示及保险条款尤其是责任免除、解除合同等规定。投保人航宁浴城在下方签字、盖章。

【案件焦点】

1. 原告受伤是否属于“意外伤害”；2. 原告没有按照约定的赔付标准进行工伤评定是否产生免除被告赔付责任的效力。

【法院裁判要旨】

江苏省盐城市盐都区人民法院经审理认为：本案中，石某虽对案涉事故负有次要责任，但该事故的发生并非出于石某的本意，该交通事故的发生符合《国寿绿洲团体意外伤害保险》中关于意外伤害的定义。上述条款约定：保险公司根据《工伤残疾程度与保险金给付比例表》的规定，按该被保险人的保险金额乘以该项残疾所对应的给付比例给付残疾保险金。该约定系就保险金给付比例的计算方式进行的约定，原告虽是按照交通事故的有关标准进行伤残评定，但并不能产生免除被告保险公司责任的效力。现原告要求参照其在案涉交通事故中鉴定的伤残等级计算本案的残疾保险金给付比例，依法予以准许。

事故发生时，原告驾驶的是电动自行车，并非《国寿通泰交通意外伤害保险》保险条款约定的交通工具，故案涉事故并非该保险的责任范围。原告在案涉交通事故中自行承担的医疗费已经超过《国寿附加绿洲意外费用补偿团体医疗保险》的限额（5000 元），被告保险公司应给付原告该项保险金 5000 元。

江苏省盐城市盐都区人民法院依据《中华人民共和国保险法》第十四条、第十七条、第二十三条、第三十条之规定，作出判决：

一、被告保险公司于本判决生效之日起十日内向原告石某支付意外伤害保险金 19000 元、附加意外费用补偿医疗保险金 5000 元，合计 24000 元；

二、驳回原告石某的其他诉讼请求。

【法官后语】

一、原告受伤是否属于“意外伤害”

根据案涉保险条款及司法实践，“意外伤害”指遭受外来的、突发的、非本意的、非疾病的客观事件直接致使身体受到的伤害。本案中，原告石某虽对案涉事故负有次要责任，但相对于原告的主观状态而言，事故的发生与原告的心理期待不符。该事故的发生并非出于原告的本意，对原告而言该事故也不具有可预见性。故该交通事故的发生符合意外伤害的定义。

二、意外伤害类保险的保险责任及免责的判断

根据案涉《国寿绿洲团体意外伤害保险》条款，保险公司应根据《工伤残疾程度与保险金给付比例表》的规定，按该被保险人的保险金额乘以该项残疾所对应的给付比例给付残疾保险金。单纯从上述条款来看，原告没有进行工伤评定，便无法确定工伤残疾程度，故而无法确定对应的给付比例。但事实上，原告因遭受意外事故而使身体受到伤害并致残，保险公司理应给付保险金，而以上条款仅仅是关于保险金的计算方式的规定，即便原告未进行工伤评定，也并不能产生免除被告保险公司责任的效力。

本案的特殊性在于：原告石某受伤并不属于工伤，不具有进行工伤鉴定的现实基础。客观上，在机动车交通事故责任纠纷一案中，法院已依法委托相关机构对原告的伤情进行了鉴定。法院固然可以就原告的伤情对应的工伤残疾等级委托咨询，但原告表示请求参照交通事故残疾程度确定给付比例。考虑到交通事故的伤残评定标准较于工伤评定标准更为严格，况且原告多次向本案的被告主张赔偿，被告均不予赔付，在诉讼双方实力上，原告处于明显的弱者地位。比起局限于促进形式公平，维护弱者利益更具现实意义。从减轻当事人诉累及公平的角度，法院依法参照交通事故残疾程度确定给付比例，与原、被告双方的利益均不相违背。

编写人：江苏省盐城市盐都区人民法院 陈星如

44

团体意外险的保险金请求权可以转让

——阿拉善盟云峰道桥有限责任公司诉中国平安财产保险股份有限公司商洛中心支公司保险案

【案件基本信息】

1. 裁判书字号

陕西省商洛市中级人民法院（2018）陕10民终42号民事判决书

2. 案由：保险纠纷

3. 当事人

原告（被上诉人）：阿拉善盟云峰道桥有限责任公司

被告（上诉人）：中国平安财产保险股份有限公司商洛中心支公司

【基本案情】

2016年4月19日，原告向被告缴纳了保险费，在被告处投保了“平安建筑工程团体意外伤害保险”，被告给原告出具了保险单。原告雇佣陈某在其承包的镇安345国道金钟至木王林场公路改建LJ－4合同段工程中从事压路机驾驶工作时，查看了陈某的身份证和建筑施工特种作业操作资格证，并让其提交了复印件。2016年6月19日，陈某驾驶压路机沿黄月路由月河向宁陕方向行驶，行至G345镇安LJ-4标段月河段，因操作不慎导致压路机驶出有效路面坠入路边河流，当场溺水身亡。2016年7月4日，原告与陈某的继承人达成《赔偿协议》和《赔偿补充协议》，原告向陈某继承人赔偿799900元，保险公司赔偿款归原告所有。后原告向陈某继承人支付了赔偿款799900元。保险事故发生后，原告向被告报案并要求理赔，被告以“1. 特种作业人员上岗必须持有合法的特种作业操作证，否则属于保险合同约定的责任免除事项，陈某特种作业操作证属于虚假证件；2. 本案的保险金请求权不能转让”为由拒绝理赔。

【案件焦点】

1. 本案的保险金请求权可否转让，原告的诉讼主体是否适格；2. 驾驶压路机是否属于保险合同约定的特种作业；3. 购买保险时被告是否向原告提供保险条款，对免责条款是否尽到了提示、说明义务。

【法院裁判要旨】

陕西省镇安县人民法院经审理认为：原、被告签订的保险合同是双方真实意思表示，且不违反法律禁止性规定，应认定为合法有效，双方应按照约定全面履行自己的义务。原告为其员工投保了团体意外伤害保险，陈某作为被保险人之一，在施工过程中发生意外事故身亡，被告应依约承担保险理赔义务。被保险人陈某的法定继承人将保险理赔请求权让与原告，原告有权向被告主张理赔保险金。虽然保险单上的特别约定明确了未取得对应的特种作业证书进行特种作业操作引起的意外事故，保险公司不承担保险责任。但保险单及保险条款并未约定驾驶压路机属特种作业，且被告未能举证证明对该条款向投保人作了提示或明确说明，该条款对原告不产生法律效力。故原告要求被告按照保险合同约定给付保险金300000元的理由充分，法院予以支持。

陕西省镇安县人民法院依据《中华人民共和国保险法》第十三条、第十四条、第十七条、第四十二条第一款，《中华人民共和国合同法》第六十条、第七十九条，《最高人民法院关于适用〈中华人民共和国保险法〉若干问题的解释（二）》第十一条、第十三条，《最高人民法院关于适用〈中华人民共和国保险法〉若干问题的解释（三）》第十三条，《中华人民共和国民事诉讼法》第六十四条第一款之规定，判决如下：

被告中国平安财产保险股份有限公司商洛中心支公司在本判决生效后十五日内支付原告阿拉善盟云峰道桥有限责任公司保险金300000元。

二审法院同意一审法院裁判意见。

【法官后语】

团体意外险越来越多地被企业、用工单位所采用，它能够在一定程度上规避用工风险，也能为普通的劳动者多提供一份保障。保险事故发生后，企业和劳动者先行协商赔偿，而后企业再向保险公司申请理赔，有利于社会矛盾的快速化解，但保险金请求权可否转让一直存在争议。

人身保险合同具有人身依附性，故在人身保险合同中，除有特约条款外，保险事故发生前，受益人未经投保人和被保险人同意，不得将受益权转让给他人。而在保险事故发生后，因保险责任已经确定，受益人的受益权转化为确定的财产权，具有可转让的要素，故受益人可将与保险事故相对应的全部或者部分保险金请求权转让给他人。

本案中，原告为其员工投保了团体意外伤害保险，涉案保险是不记名的，陈某属原告的员工，是当然的被保险人。被保险人陈某的法定继承人将保险金请求权让与原告，原告有权向被告主张理赔保险金。《中华人民共和国保险法》第四十二条第一款规定，被保险人死亡后，有下列情形之一的，保险金作为被保险人的遗产，由保险人依照《中华人民共和国继承法》的规定履行给付保险金的义务：（一）没有指定受益人，或者受益人指定不明无法确定的……本案陈某并未指定受益人，陈某的保险金依法应作为遗产处理。原告提供了与陈某继承人达成的赔偿协议书、补充协议等，证明原告给陈某的第一顺序继承人进行了赔偿，陈某继承人自愿将保险金转让给原告所有。《中华人民共和国合同法》第七十九条规定："债权人可以将合同的权利全部或者部分转让给第三人，但有下列情形之一的除外：（一）根据合同性质不得转让；（二）按照当事人约定不得转让；（三）依照法律规定不得转让。"《最高人民法院关于适用〈中华人民共和国保险法〉若干问题的解释（三）》第十三条规定："保险事故发生后，受益人将与本次保险事故相对应的全部或者部分保险金请求权转让给第三人，当事人主张该转让行为有效的，人民法院应予支持，但根据合同性质、当事人约定或者法律规定不得转让的除外。”保险事故发生后，陈某的继承人将向被告请求理赔的权利转让给原告，该项权利是基于保险契约而产生的请求保险金的权利，是债权请求权，并未违反法律、行政法规的禁止性规定，该转让行为应认定为有效。

编写人：陕西省镇安县人民法院 慕年浩

45

未进行死因鉴定情况下，如何认定是否系意外伤害死亡

——汪某等诉中国太平洋人寿保险股份有限公司安庆中心支公司意外伤害保险合同案

【案件基本信息】

1. 裁判书字号

安徽省安庆市中级人民法院（2018）皖08民终1604号民事判决书

2. 案由：意外伤害保险合同纠纷

3. 当事人

原告（被上诉人）：汪某、高小一、高小二

被告（上诉人）：中国太平洋人寿保险股份有限公司安庆中心支公司（以下简称太平洋寿险公司）

【基本案情】

高甲（系汪某丈夫，高小一、高小二父亲）于2016年11月30日在太平洋寿险公司为自己投保了名为“祥和幸福保意外伤害保障计划”的个人人身保险。保险期间为一年或至本合同列明的终止性保险事故发生止，身故受益人及分配方式为法定，意外伤害身故、残疾的保险金额为32万元。2017年8月13日，高甲堂兄高乙向公安机关报警，派出所《接处警情况登记表》载明“经查：报警人的堂弟高甲

在经过田埂时不慎跌入下面的塘里溺水身亡”。因高甲家属对其系溺水死亡无异议，派出所未进行死因鉴定，并出具《高甲非正常死亡情况的说明》及《死亡证明》，《死亡证明》亦载明“因溺水死亡”。高甲家属按当地风俗对其进行土葬，太平洋寿险公司于2017年8月15日送达《尸检告知书》，主要内容为：“我司于2017年8月14日9时接到您关于高甲溺水死亡报案，并派专员对事故进行勘察核实，因被保险人溺水死亡原因不明……敬请您及相关受益人邀请法医或提请司法鉴定机构对其死亡原因进行死因鉴定，并及时将鉴定结果及相关理赔材料提交给我司。如未能对被保险人进行尸检而无法确定死亡原因致使我司无法确定保险责任的，我司将依法不承担本次事故的保险赔偿责任。”高小一、高小二在《尸检告知书》签收栏加注：“请保险公司通过其他途径确定此次溺水原因，不同意尸检，我方保留起诉或其他意见。”2018年1月9日，太平洋寿险公司作出《理赔决定通知书》，以“无意外死亡证明”为由拒绝赔付。为此，三原告向法院提起诉讼，要求太平洋寿险公司支付保险金320000元并自2017年12月24日起按月利率5‰的标准赔偿利息损失。太平洋寿险公司认为本案不属于保险事故，高甲未做尸检，其家属也坚决不同意做尸检，高甲死亡原因不明。村委会的土葬证明及派出所证明均是依据死者近亲属描述作出，可信度低。太平洋寿险公司已尽到保险责任和免责条款的提示、告知义务，原告应承担举证不能的法律后果。

【案件焦点】

高甲是否构成保险合同中的意外伤害死亡。

【法院裁判要旨】

安徽省岳西县人民法院经审理认为：太平洋寿险公司与高甲签订个人人身保险合同，系双方真实意思表示，合法有效。该保险合同约定“对被保险人的死因有争议，双方均有权提请司法鉴定机构对被保险人进行死因鉴定，另一方应当予以配合”。太平洋寿险公司对异议事项未按合同约定行使自行鉴定的权利。高甲家属不同意做尸检的意见，仅是对《尸检告知书》内容的回复，不能仅以此证明其拒不配合鉴定。公安机关依职权作出的《死亡证明》明确载明“因溺水死亡”，与《接处警情况登记表》、多人询问笔录、现场照片、村委会证明等形成相对完整的证据链，高甲系溺水意外死亡具有高度可能性，为优势证据，可以确认。高甲死亡是突然的、非本意的，符合一般人对于意外死亡的通常理解，应属于保险合同中意外伤害（外来的、突发的、非本意的、非疾病的客观事件直接致使身体遭受的伤害）的涵摄范畴。太平洋寿险公司认为不属于意外伤害，应承担相应的举证责任。综上，法院采信高甲系意外溺水死亡，三原告作为法定受益人，有权主张本保险合同项下的保险权益，故对三原告主张赔付保险金的请求予以支持。太平洋寿险公司仅以死因不明为由不履行支付保险金义务，不能成立。因保险合同对迟延支付保险金的损失有明确约定，故应自作出拒赔决定之日起支付利息。

安徽省岳西县人民法院依照《中华人民共和国保险法》第二十三条，《中华人民共和国继承法》第十条，《最高人民法院关于适用〈中华人民共和国保险法〉若干问题的解释（三）》第九条等规定，作出如下判决：

一、太平洋寿险公司于本判决生效后十日内支付汪某、高小一、高小二保险金320000 元，并自 2018 年 1 月 9 日起至清偿之日止，按中国人民银行公布的同时期的人民币活期存款基准利率支付利息；

二、驳回汪某、高小一、高小二的其他诉讼请求。

太平洋寿险公司不服一审判决，提起上诉。安徽省安庆市中级人民法院经审理同意一审法院裁判意见。

【法官后语】

在司法实践中，意外伤害保险合同纠纷审理的难点在于确定损害结果是否系保险合同中约定的意外伤害所致，尤其是以意外伤害死亡作为给付保险金条件的情况。未进行死因鉴定时，该如何进行认定？

2004 年 5 月 14 日，保监会下发《关于印发人身保险条款存在问题示例的通知》，对意外伤害的释义为“外来的、突发的、非本意的、非疾病的客观事件直接致使身体遭受的伤害”。保险合同同时也对一些排除性情形进行列举，并确定为免责情形。对于意外伤害的定义，采用的是概括规定加个别列举排除的规范模式，目前尚没有法律法规对这些要件的具体内涵和判断方法进行规定，而且鉴于社会生活的多样性，也无法做到穷尽列举。那么在办案时，该如何进行把握呢？据对意外伤害释义的文意理解可得出：非本意的、非疾病的，即排除了自杀、疾病所导致的死亡；外来的、突发的，指的应是非因自身潜在疾病所导致的、突然发生的、意料之外的。总的来说，在具体案件判断中，排除了疾病导致的死亡、自身潜在疾病引起的“猝死”、自杀等情形，排除了尽到提示和说明责任的免责情形，其他原因的应该都可认定为意外伤害死亡。那么，就具体个案而言，待证事实是已经发生的客观事件，对于过去的、在一定空间和时间已经发生的事实，只有通过证据加以证明后，才能成为法律事实。所以，案涉事件到底属不属于意外伤害，应当结合举证规则来进行认定。

根据一般通用的保险条款及保险合同规定，在进行保险理赔时，保险受益人或索赔人要举证证明被保险人受损害的事实以及其系意外伤害所致。由于社会生活的复杂性、多变性，在实践中往往较难证明是否系意外伤害所致，这也是诸多保险人拒赔的理由。保险法第二十二条第一款规定，保险事故发生后，按照保险合同请求保险人赔偿或者给付保险金时，投保人、被保险人或者受益人应当向保险人提供其所能提供的与确认保险事故的性质、原因、损失程度等有关的证明和资料。该条款将保险受益人或索赔人的举证范围限定为“其所能提供的”，而非苛责提供完备的，或在客观上不具备证明能力的相关资料。按该条文规定，同时结合《最高人民法院关于民事诉讼证据的若干规定》第七条规定的公平原则，保险受益人或索赔人在提供了其客观上具备的，完成了力所能及的初步证明义务后，举证责任即转移至保险人。其他案件若类似于本案，保险合同对举证责任分配进行了约定，“双方均有权提请司法鉴定机构对被保险人进行死因鉴定，另一方应当予以配合”，未加重合同一方负担，不违反法律强制性规定，则应对合同双方产生约束力。双方均应按法律规定和合同约定行使举证质证的权利，承担举证不能的法律后果。

就本案而言，被保险人高甲是否属于意外伤害死亡应当进行如下两个层面的分析。一是死亡系溺水所致还是由于其他原因？虽然高甲未进行死因鉴定，医学上死亡的原因并不确定，但保险受益人或索赔人提供的公安机关证明已明确载明“因溺水死亡”，该内容是公安机关依据职权进行调查、走访后作出的结论性意见，属于行政行为，应予以采信。若保险公司对此持有异议，则应提出足够推翻的相反证据。否则，抗辩不能成立。本案中，保险公司提出高甲未做尸检，死亡原因不明，派出所证明是依据死者近亲属描述作出，可信度低。但其既未按合同约定申请鉴定，明确高甲在医学上的死因，也未举出其他非因溺水的证据，故法院对抗辩意见不予采信。二是系主动投水还是失足落水，即是否属于自杀？《最高人民法院关于适用〈中华人民共和国保险法〉若干问题的解释（三）》第二十一条第一款规定："保险人以被保险人自杀为由拒绝承担给付保险金责任的，由保险人承担举证责任。"该法条明确规定自杀的举证责任倒置，即除保险人能够证明被保险人系主动投水（自杀）外，都应采信系失足落水，属于意外。本案中，保险公司并未对是否属于自杀进行举证，其应当承担举证不能的后果，故法院采信高甲系失足落水。综上，通过从证据角度的分析，法院采信高甲系失足落水后溺水死亡，属于保险合同约定的意外伤害死亡情形。

值得注意的是，保险合同纠纷背后往往涉及双方当事人的巨大利益，为了防范可能由此引发的法律风险、道德风险，审理意外伤害保险合同纠纷案件应尽可能进行去道德化判断，注重运用死因鉴定、医学病历、公安机关证明等专业性、职权性证据，依据法律规定及合同约定的举证责任进行合理认定，充分发挥保险规避风险的功能，促进整个保险行业的健康发展。

编写人：安徽省岳西县人民法院　储彬　程雨

46

意外伤害保险合同中忽视因果关系的时间限制条款无效

——凌某、小凌诉和谐健康保险股份有限公司泰州中心支公司意外伤害保险合同案

【案件基本信息】

1. 调解书字号

江苏省泰州市中级人民法院（2017）苏 12 民终 835 号民事调解书

2. 案由：意外伤害保险合同纠纷

3. 当事人

原告（被上诉人）：凌某、小凌

被告（上诉人）：和谐健康保险股份有限公司泰州中心支公司（以下简称和谐保险公司）

【基本案情】

凌某、钱某系夫妻关系，小凌系凌某、钱某之子。钱某系泰州市洁润物业有限公司员工。2014年12月11日，泰州市洁润物业有限公司为其员工向和谐保险公司投保团体意外伤害保险，保险期限为2014年12月11日0时起至2015年12月10日24时止。保险条款载明：1. 意外身故保险金。被保险人因遭受意外伤害事故，并自事故发生之日起180日内因该事故身故的，保险人按其基本保险金额给付意外身故保险金，对该被保险人的保险责任终止；2. 意外伤害医疗保险金。被保险人每次因遭受意外伤害，并自事故发生之日起180日内因该事故在定点医院进行治疗的，保险人就其实际支出的符合当地社会医疗保险规定的合理医疗费用，在扣除免赔额后，按照赔付比例给付意外伤害医疗保险金。

2015年1月27日，钱某在上班途中发生交通事故，致使颅脑严重损害，先后在泰州市人民医院等医院接受治疗，共花去医疗费43865.54元。2016年2月23日，钱某经救治无效死亡。2016年2月24日，尸体检验报告载明钱某死亡原因符合交通事故后颅脑损伤死亡。

凌某、小凌起诉要求和谐保险公司给付保险金110050元。和谐保险公司认为根据保险责任约定，被保险人因遭受意外伤害事故，并自事故发生之日起180日内因该事故身故的，按其基本保险金额给付意外身故保险金，而钱某自事故发生之日起至死亡已超出1年，不属于保险合同约定的保险责任范围，请求驳回凌某、小凌的诉讼请求。

【案件焦点】

1. 钱某发生的交通事故是否属于保险责任范围；2. 和谐保险公司应否支付身故保险金。

【法院裁判要旨】

江苏省泰州市姜堰区人民法院经审理认为：涉案保险条款中意外身故保险责任范围表述为“被保险人因遭受意外伤害事故，并自事故发生之日起180日内因该事故身故”。该意外身故保险责任范围存在两层限制：一是因遭受意外伤害事故身故；二是自事故发生之日起180日内身故。从意思自治和契约自由的合同基本原则看，只有同时符合遭受意外事故身故和自事故发生之日起180日内身故才属于意外身故保险责任范围，保险人才会支付身故保险金。但保险法律关系除了受一般法意义上的合同法规制，更应受作为特别法的保险法的规制。保险合同并非普通合同，而是由保险人单方面制定的一种格式合同，时间限制条款并非投保人与保险人协商一致的结果，和谐保险公司提供的格式条款规定自事故发生之日起180日内身故才能获得赔偿，这是投保人无法更改的，该时间限制条款的规定也免除了和谐保险公司作为保险人依法应承担的赔付义务。根据保险法第十九条规定，采用保险人提供的格式条款订立的保险合同中包含免除保险人依法应承担的义务的条款无效，加之该时间限制条款既违背了意外伤害保险目的、保险法的合理期待原则，也违反公序良俗原则，故该时间限制条款应认定为无效条款。被保险人钱某虽在180天之后死亡，但其死亡原因符合交通事故后颅脑损伤死亡，符合因遭受意外伤害事故身故的情形，故认定钱某发生的交通事故属于保险责任范围，和谐保险公司应支付意外身故保险金。

综上，江苏省泰州市姜堰区人民法院依据《中华人民共和国保险法》第十四条之规定，判决：

和谐保险公司于判决生效后十日内向凌某、小凌支付保险金110050元。

和谐保险公司不服原审判决，提起上诉。后经法院主持调解，双方自愿达成调解协议：

和谐保险公司一次性给付凌某、小凌赔偿金70000元，双方以此结清。

【法官后语】

现实生活中，有些被保险人遭受意外事故，经过一段时间治疗后死亡，超过意外保险合同中约定的赔付时间，保险人以此拒绝赔偿。对于此类案件的处理，关键是如何认定意外伤害保险合同中时间限制条款的效力。本案从因果关系、合同意图、利益平衡三方面来分析论证，从而认定忽视因果关系的时间限制条款无效。

一、时间限制条款忽略了因果关系认定

基于意外伤害保险合同的约定，保险公司承担保险责任必须满足两个条件：一是必须有客观的意外事件发生，且事件原因是外来的、突发的、非本意的、非疾病的；二是危害后果应是客观的意外事件导致，二者之间存在符合客观规律的因果关系。具体到本案，被保险人钱某系死于交通事故后颅脑损伤，且发生在保险期限内，可以认定钱某的死亡与意外事件之间存在因果关系。而和谐保险公司却以其死亡时间超出合同中所规定的180日拒绝赔付，明显是以设置时间限制，掩盖和忽视因果关系的考察，不仅违反保险人承担保险责任的构成要件，也以格式条款的方式免除了保险人的赔付责任。

二、时间限制条款违背了保险合同意图

被保险人钱某从发生交通事故至死亡，时间确实超过了时间限制条款中的180日，从文义上来看，保险人不应当赔付保险金。但所涉时间限制条款并非双方真实意思表示，双方对其是否合法有效产生分歧。这种情况下，应使用其他法律解释方法来认定时间限制条款的效力。通过目的解释方法，我们分析出时间限制条款违背了意外伤害保险的目的。意外伤害保险的目的在于防范和分散风险，而具体的伤害和死亡时间并不重要，保险人不应从他人挽救生命和延长生存时间的努力中获利；通过社会学解释方法，我们分析出如果法院因钱某死亡时间超过180日而作出保险人不予支付保险金的判决，那么该判决会产生指引作用，可能导致以后在意外事故发生后，其亲属为获取保险金而使被保险人得不到及时救治、看护，甚至发生伤害行为，可能引发道德危机。

三、时间限制条款导致当事人利益失衡

保险合同拥有与生俱来的不对等性特质，极易导致利益在被保险人与保险人之间失衡。本案投保人为钱某购买意外伤害保险的目的就是在其发生意外伤害后能够获得保险赔偿，而钱某的死亡原因是交通事故这个意外事件。按照普通民众的通常理解，被保险人钱某在保险期限内遭受意外伤害导致死亡，作为保险人就应当支付身故保险金，但是保险人却用时间限制条款损害了被保险人的利益。为此对双方利益进行综合考量，跨越时间限制条款的约定，直接作出和谐保险公司支付保险金的判决。该判决符合社会一般价值评判标准，既实现了利益在当事人间的合理分配，也保护了订立合同时可以预期的利益。

编写人：江苏省泰州市姜堰区人民法院　孙素华

（二）重大疾病保险

47

保险人对投保人未如实告知事项是否属于“重要事实”负有举证义务

——朱某某诉中国某某保险股份有限公司北京市分公司人身保险合同案

【案件基本信息】

1. 裁判书字号

北京市第四中级人民法院（2018）京 04 民终 162 号民事判决书

2. 案由：人身保险合同纠纷

3. 当事人

原告（被上诉人）：朱某某

被告（上诉人）：中国某某保险股份有限公司北京市分公司（以下简称保险公司）

【基本案情】

2017 年 3 月 20 日，朱某某作为投保人在保险公司处以自己为被保险人投保了重大疾病保险。投保时，保险公司对朱某某进行了病史询问，其中包括：是否曾患有或接受治疗过下列疾病：肿瘤（包括恶性肿瘤及尚未确诊为良性或恶性之息肉、肿瘤、囊肿、结节、赘生物）。朱某某选择了“否”，并在电子投保确认单上签字。保险公司签订了保险单。2017 年 12 月 11 日至 12 月 19 日，朱某某在天坛医院住院治疗，诊断为甲状腺乳头状癌（峡部）。

朱某某提交了其和丈夫与保险公司业务员石某的微信聊天记录：2017年12月27日，石某向朱某某告知理赔所需资料；2018年1月10日，朱某某和石某说“住院的那些都是医院的章，门诊那些结果是复印件。我先提供吧，到时候不行你再告诉我”；2018年3月13日，朱某某向石某微信送达了2015年至2017年的健康体检报告。另外，关于朱某某向保险公司提出索赔的时间，朱某某称是2018年1月10日左右，而保险公司出示了《理赔申请书》，落款时间为2018年3月14日，申请人签名处写有朱某某的名字，所以保险公司认为朱某某提出索赔的时间是2018年3月14日，朱某某不认可《理赔申请书》的签名系朱某某亲笔所签。法庭当庭通过电话与石某进行了核实，石某表示，朱某某是在年后通过微信聊天和打电话提出索赔申请，具体哪天记不清楚了，但是索赔可以通过口头方式提出。对于那份《理赔申请书》，朱某某确实没有去过公司服务大厅签署，是其帮客户代签字的，这些是可以由业务员代办的。

朱某某于2016年9月22日进行的健康体检的报告上显示：甲状腺可见边界尚清晰的多发结节。保险公司认为朱某某未如实告知上述情况，足以影响其是否承保或者增加保费的决定，故提交了瑞士再保险的《甲状腺肿瘤重大疾病评点》，其中风险分类分为单发甲状腺结节、腺瘤、乳头状癌/镜下癌、滤泡状癌、未分化癌、髓样癌、霍斯勒氏细胞癌，并无本案所涉的多发甲状腺结节。3月30日，保险公司出具了《解除保险合同通知书》《拒绝给付保险金通知书》。朱某某请求法院判令保险公司给付其保险金20万元。保险公司基于朱某某未履行如实告知义务，拒绝赔付。

【案件焦点】

1. 保险公司的询问是否明确、具体；2. 投保人是否履行了如实告知义务；3. 保险公司解除保险合同并不予赔付的行为是否合法有效。

【法院裁判要旨】

原北京铁路运输法院①经审理认为：保险公司对朱某某进行了病史询问，其中

① 根据2018年8月9日最高人民法院印发的《关于增设北京互联网法院、广州互联网法院的方案》的通知，北京市设立北京互联网法院，撤销北京铁路运输法院。

包括“是否曾患有或接受治疗过下列疾病：肿瘤（包括恶性肿瘤及尚未确诊为良性或恶性之息肉、肿瘤、囊肿、结节、赘生物”，该询问内容具体，指向性明确，不存在概括性询问。朱某某在保险公司的健康告知询问下选择了“否”并签字。但是，朱某某在2016年的体检报告中显示其患有甲状腺可见边界尚清晰的多发结节，法院认为在保险公司询问下，朱某某并未向保险公司如实告知该事项。

投保人故意或者因重大过失未履行前款规定的如实告知义务，足以影响保险人决定是否同意承保或者提高保险费率的，保险人有权解除合同。对此法院认为，首先，保险人对于投保人未履行如实告知义务，是否足以影响保险人决定是否同意承保或者提高保险费率，负有举证证明的责任。本案中，朱某某未如实告知的事项是2016年体检时患有甲状腺多发结节，但是保险公司并未举证证明患有甲状腺多发结节是否影响保险人决定同意承保或者提高保险费率。其次，保险人收到被保险人或者受益人的赔偿或者给付保险金的请求后，应当及时作出核定；情形复杂的，应当在三十日内作出核定，但合同另有约定的除外。朱某某通过微信的方式在2018年1月10日左右就向业务员石某提出了理赔申请，石某作为保险公司的保险代理人员，保险代理人根据保险人的授权代为办理保险业务的行为，由保险人承担责任。但是，保险公司于2018年3月13日才要求朱某某补充体检材料，明显超过法律规定的核保期限。因此，保险公司解除保险合同的行为没有事实和法律依据，应当赔偿朱某某重大疾病保险金200000元，扣除已经退还的保险费5320元，保险公司还需要赔偿朱某某保险金194680元。

原北京铁路运输法院依照《中华人民共和国保险法》第二条、第十六条第一款、第二款、第三款、第二十三条第一款、第一百二十七条之规定，作出如下判决：

一、保险公司于本判决生效之日起十日内赔偿朱某某保险金194680元；

二、驳回朱某某的其他诉讼请求。

保险公司不服一审判决，提起上诉。北京市第四中级人民法院经审理认为：当事人对自己提出的主张应当及时提供证据。当事人对自己提出的诉讼请求所依据的事实或者反驳对方诉讼请求所依据的事实有责任提供证据加以证明。没有证据或者证据不足以证明当事人的事实主张的，由负有举证责任的当事人承担不利后果。在朱某某的体检报告中，朱某某患有甲状腺多发结节；专家建议与指导内容为：甲状腺结节是临床常见的病症，恶性病变虽不常见，但术前难以鉴别。若甲状腺结节为孤立结节、突然迅速无痛地增大或有甲状腺肿瘤家族史者，建议及时去医院专科进一步检查，以明确诊断。保险公司主张，朱某某未告知其患有甲状腺多发结节，该病史与其所患有的重大疾病具有关联性，同时该情形影响其决定是否同意承保或者提高保险费率，但保险公司就两者之间的因果关系并未用充分证据予以证明。此外，石某作为保险公司的保险代理人员，其有权代理保险人代为办理保险业务，朱某某于2018年1月10日左右已经提出理赔申请，一审判决认定保险公司由此时开始承担核保义务并无不当。

北京市第四中级人民法院依照《中华人民共和国民事诉讼法》第一百七十条第一款第一项之规定，判决如下：

驳回上诉，维持原判。

【法官后语】

保险合同是最大诚信合同，由于个人身体健康状况的私密性造成投保人和保险人信息不对称。投保时，该信息优势属于投保人，而理赔时，该优势转移至保险人，如何实现两者间的平衡？我国保险法第十六条很好地诠释了这一点，既规定了投保人的如实告知义务，同时又限定了如实告知的范围——应当是投保人或者被保险人知道的有关保险标的的危险情况的重要事实，并以保险人在投保单中询问的事项为限。并且应将未如实告知事项是否足以影响保险人决定是否同意承保或者提高保险费率的举证责任赋予保险人。

一般来说，各国的保险立法均要求投保人如实告知的事项必须为“重要事实”。何为“重要事实”？英国学者克拉克教授将“重要事实”定义为：该情况如果为保险人知晓，他将拒绝订立保险合同或者是以不同的费率订立保险合同。我国保险法第十六条规定，订立保险合同，保险人就保险标的或者被保险人的有关情况提出询问的，投保人应当如实告知。投保人故意或者因重大过失未履行前款规定的如实告知义务，足以影响保险人决定是否同意承保或者提高保险费率的，保险人有权解除合同。上述法律规定了违反如实告知义务的法律后果是解除合同，但是在二者之间还存在一个桥梁，那就是投保人未如实告知的事项足以影响保险人决定是否同意承保或者提高保险费率。从我国上述法律规定可以看出，“重要事实”的认定标准有两个标准：一是足以影响保险人决定是否同意承保，二是足以影响保险人决定是否提高保险费率，并且无论投保人是故意还是重大过失未履行如实告知义务，均以“重要事实”为限。

“重要事实”的举证责任应由保险人来承担。《浙江省高级人民法院关于审理财产保险合同纠纷案件若干问题的指导意见》第六条规定：“保险法第十六条规定的投保人应当如实告知事实应为保险标的的重要事实，主要指足以影响保险人决定是否同意承保或者提高保险费率等事实情况。保险人应对此负举证责任。”《广东省高级人民法院关于审理保险合同纠纷案件若干问题的指导意见》第六条规定：“保险法第十六条第二款规定的投保人违反如实告知义务而未告知保险人的事实，应当是足以影响保险人决定是否同意承保或者提高保险费率的重要事实，保险人对此应负举证责任……”以本文中出现的情况为例，目前甲状腺结节已成为我国常见病症，而其中多发甲状腺结节占据绝大多数。如果保险人不能举证证明多发甲状腺结节是影响其决定是否同意承保或者提高保险费率，只是以投保人隐瞒了曾经患有甲状腺结节而作为拒赔的理由，那么投保人将处于绝对的不利地位。因为在理赔环节，本身投保人就处于信息弱势一方，所以应当严格审查保险人是否具备解除合同的客观条件。若保险人举证不能，即使投保人故意隐瞒，保险人也不得解除合同，仍应履行赔偿保险金的责任。

编写人：北京互联网法院　张博

48

人身保险合同中被保险人初次确诊癌症时间的认定

——钟某诉中国人寿保险股份有限公司广州市分公司保险合同案

【案件基本信息】

1. 裁判书字号

广东省广州市中级人民法院（2018）粤01民终11900号民事判决书

2. 案由：保险纠纷

3. 当事人

原告（被上诉人）：钟某

被告（上诉人）：中国人寿保险股份有限公司广州市分公司（以下简称人保广州分公司）

【基本案情】

2016年8月9日，钟某的丈夫作为投保人，钟某作为被保险人与保险人人保广州分公司订立了两份“国寿防癌疾病保险”及“国寿附加防癌两全保险”。保单载明保险金额均为10万元，交费日期为每年8月9日，保险合同生效日为2016年8月9日。《国寿防癌疾病保险利益条款》约定：一、癌症确诊保险金：被保险人于该合同生效（或最后复效）之日起一年内，因首次发生并经确诊的疾病导致被保险人初次发生并经专科医生明确诊断患该合同所指的癌症，该合同终止，人保广州分公司按照该合同所交保险费（不计利息）给付癌症确诊保险金；被保险人于该合同生效（或最后复效）之日起一年后，因首次发生并经确诊的疾病导致被保险人初次发生并经专科医生明确诊断患该合同所指的癌症，人保广州分公司按照该合同基本保险金额的100%给付癌症确诊保险金，该合同继续有效，该项责任的给付以一次为限……第十二条“释义”中明确提道“癌症：经病理学检查结果明确诊断，临床诊断属于世界卫生组织《疾病和有关健康问题的国际统计分类》的恶性肿瘤范畴等”。合同签订后，钟某按时缴纳了首期保险费。

2017年8月4日，钟某因头部疼痛到广东三九脑科医院就诊并住院。经检查，该院于2017年8月6日出具MRI诊断报告单，诊断意见显示钟某患有脑膜右侧颞叶肿瘤，右侧颞叶占位性病变，考虑肿瘤性病变、胶质母细胞瘤可能。2017年8月15日，钟某进行了肿瘤切除手术。2017年8月16日，该院病理诊断为具有原始神经分化的胶质母细胞瘤。2017年8月25日钟某出院，该院作出如下出院诊断：脑恶性肿瘤，神经胶质瘤。2017年9月25日，钟某向人保广州分公司提出重大疾病理赔申请，人保广州分公司作出《理赔核定通知书》，认为根据约定，两份保险合同效力已终止，退还了钟某保险费2200元。钟某遂向法院起诉，要求人保广州分公司支付保险金117800元，双方继续履行两份保险合同，钟某豁免保费。

【案件焦点】

1. 钟某患有癌症确诊时间的认定；2. 钟某能否豁免第二年的保费。

【法院裁判要旨】

广东省广州市越秀区人民法院经审理认为：人保广州分公司向钟某签发保险单，钟某与人保广州分公司之间的保险合同法律关系成立，合同双方当事人应按保险条款的约定履行保险合同义务。双方的争议焦点在于钟某患有脑部恶性肿瘤的确诊时间。据广东三九脑科医院出具的病历可知，钟某入院后医院于 2017 年 8 月 6 日诊断钟某脑部右侧颞叶占位性病变存在胶质母细胞瘤可能，即在该时间点对钟某的脑部肿瘤的性质仅能作出一种推断，未能得出明确诊断意见；而在 2017 年 8 月 16 日术后作出的病理报告单中，通过对细胞瘤切除后的病理分析，则确认钟某患有脑部恶性肿瘤，该日距合同生效之日已满一年，人保广州分公司应按约定豁免钟某癌症确诊日后的保费，并向钟某赔付保险金。

综上所述，广东省广州市越秀区人民法院依照《中华人民共和国合同法》第六十条、第一百零七条，《中华人民共和国保险法》第十三条之规定，判决如下：

一、自本判决发生法律效力之日起十日内，人保广州分公司向钟某支付保险费 117800 元；

二、钟某与人保广州分公司继续履行保险合同。

宣判后，人保广州分公司不服原审判决，向广州市中级人民法院提起上诉。二审法院同意一审法院裁判意见，认为钟某于 2017 年 8 月 6 日入院时作出的诊断仅为初步诊断结果，并非确诊结果。案涉保险条款关于癌症的释义“经病理学检查结果明确诊断，临床诊断属于世界卫生组织《疾病和有关健康问题的国际统计分类》的恶性肿瘤范畴”表明人保广州分公司承保的癌症责任范围亦要求患者经病理学检查结果作为确诊的条件。因此，广东省广州市中级人民法院依照《中华人民共和国民事诉讼法》第一百七十条第一款第一项的规定，判决：

驳回上诉，维持原判。

【法官后语】

本案的处理重点在于钟某患有癌症确诊时间的认定。根据《中华人民共和国保险法》第三十条的规定，采用保险人提供的格式条款订立的保险合同，保险人与投保人、被保险人或者受益人对合同条款有争议的，应当按照通常理解予以解释。对合同条款有两种以上解释的，人民法院或者仲裁机构应当作出有利于被保险人和受益人的解释。

双方当事人对涉案保险条款中约定的“因首次发生并经确诊的疾病导致被保险人初次发生并经专科医生明确诊断患该合同所指的癌症”所指向的“确诊时间”发生争议。对该条款存在两种解释：第一种解释是被保险人在保险期内因首患某种病症就医，医院对被保险人首次就诊的病症作出了初步诊断，后经多项相关检查后明确病因，确定为恶性肿瘤的，由于检查结果与就诊存在关联性，初步诊断时间即应认定为确诊时间，即为赔付保险金的时间节点依据。保险人有权以初诊时间发生于等待期内即合同生效之日起一年内终止合同、拒赔保险金并退还已交保险费；第二种解释是确诊时间应以病理报告出具日来确定，因为在医学专业领域中，病理报告是对肿瘤性质进行病理分析的结果。临床诊断、影像诊断、血、尿、便常规和生化检查均不能单独作为癌症确诊的依据。只有通过病理学诊断再结合临床检查等证据才能作出恶性肿瘤的确诊。从合同中癌症的定义上看，癌症属于经病理学检查结果明确诊断，临床诊断属于世界卫生组织《疾病和有关健康问题的国际统计分类》的恶性肿瘤范畴等。所以癌症确诊时间应以病理报告出具之日确定，不能因病理报告与首次就诊的检查报告存在关联性而进行倒推，确诊时间应认定在合同生效之日起的一年后，保险公司应依约赔偿癌症确诊保险金和癌症康复保险金。本案的保险条款为格式条款，因此根据法律规定以及合同约定，确诊时间应作上述第二种解释，该解释更符合防癌疾病保险的订立目的及价值目标，对在等待期内患病但在等待期满后确诊癌症的被保险人给予经济上的救济。钟某主张其在保险合同生效之日起一年后确诊为脑部恶性肿瘤申请理赔保险金、继续履行保险合同的诉求于法有据，法院予以支持。人保广州分公司以钟某在一年等待期内患有癌症为由拒绝履行赔付责任，显然是对癌症确诊时间的概念混淆，以此达到规避保险责任的目的，无事实依据及法律依据，应不予支持。

涉案保险条款存在两种文义解释，法官行使自由裁量权适用不同的解释方法会导致截然不同的处断结论。格式保险条款的使用限制了投保人订立保险合同的意思表示的自由，同时也妨碍投保人及被保险人对保险合同的内容之理解。处理保险格式条款的理解存在争议的案件时，应对所争议条款的文义解释作严谨限制，存在歧义时不宜适用扩大解释。根据保险法第三十条的规定，通常应适用不利解释原则，这样将有助于改善投保人订立保险合同时的被动状态，以增强被保险人或者受益人利益的保护，有效地满足保险“转移和分摊风险”与“消化和补偿损失”的绝大多数社会需求。

编写人：广东省广州市越秀区人民法院　郭雪　张嘉玲

49

人身保险中申请理赔的诉讼时效认定

——于某诉太平养老保险股份有限公司深圳分公司人身保险合同案

【案件基本信息】

1. 裁判书字号

江苏省无锡市梁溪区人民法院（2018）苏0213民初2777号民事判决书

2. 案由：人身保险合同纠纷

3. 当事人

原告：于某

被告：太平养老保险股份有限公司深圳分公司（以下简称保险公司）

【基本案情】

于某系纽迪希亚公司员工。2010年12月31日，纽迪希亚公司与保险公司签订保险合同，约定为其公司992名员工及家属投保“绿洲住院”“绿洲门诊”“团体重疾2007”等险种，保险期限自2011年1月1日至2011年12月31日，其中“团体重疾2007”险的保险金额为20万元，被保险人为纽迪希亚公司的员工（于某为被保险人之一）。纽迪希亚公司在《团体人身保险投保单》中“投保人声明”处载明：“该投保单项下的所有被保险人均已知悉投保的保险相关事宜。”纽迪希亚公司作为投保单位在落款处加盖公章。

2011年4月11日，于某至无锡市人民医院（以下简称人民医院）就诊，人民医院于同月15日出具《病理检查报告》，病理诊断结果为右侧甲状腺微小乳头状癌。后于某于同月18日出院，出院记录中诊断记载为：“1. 右甲状腺微小乳头状癌；2. 慢性淋巴细胞性甲状腺炎。”

因治疗产生医疗费，于某分别于同年5月13日、5月23日、6月20日、8月18日、11月29日填写团险理赔申请书并提交出院记录、CT检查报告单、电子鼻咽喉镜报告单、彩色超声检查报告单、病历及医药费收据等材料，向保险公司申请理赔住院及门诊费用，理赔金额合计为5794.57元。

自2011年患甲状腺微小乳头状癌至今，于某均定期复诊，并遵医嘱服用药物。

于某诉称，其于2017年11月听公司其他同事提及才得知，除住院和门诊保险外，公司还为其投保了团体重疾险，故于某于2017年12月22日通过纽迪希亚公司向保险公司递交理赔申请材料，申请理赔团体重疾险保险金20万元。保险公司于2018年1月16日出具个人理赔结案通知书，认为于某在2011年就已确诊，但直到2017年年底才提出理赔申请，以已经超过两年索赔时效为由，拒绝给付保险金。于某遂诉至法院，请求判令保险公司给付保险金20万元及逾期付款利息。

诉讼中，法院向纽迪希亚公司调查，其公司在投保后有无将投保保险的相关事宜告知于某，但纽迪希亚公司拒绝向法院说明。

【案件焦点】

于某主张理赔人身保险金是否已超过诉讼时效。

【法院裁判要旨】

江苏省无锡市梁溪区人民法院经审理认为：《中华人民共和国保险法》第二十六条第一款规定，人寿保险以外的其他保险的被保险人或者受益人，向保险人请求赔偿或者给付保险金的诉讼时效期间为二年，自其知道或者应当知道保险事故发生之日起计算。本案被保险人主张理赔人身保险金未超过诉讼时效，理由：1. 基于保险最大诚信原则，于某在2011年向保险公司理赔医疗费时，提交的理赔材料出院记录中已载明其患右侧甲状腺微小乳头状癌，保险公司明知纽迪希亚公司为其投保了团体重疾险，在知晓其患癌事实可能符合团体重疾险的理赔条件时，却未向于某提示或告知，保险公司的行为有违诚实信用原则。2. 于某于2011年4月经人民医院确诊患右侧甲状腺微小乳头状癌，如其明知纽迪希亚公司为其投保了团体重疾险而不向保险公司申请理赔该重疾险项下的20万元保险金，而仅申请理赔5794.57

元的住院及门诊费用，与常理不符，故其不知纽迪希亚公司为其投保团体重疾险存在高度盖然性。3. 关于诉讼时效的适用宜采取从宽的原则，纽迪希亚公司虽在投保书中声明投保单项下的所有被保险人均已知悉投保的保险相关事宜，但不足以证明于某已知晓，且于某对此予以否认，现无证据证明于某 2011 年就已知晓。4. 于某于 2011 年被确诊，但出院至今一直在服药，疾病处于持续状态，至 2017 年知晓所投保的险种时方才知晓构成“保险事故”，两年诉讼时效应当自此时开始计算。综上，于某的理赔请求未超过诉讼时效，其所患疾病属于团体重疾险的保险责任范围，保险公司应当给付保险金。

江苏省无锡市梁溪区人民法院依照《中华人民共和国保险法》第十四条、第二十三条、第二十六条第一款之规定，作出如下判决：

保险公司应于本判决发生法律效力之日起十日内给付于某保险金 20 万元及逾期付款利息。

判决后，双方均未上诉，该判决已经生效。

【法官后语】

一、本案案情具有典型性。企业为其员工投保团体保险的形式较为常见，但其是否将所投保的险种和理赔条件明确向员工进行公示告知却不尽然。当员工未及时向保险公司理赔，而企业是否向员工告知投保事宜难以查清时，诉讼时效的起算时间点该如何认定、认定时应秉持怎样的原则、最终理赔的诉求能否得到支持，都是具有典型现实意义的法律适用难题。

二、判决结果具有示范性。第一，本案判决回答了上面的问题，树立了价值取向，即保险的目的在于弥补损失、规避风险，诉讼时效应从宽把握，从合理性角度按常理分析。第二，保险法特点之一在于最大诚信原则，投保人、被保险人应向保险公司尽到最大诚信的告知义务，那么，根据权利义务对等的原则，保险公司在理赔时也应向被保险人尽到最大诚信义务。本案的保险公司在明知被保险人患有属于理赔范围的疾病时却视而不见，并未进行提醒告知，违反诚实信用原则。况且在保险法领域还有更高的最大诚信原则，这一原则应平等地适用于投保人、被保险人和保险人，适用于投保人的投保环节和保险人的理赔环节。

三、裁判方法体现技巧性。一是在公司是否实际上向员工告知投保的事宜无法查清时，要善于依照民事案件的高度盖然性标准来判断。原告已经申请理赔过医疗费，表明其并没有放弃向保险公司主张赔偿的权利，从常理上分析，原告应对投保重疾险的事实不知晓，否则肯定会积极主张，因此，原告对投保险种不知晓的可能性更大，更合乎事实和情理。二是本案裁决对保险法第二十六条中的“自知道或者应当知道保险事故”进行了有技巧性的法律解释。《中华人民共和国保险法》第二十六条第一款规定，人寿保险以外的其他保险的被保险人或者受益人，向保险人请求赔偿或者给付保险金的诉讼时效期间为二年，自其知道或者应当知道保险事故发生之日起计算。原告仅知晓其患病的客观事实，但不知道属于“保险事故”，所以时效应从知晓其疾病构成“保险事故”时起算，且原告患有疾病的事实处于持续状态，故认定理赔时未超过时效期间更具说服力。本案中所运用的裁判认定标准和裁判技巧具有较强的示范性和类案可参照性。

编写人：江苏省无锡市梁溪区人民法院　姜海

50

网络投保中明确说明义务与如实告知义务的认定

——张某诉中国太平洋保险股份有限公司湖北分公司人身保险合同案

【案件基本信息】

1. 裁判书字号

湖北省宜昌市中级人民法院（2018）鄂05民终3278号民事判决书

2. 案由：人身保险合同纠纷

3. 当事人

原告（被上诉人）：张某

被告（上诉人）：中国太平洋财产保险股份有限公司湖北分公司（以下简称太平洋财保湖北分公司）

【基本案情】

2017年6月28日，原告通过微信扫被告二维码的方式，对被告推出的一款中高端住院医疗保险“太健康·百万全家桶”产品进行了阅读。其中健康告知第五项为“被保险人最近6个月是否有以下症状：反复头晕头痛”，原告点击确认无以上问题后，对下一页面内容继续进行阅读。原告在完善投保人、被保险人相关信息并勾选黑体字“我已阅读保险条款及所附除外责任条款并同意所述内容”、支付保费后，被告给原告出具了中高端住院医疗保险单，签单日期为2017年6月28日。

2017年8月28日，原告“因间断性头昏眼花10天”到宜昌市第一人民医院住院治疗5天，入院诊断为系统性血管炎，出院医嘱建议转上级医院继续治疗，完善CAT等相关辅助检查，等炎症控制后可行手术治疗。同年9月7日，原告前往华中科技大学同济医学院附属协和医院住院至同年9月15日出院，出院主要诊断为：多发性大动脉炎、颈动脉不全闭塞、左锁骨下动脉不全闭塞等，医嘱出院后定期风湿免疫科复诊。同年10月8日至10月13日，原告再次到该院住院治疗，诊断结论及医嘱同前次。2018年1月23日至同年1月31日，原告就前述病症在宜昌市中心人民医院住院治疗。入院自述其于2年前无明显诱因出现反复头昏，活动后加重，未予诊治；2017年8月开始出现间断性眼花，严重时出现双视力减退、视野缺失。2018年2月27日至同年3月1日再次到该院住院治疗，治疗、诊断同前。原告先后支付医疗费用52137.4元（含原告持医院处方在门诊自费购买人免疫球蛋白PH4针费用29120元）。

原告就上述发生的住院医疗费用，要求被告按人身保险合同的约定扣除10000元的免赔额后，支付保险金42137.4元，被告以原告投保时未如实履行告知义务，属带病投保为由，拒绝赔偿，遂起纷争。

【案件焦点】

1. 被告以网页形式询问被保险人“最近6个月是否有反复头晕头痛症状”，该提示和明确说明义务是否符合法律规定；2. 原告就诊时自述“2年前无明显诱因出现反复头昏”是否可以证明故意不履行如实告知义务；3. 被告是否在法定期限内行使合同解除权。

【法院裁判要旨】

湖北省宜昌市夷陵区人民法院经审理认为：《中华人民共和国保险法》第十六条第一款规定，订立保险合同，保险人就保险标的或者被保险人的有关情况提出询问的，投保人应当如实告知。投保人如实告知义务限于保险人询问的范围和内容。本案中，被告以网页为载体，用蓝色粗体字“健康告知”方式向原告询问被保险人最近 6 个月是否有反复头晕头痛症状，询问方式足以引起原告的注意；询问内容清晰、具体，不属于概括性询问。常人均能对询问内容作出是或否的告知。本案中，原告作出是或否的回答影响被告作出是否同意承保的决定。原告点击“确认无以上问题”后，继续进行阅读，并完成涉案保险合同的投保，法院认定原告对蓝色粗体字“健康告知”的相关内容进行了阅读，并作出了回答。而且，涉案保险合同第十一条责任免除共十八项情形，其中第十三项是“被保险人在投保前罹患的、投保时尚未治愈的疾病，被保险人在投保时未如实告知的疾病以及在本合同签发前 24 个月内已经存在的疾病或症状”，被告均采用黑体字进行了提示和明确说明，法院认为被告履行了保险法第十七条第二款规定的提示义务。

所谓症状，是人机体内一系列机能、代谢和形态结构异常变化所引起的人主观上的异常感觉或者某些客观病态改变，有的只有主观才能感觉到，如疼痛、眩晕；有些是需要通过客观检查才能发现的，不能一概而论。就本案争议而言，被告作出的上述询问只需要原告如实回答主观感受，并不需要通过客观检查确定。原告在投保时作出否认的回答，是被告同意承保的前提。2018 年 1 月 23 日，原告在宜昌市中心人民医院住院入院时自述“头昏 2 年余，加重伴眼花”“于 2 年前无明显诱因出现反复头昏不适，活动后加重”，这是原告通过主观感受向医生所描述的症状。依常理，患者为治愈疾病会尽力真实陈述其主观不适，以便医生根据患者对症状的准确描述，辅之相关检查，确诊病因，对症治疗。据此，法院认为，原告 2018 年 1 月 23 日入院时的陈述是客观的、真实的。“被保险人最近 6 个月是否有反复头晕头痛症状”的情况，系与涉案保险标的或者被保险人有关的情况，属于保险法第十六条第一款规定的投保人“应当如实告知”的内容。原告在投保时对其“最近 6 个月是否有反复头晕头痛症状”作否定性回答，明显与真实状况不符，属于保险法第十六条第四款“投保人故意不履行如实告知义务的”情形，该情形足以影响被告决定是否同意承保。原告提供的华中科技大学同济医学院附属协和医院关于原告经诊断患多发性大动脉炎并患颈动脉不全闭塞，既往无类似病史的证明，只能证明原告在此之前未经确诊有类似疾病，与其最近6个月是否有反复头晕头痛症状无因果关系。

原告投保时对其“于2年前无明显诱因出现反复头昏不适，活动后加重”的事实未如实履行告知义务，且该告知内容足以影响被告决定是否同意承保，被告有权解除涉案保险合同。根据在案事实，原告申请理赔时提交了相关住院资料，显示其在投保之前就有“最近6个月有反复头昏症状”，被告就应当知道解除事由；退言之，2018年8月29日公开开庭审理后，被告也应当知道解除事由，但是被告在答辩时和委托诉讼代理人的书面代理意见中均未明确行使合同解除权。被告于2018年10月8日才书面通知原告解除合同，已超过“自保险人知道解除事由之日起超过三十日不行使而消灭”的期限，其解除权已消灭。本案所涉保险合同未被解除的情况下，对原、被告双方仍具有约束力。被告应当按涉案保险合同的约定承担给付原告保险金42137.4元的责任。

湖北省宜昌市夷陵区人民法院依照《中华人民共和国保险法》第十四条、第二十三条，《最高人民法院关于适用〈中华人民共和国保险法〉若干问题的解释(二)》第八条和《中华人民共和国民事诉讼法》第一百四十二条之规定，判决如下：

被告太平洋财保湖北分公司于本判决发生法律效力后十日内向原告张某支付保险金42137.4元。

太平洋财保湖北分公司持原审起诉意见提起上诉。湖北省宜昌市中级人民法院经审理认为：关于太平洋财保湖北分公司是否应当承担保险责任问题。《中华人民共和国保险法》第十六条规定，订立保险合同，保险人就保险标的或者被保险人的有关情况提出询问的，投保人应当如实告知。投保人故意或者因重大过失未履行前款规定的如实告知义务，足以影响保险人决定是否同意承保或者提高保险费率的，保险人有权解除合同。前款规定的合同解除权，自保险人知道有解除事由之日起，超过三十日不行使而消灭。自合同成立之日起超过二年的，保险人不得解除合同；发生保险事故的，保险人应当承担赔偿或者给付保险金的责任……本案中，被上诉人张某通过网络投保的方式与上诉人太平洋财保湖北分公司签订《中高端住院医疗保险合同》，由于张某在投保中高端住院医疗保险过程中未履行如实告知义务，以致影响到太平洋财保湖北分公司作出是否同意承保的决定。因此，太平洋财保湖北分公司有权解除双方签订的上述保险合同。由于太平洋财保湖北分公司未在知道有解除事由之日起三十日内行使解除权，致使其行使解除权的权利消灭。《最高人民法院关于适用〈中华人民共和国保险法〉若干问题的解释（二）》第八条规定，保险人未行使合同解除权，直接以存在保险法第十六条第四款、第五款规定的情形为由拒绝赔偿的，人民法院不予支持。但当事人就拒绝赔偿事宜及保险合同存续另行达成一致的情况除外。据此，一审法院判令太平洋财保湖北分公司承担保险责任符合法律规定。太平洋财保湖北分公司关于其不应承担保险责任的理由不能成立，法院依法不予支持。

湖北省宜昌市中级人民法院依照《中华人民共和国民事诉讼法》第一百七十条第一款第一项之规定，作出如下判决：

驳回上诉，维持原判。

【法官后语】

本案系网络投保过程中投保人违反如实告知义务引发的人身保险合同纠纷。近年来，随着电子商务的兴起，网络投保越来越普遍，该种方式下如何认定保险人的明确说明义务和投保人的如实告知义务成为一个新的问题。《最高人民法院关于适用〈中华人民共和国保险法〉若干问题的解释（二）》第十二条规定，通过网络、电话等方式订立的保险合同，保险人以网页、音频、视频等形式对免除保险人责任条款予以提示和明确说明的，人民法院可以认定其履行了提示和明确说明义务。该条款虽然规定了网络投保中的提示和明确说明义务，但在实践中具体应达到什么标准才算履行了该义务还需根据具体情况认定。

第一，保险人的提示和明确说明义务是一种主动性的行为，因此在网络投保过程中，保险人所设计的网页程序应自动弹出免责条款页面，在投保人阅读并点击确认与否的情况下才能进行下一步操作，而不能仅通过设计链接等形式要求投保人主动去阅读。第二，网页所载的格式条款等内容必须采用特殊字体、颜色或者符号，足以引起投保人注意。第三，网页对合同免责条款中专业性较强的，应该给予较高程度的说明，同时避免使用有争议、晦涩、复杂的语言。第四，在投保完成后，应该及时进行电话回访，询问投保人对免责条款是否阅读并理解。本案中，被告以网页为载体，用蓝色粗体字“健康告知”方式向原告询问被保险人相关情况，询问方式足以引起原告的注意；询问内容清晰、具体，不属于概括性询问，足以认定被告履行了提示义务。

如实告知义务是指在订立保险合同时，保险人就保险标的或者被保险人的有关情况提出询问的，投保人应当如实告知。投保人故意不履行如实告知义务的，保险人对于合同解除前发生的保险事故，不承担赔偿或者给付保险金的责任，并不退还保险费。在实践中，往往存在投保人为了参保而故意隐瞒相关事实的情况。本案中比较特殊的是，保险人询问的事项中关于健康状况有些不是既往病史、家族遗传史等已经经医院确诊的某类疾病，而是一种主观感知的症状，在证明时就存在一定的困难。此时需要结合保险人投保前和发生保险事故时的相关情况综合认定。虽然主观感受无法证明，但依照常理，病人在就诊时为了医生准确判断病情会如实回答医生的提问，病历中的自述等内容可以作为证明的依据。

值得注意的是，本案中保险人知晓投保人故意未履行如实告知义务，足以影响其决定是否同意承保或者提高保险费率的情况下，超过规定时间未解除合同。该合同解除权受到除斥期间的限制，超过该期限权利归于消灭，在发生保险事故时保险人仍应当承担责任。

编写人：湖北省宜昌市夷陵区人民法院　龚晓莉

51

保险人就未询问的事项主张投保人未尽如实告知义务的不能拒赔

——刘某诉民生人寿保险股份有限公司许昌中心支公司襄城营销服务部人身保险合同案

【案件基本信息】

1. 裁判书字号

河南省许昌市中级人民法院（2018）豫10民终797号民事判决书

2. 案由：人身保险合同纠纷

3. 当事人

原告（反诉被告、被上诉人）：刘某

被告（反诉原告、上诉人）：民生人寿保险股份有限公司许昌中心支公司襄城营销服务部

【基本案情】

刘某与朱某系夫妻关系。2004年9月3日，朱某被确诊为右乳腺癌，并进行乳腺癌改良根治术。2010年，朱某因右乳腺癌术后并骨、淋巴结转移先后入院化疗四次。2012年11月19日，刘某为朱某在保险公司处投保人身保险合同，该合同包括“民生富贵齐添两全保险（分红型）”“民生附加额外给付重大疾病保险”等四个险种。投保人为刘某，被保险人为朱某，合同成立日期为2012年11月19日13时35分，生效时间为2012年11月20日0时0分，身故保险金受益人为刘某。保险合同订立后，刘某按合同约定每年缴纳保费至2015年。2013年至2016年朱某因右乳腺癌术后多发转移多次入院治疗，2016年6月2日出院后病故。2016年7月4日，刘某以“索赔类别：身故”为由向保险公司递交理赔申请书。保险公司通过理赔调查发现，朱某存在带病投保的情形，但对其投保的“民生富贵齐添两全保险（分红型）”赔付疾病身故保险金及红利47165.51元，未对其投保的“民生附加额外给付重大疾病保险”进行理赔。至刘某起诉之日，保险公司未行使解除权，对刘某主张的支付重大疾病保险金亦未发出拒赔通知，保险公司认可朱某所患疾病属其承保的“民生附加额外给付重大疾病保险”承保险种。

刘某提供的2012年11月19日《个人人身保险投保单》（复印件）尾部手写添加部分为“本人已阅读保险条款产品说明书和投保担保提示书了解本产品的特点和保单利益的不确定性”，在该部分下方投保人、被保险人处分别签有“刘某”“朱某”的名字。经比对，“刘某”的签名与上述手写添加内容不是同一人书写，即该部分内容非刘某书写。

保险公司认为刘某未尽如实告知义务，刘某予以否认。刘某申请证人孙某出庭作证，孙某证明：本人曾是保险公司的业务员，刘某给朱某入保险时已离职。保险公司部门经理王某找到我，让我给他找人投保，就介绍刘某，刘某把他爱人10多

年前患乳腺癌的情况跟王某说了。他们两个谈完后，把保单签了。刘某把他爱人朱某的身份证、保费都交给了王某，刘某就在合同上签名，其他手续都是王某办理的。

【案件焦点】

1. 投保人是否履行了如实告知义务；2. 保险公司应否履行保险合同义务进行赔付。

【法院裁判要旨】

河南省襄城县人民法院经审理认为：关于投保时，刘某是否履行了如实告知义务、保险公司应否支付重大疾病保险金的问题，《中华人民共和国保险法》第十六条第一款规定：订立保险合同，保险人就保险标的或者被保险人的有关情况提出询问的，投保人应当如实告知。《最高人民法院关于适用〈中华人民共和国保险法〉若干问题的解释（二）》（本案以下简称《保险法司法解释（二）》）第六条第一款规定，投保人的告知义务限于保险人询问的范围和内容。当事人对询问范围及内容有争议的，保险人负举证责任。依上述规定，投保人如实告知的前提是保险人应询问，否则投保人无法确定告知的范围和内容。本案中，证人当庭证明刘某投保时已就朱某曾患疾病予以告知，而保险公司人员仅让刘某签署名字，其他内容均不属刘某书写，结合《个人人身保险投保单》（复印件），除刘某、朱某的签名外，其他均不属刘某书写，可以认定保险公司未进行询问，且刘某已告知朱某曾患疾病的事实。故保险公司主张刘某未尽如实告知义务之抗辩，不予支持。保险法第十六条第三款规定，前款规定的合同解除权，自保险人知道有解除事由之日起，超过三十日不行使而消灭。自合同成立之日起超过二年的，保险人不得解除合同；发生保险事故的，保险人应当承担赔偿或者给付保险金的责任。根据该条规定，当存在有保险法第十六条第二款所列情形时，保险人应当在不可抗辩期间内解除合同。保险人解除保险合同应受不可抗辩期间的限制：一是在知道有解除事由之日起三十日内；二是自合同成立之日起二年之内，超过任何一个期间解除权即丧失。本案中，合同自2012年11月19日成立至发生争议时已远超二年，保险公司已丧失解除权。《保险法司法解释（二）》第八条规定，保险人未行使合同解除权，直接以存在保险法第十六条第四款、第五款规定的情形为由拒绝赔偿的，人民法院不予支持。但当事人就拒绝赔偿事宜及保险合同存续另行达成一致的情况除外。本案不具有该条规定的除外情况。依该条规定，保险人没有行使解除权或解除权丧失后，不得再依据保险法第十六条第四款、第五款拒赔。综上，保险公司拒赔的理由不能成立。刘某的主张有事实及法律依据，应予支持。

河南省襄城县人民法院依照《中华人民共和国保险法》第十六条第一款、第三款，《保险法司法解释（二)》第六条、第八条，《中华人民共和国民事诉讼法》第六十四条之规定，判决如下：

一、被告民生人寿保险股份有限公司许昌中心支公司襄城营销服务部于本判决生效后三日内支付原告刘某保险金4万元；

二、驳回被告民生人寿保险股份有限公司许昌中心支公司襄城营销服务部的反诉请求。

民生人寿保险股份有限公司许昌中心支公司襄城营销服务部不服，提起上诉。河南省许昌市中级人民法院经审理认为：投保单系保险公司提供的固定格式条款，投保时保险公司应对需要投保人如实告知的重要事项进行明确说明，以便投保人知道如实告知的重要性及不履行告知义务的法律后果。本案投保单“询问事项”均系选构式固定格式，保险公司对上述事项询问的范围、内容及对询问事项的说明负有举证责任。在投保单上“投保人与被保险人/法定监护人声明及授权”之上的书写部分与投保尾部投保人签名的内容明显属不同的人书写，在证人孙某出庭作证明确陈述保单签署前的介绍、联系过程的情况下，结合被上诉人对投保过程的陈述，不能证明上诉人对相关内容进行了询问，且本案诉讼多次开庭，上诉人截至本次二审庭审时仍未对其询问的情况进一步举证，故一审认定上诉人未进行询问并无不当。上诉人仅以投保单相关选项栏为“否”，即主张被上诉人存在隐瞒、欺诈证据不足，故保险公司以投保人未履行如实告知义务不承担给付保险金的上诉理由缺乏依据。

综上所述，民生人寿保险股份有限公司许昌中心支公司襄城营销服务部的上诉请求不能成立，应予驳回；一审判决认定事实清楚，适用法律正确，应予维持。河南省许昌市中级人民法院依照《中华人民共和国民事诉讼法》第一百七十条第一款第一项规定，判决如下：

驳回上诉，维持原判。

【法官后语】

本案争议焦点为投保人是否履行了如实告知义务，保险公司应否履行保险合同义务进行赔付。在审理该案的过程中，存在以下两种意见。

第一种意见认为，根据保险法第十六条的规定，投保人履行如实告知义务是订立保险合同的必经程序，也是保险合同成立的必要条件。如投保人未曾履行或未依约全面履行投保手续，由此导致对法定告知义务的规避，则在此情形下签发的保险单自始就存在瑕疵。因此，投保人的行为构成合同欺诈，该合同为可撤销合同，保险人可拒赔。

第二种意见则认为，虽经调查投保人确实属于带病投保，但由于投保人如实告知的前提是保险人应询问，否则投保人无法确定告知的范围和内容，显然无法履行如实告知义务，在法定期限内保险人未行使合同解除权的，保险人应依约履行赔付义务。

笔者同意第二种意见，理由如下。

首先，根据《保险法司法解释（二)》第六条第一款规定，投保人的告知义务限于保险人询问的范围和内容。当事人对询问范围及内容有争议的，保险人负举证责任。依上述规定，投保人如实告知的前提是保险人应询问，否则投保人无法确定告知的范围和内容。投保单系保险公司提供的固定格式条款，投保时保险公司应对需要投保人如实告知的重要事项进行明确说明并进行询问，以便投保人知道如实告知的重要性及不履行告知义务的法律后果。本案中，投保单“询问事项”均系选构式固定格式，保险公司对上述事项询问范围、内容及对询问事项的说明负有举证责任，结合庭审查明的事实，保险人均不能证明保险人对相关事项进行了询问，因此投保人也就无法履行告知的义务，保险人以投保人未履行如实告知义务为由拒赔缺乏依据。

其次，保险法第十六条第三款规定，前款规定的合同解除权，自保险人知道有解除事由之日起，超过三十日不行使而消灭。自合同成立之日起超过二年的，保险人不得解除合同；发生保险事故的，保险人应当承担赔偿或者给付保险金的责任。根据该条规定，当存在保险法第十六条第二款所列情形时，保险人应当在不可抗辩期间内解除合同。保险人解除保险合同应受不可抗辩期间的限制：一是在知道有解除事由之日起三十日内；二是自合同成立之日起二年之内，超过任何一个期间解除权即丧失。

综上，在此案中，难以确认投保人未履行最大诚信原则，尽管投保人刘某隐瞒病情，但保险公司业务员未对投保人进行有关必要的询问，对保单上有关事项进行代签，并最终填写了保单，事后保险合同一直在履行，投保人按期缴纳保险费，在此期间保险公司也未就此保险合同行使解除权，故不能认定投保人故意隐瞒事实、不履行如实告知义务。保险公司应依约履行保险合同义务予以赔付。

编写人：河南省襄城县人民法院　唐国建　彭洋

（三）人寿保险

52

保险单记载事项与保险条款约定相抵触时的适用问题

——刘某某诉中国某保险股份有限公司人寿保险合同案

【案件基本信息】

1. 裁判书字号

江苏省无锡市中级人民法院（2017）苏02民终5547号民事判决书

2. 案由：人寿保险合同纠纷

3. 当事人

原告：刘某某

被告：中国某保险股份有限公司（以下简称保险公司）

【基本案情】

1997年3月15日，刘某某向保险公司投保88型终身保险，投保单载明：投保人（被保险人）为刘某某，受益人为马某某、刘某。保险期限自1997年3月16日起算，缴费期为20年，缴费方式为年缴，保险费为40480元，附加费为3000元，合计43480元。声明处记载：兹向贵公司投保上述保险，对保险条款的各项规定均已了解并同意遵守，且投保单所填各项及健康告知均属真实，如有隐瞒或与事实不符，贵公司可依法解除本保险合同。投保人（被保险人）签名处有刘某某签字。1997年4月16日，保险公司签发了88型终身保险单及保险条款，保险单载明：缴费期为20年，缴费方式为年缴。保险费为40480元，附加费为3000元，合计43480元。保险份数为80份，普通保险金金额为800000元，生存保险金金额为809600元。保险条款第七条约定本保险每份保险单的普通保险金金额为10000元，缴费期满生存保险金为累计缴纳保险费额。第八条第六款约定被保险人生存至缴费期满的保险单年生效对应日，保险人给付生存保险金，保险责任继续有效。刘某某按约缴纳保费20年，每年缴费金额为43480元，共计缴纳保费为869600元。2017年4月1日，保险公司向刘某某给付生存保险金809600元。后因双方对应给付生存保险金是809600元还是869600元发生争议，诉至法院。

【案件焦点】

保险单记载事项与保险条款约定相抵触时如何适用。

【法院裁判要旨】

江苏省无锡市滨湖区人民法院经审理认为：刘某某与保险公司订立的88型终身保险，系双方当事人真实意思表示，未违反有关法律法规的强制性规定，真实有效，当事人均应依约履行各自义务。《中华人民共和国保险法》第十三条规定，投保人提出保险要求，经保险人同意承保，保险合同成立。保险人应当及时向投保人签发保险单或者其他保险凭证。保险单或者其他保险凭证应当载明当事人双方约定的合同内容……当事人也可以约定采用其他书面形式载明合同内容。由此可见，保险单作为保险合同内容的载体，应当按订约过程中双方已达成的合意内容载明合同双方各自的权利和义务。本案中，从投保单反映的订约过程可见，双方未就生存保险金金额明确计算，仅就保险条款进行告知和说明，而按照保险条款约定，缴费期满生存保险金为累计缴纳保险费额。但保险公司以出具记载有不同内容保险单的方式单方变更了双方已商定的合同内容，即减少生存保险金金额为809600元，并未得到刘某某的明示同意，对刘某某没有法律约束力。故保险公司还应按照保险条款的约定支付刘某某生存保险金60000元。据此，江苏省无锡市滨湖区人民法院依照《中华人民共和国保险法》第十条、第十三条之规定，判决如下：

保险公司支付刘某某生存保险金60000元。

保险公司不服一审判决，提起上诉。江苏省无锡市中级人民法院经审理认为：保险单作为保险合同内容的载体，应当按订约过程中双方已达成的合意内容载明合同双方各自的权利和义务。本案中，从投保单反映的订约过程可见，双方未就生存保险金金额明确计算，仅就保险条款进行告知和说明，而按照保险条款第七条约定，缴费期满生存保险金为累计缴纳保险费额。但保险公司以出具记载有不同内容保险单的方式单方变更了双方已商定的合同内容，即生存保险金金额为809600元，并未得到刘某某的明示同意，对刘某某没有法律约束力。故一审判决保险公司还应按照保险条款约定支付刘某某生存保险金60000元并无不当。

综上，保险公司的上诉请求不能成立，应予驳回；一审判决认定事实清楚，适用法律正确，应予维持。江苏省无锡市中级人民法院依照《中华人民共和国民事诉讼法》第一百七十条第一款第一项之规定，判决如下：

驳回上诉，维持原判。

【法官后语】

保险合同是由一组书面文件共同构成的，保险单与保险条款均是保险合同的组成部分。《最高人民法院关于适用〈中华人民共和国保险法〉若干问题的解释（二）》第十四条规定了保险合同中记载内容不一致的认定规则，包括投保单与保险单或者其他保险凭证不一致、非格式条款与格式条款不一致、保险凭证记载的时间不同、保险凭证存在手写和打印两种方式，但上述规定并未涉及保险单与保险条款记载不一致的情况。实践中，因保险条款需保险公司向中国银行保险监督管理委员会备案，而保险单的记载则可由保险公司自行决定，因此保险单的记载与保险条款约定事项相抵触的情形时有发生。本案即保险单记载与保险条款约定事项不一致，就如何适用而发生分歧。根据《中华人民共和国保险法》第十三条之规定，保险人签发保险单是保险合同成立后保险人的法定义务，保险单应当诚信的体现订约过程中双方已达成的合意内容。

具体到本案中，作为保险合同内容载体之一的保险单应当与投保人、被保险人订约过程达成的合意一致。因此，除非保险人能举证证明保险单与保险条款相抵触的记载得到了投保人的明示同意，否则不发生法律效力。这也符合《中华人民共和国保险法》第十七条第二款“对保险合同中免除保险人责任的条款，保险人在订立合同时应当在投保单、保险单或者其他保险凭证上作出足以引起投保人注意的提示，并对该条款的内容以书面或者口头形式向投保人作出明确说明；未作提示或者明确说明的，该条款不产生效力”的规定。保险公司通过保险单载明较低保险金的方式，免除了其按照保险条款应承担的保险义务，应向投保人明确说明。因此，保险公司未向刘某某履行明确说明义务而要求适用保险单的记载事项于法无据。

本案所涉保险险种是20世纪90年代末由保险公司推出的，因其在特定条件下被保险人既可以获得生存保险金，也可以获得普通保险金，在当时受到了众多投保人的青睐。目前正值生存保险金给付的集中期，该案的处理结果有助于规范保险公司的业务操作模式，为类案的审理提供参考思路。

编写人：江苏省无锡市滨湖区人民法院　贺锡霞

53

保险合同中的手写内容应视为对印制条款的变更

——袁某诉中国人寿保险股份有限公司江阴支公司人寿保险合同案

【案件基本信息】

1. 裁判书字号

江苏省无锡市中级人民法院（2018）苏02民终2471号民事判决书

2. 案由：人寿保险合同纠纷

3. 当事人

原告（被上诉人）：袁某

被告（上诉人）：中国人寿保险股份有限公司江阴支公司（以下简称人寿江阴公司）

【基本案情】

1997 年 10 月 17 日，中保江阴公司为袁某承保独生子女父母养老金保险 20 份，每份保费 500 元，并出具独生子女父母养老保险投保单、独生子女父母养老金保险证，均载明：被保险人为袁某，出生年月 1961 年 12 月，周岁年龄 35，趸缴保费 1 万元，开始领取养老金年龄 55 周岁，起保日期为 1997 年 10 月 18 日。按投保时银行利率计算领取额：年领 7440 元（“年领 7440 元”均系手写）。保险证背面附独生子女父母养老金保险办法，第二条约定：1. 被保险人到约定的领取养老金年龄时，可领取养老金直至被保险人身故时止。2. 被保险人领取养老金年限不满十年，可由法定受益人领满十年为止。3. 本保险领取额在同期个人养老金标准上增加 10%。第四条第二项约定：今后利率调整，期满领取额也相应调整。同日，人寿江阴公司出具保险费收据，载明收到袁某交来的独养险保险费 1 万元。

原告袁某向法院提出诉讼请求：1. 判令人寿江阴公司自 2017 年 10 月起至袁某身故时止按每年 8184 元标准（1997 年 10 月 17 日原告投保时核定的“独生子女父母养老保险金”领取标准 7440 元，加上承诺的领取时上浮 10% 标准 744 元，合计 8184 元）支付独生子女父母养老保险金。2. 本案的诉讼费由人寿江阴公司承担。

人寿江阴公司辩称：1. 袁某投保了独生子女父母养老金保险系事实，案涉独生子女父母养老金保险的保险责任目前由我公司承担。2. 保险凭证上的金额系手写错误，应当予以纠正，同时保险证条款明确了利率可以调整。参照个人养老金月领金额，袁某领取金额为每月 414.28 元，每年 4971.36 元。3. 对袁某诉请中的上浮 10%，我方认为即使上浮也应当在个人养老金的给付标准上浮 10%。

庭审中，袁某提供独生子女父母养老金保险简介一份，证明保险简介约定：保险费在个人养老金给付标准上上浮 10%；简介反面投保及年领金额对照表（一次趸缴 500 元）约定投保年龄 35 周岁，55 周岁年领金额 372 元，证明年领 7440 元的计算方式为 372 元 ×20 份 =7440 元，35 周岁到 55 周岁年期 20 年即 20 份保险的来历。人寿江阴公司认为该简介并非对应保单简介，但未提供相应保单简介及相应保险条款。

庭审中，人寿江阴公司提供养老金月领金额表一份，证明按该表计算袁某可每月领取 414.28 元，计算方式为 1 万元 ×0.041428（根据袁某投保年龄和经过的年数得出），但未提供告知袁某的相关证据。袁某对上述证据的真实性有异议，称未见过该表，对此不知情。

【案件焦点】

对保单及保险证上关于领取金额“年领 7440 元”手写内容的记载该如何认定。

【法院裁判要旨】

江苏省江阴市人民法院经审理认为：袁某与中保江阴公司之间的保险合同合法有效，人寿江阴公司作为合同义务继受方应当按照保险合同的约定履行赔付义务。袁某主张按投保单及保险证上“按投保时银行利率计算领取额年领 7440 元”记载金额 7440 元上浮 10% 计算保险金金额。投保单及保险证系袁某购买保险时保险公司向其提供的保险凭证，故亦属保险合同的组成部分。投保单及保险证上关于领取金额“年领 7440 元”的记载系手写内容，因印制内容形成在先，手写内容形成在后，故手写内容应视为双方协商一致对保险条款内容的变更。也因格式条款系保险公司单方制作并提供，体现其单方意志，而手写内容系双方协商后确定，体现双方意志，故应采用手写内容作为双方合同约定的内容。因此，人寿江阴公司应按保险证上书写的保险金金额“年领 7440 元”支付袁某保险金，袁某主张人寿江阴公司应在“年领 7440 元”基础上上浮 10% 支付保险金的诉讼请求法院不予支持。对人寿江阴公司主张按养老金月领金额表计算保险金金额的主张，因该表格系由保险公司单方提供，且其未提供相应证据证明明确告知袁某，法院对此不予支持。据此，依照《中华人民共和国保险法》第十条、第十四条，《中华人民共和国民事诉讼法》第六十四条第一款之规定，判决如下：

一、人寿江阴公司应自 2017 年 10 月起按每年 7440 元的标准逐年支付袁某保险金至袁某身故时止；

二、驳回袁某的其他诉讼请求。

中保江阴公司不服一审判决，提起上诉。江苏省无锡市中级人民法院经审理认为：第一，当事人对自己提出的主张有责任提供证据。本案投保单及保险证均明确载每年领取保险金金额为 7440 元，人寿江阴公司提出该金额系业务员手写错误的理由不成立，法院不予支持。第二，根据《最高人民法院关于适用〈中华人民共和国保险法〉若干问题的解释（二）》第十四条之规定，投保单、保险证中关于年领取金额记载位置均以手写方式载明固定的领取金额，即使认为保险证附后的独生子女父母养老金保险办法中关于期满领取金额随利率变动系针对本案被保险人，但投保单上并未约定该条款，也即投保单与保险证关于期满领取金额存在不一致，现人寿江阴公司未提供证据证明对此作出说明且经投保人同意，故本案应当以投保单载明的年领取金额 7440 元为准。第三，保险活动当事人行使权利、履行义务应当遵循诚实信用原则。人寿江阴公司未提供证据证明其提供的养老金月领金额表系双方订立合同时约定的计算领取金额依据，而投保单、保险证系双方协商一致后自愿订立。根据诚实信用原则，人寿江阴公司应当遵守约定，按照合同载明的领取额支付保险金。故对人寿江阴公司主张适用公平原则，以其提供的养老金月领金额表计算本案保险金领取金额，法院不予支持。

江苏省无锡市中级人民法院依据《中华人民共和国民事诉讼法》第一百七十条第一款第一项之规定，判决如下：

驳回上诉，维持原判。

【法官后语】

本案系人寿保险合同纠纷，投保的时间较早，条款内容相对粗糙，本案主要的争议焦点是保险合同部分条款印制内容和手写部分有冲突的时候应当如何认定。根据《中华人民共和国保险法》第十三条、第十四条的规定，保险人应当按照保险单或者其他保险凭证上双方约定的合同内容承担保险责任。法院根据诚实信用原则确认了手写内容的效力，有两个理由。

首先，从保险合同缔约的一般流程考虑，应当确认手写内容的效力。案涉投保单及保险证上关于领取金额“年领 7440 元”的记载系手写内容，因印制内容形成在先，手写内容形成在后，故手写内容应视为双方协商一致对保险条款内容的变更。也因格式条款系保险人单方制作并提供，体现其单方意志，而手写内容系双方协商后确定，体现双方意志，故应采用手写内容作为双方合同约定的内容。因此，法院认为保险人应按保险证上书写的保险金金额“年领 7440 元”支付保险金。

其次，从有利于被保险人的解释原则考虑，应当确认手写内容的效力。根据《中华人民共和国保险法》第三十条的规定，当保险人与投保人、被保险人或者受益人对合同内容发生争议时，应作有利于被保险人和受益人的解释。案涉保险条款均由保险人制定，手写部分也由保险工作人员书写，即使同一份保险合同同时约定两个不一致的赔偿标准，根据上述原则，也应当采用有利于投保人、被保险人或者受益人的赔偿标准。另外，保险人抗辩手写部分系书写错误，但未提供相应的证据予以证明，应当承担相应的举证不能的后果。

随着市场经济的不断发展，保险业务已经走进千家万户，成为人民生活不可或缺的一部分。然而保险业务具有极强的专业性，保险人一般都是庞大的专业机构，精通保险相关业务，它们制定保险格式条款，在保险合同缔结过程中占有相对优势地位。而投保人往往对保险业务及保险合同知之甚少，大多需要专业引导，极易发生投保错误或理解偏差导致保险人拒赔，处于相对弱势地位。保险合同双方地位的不对等，使得保险合同对诚信的要求远远高于其他合同，现行保险法已经为保障投保人及受益人的相关权益作了一系列的规定，在此不再赘述，保险机构应当主动遵守保险法及相关行业法规的规定，营造健康有序的保险市场。同时也要提醒各位投保人，在投保时应当积极与保险专业人士进行沟通，审慎研究合同条款内容，选择合适的保险产品。如发生保险事故，受益人亦应当及时向保险机构申请理赔，必要时也可以拿起法律武器维护自身的合法权益。

编写人：江苏省江阴市人民法院　陈艳红

三、代位求偿权

54

保险代位求偿权限制对象范围的界定

——太平财产保险有限公司天津分公司诉天津赛克电动车有限公司代位求偿权案

【案件基本信息】

1. 裁判书字号

天津市第二中级人民法院（2018）津02民终5052号民事判决书

2. 案由：代位求偿权纠纷

3. 当事人

原告（上诉人）：太平财产保险有限公司天津分公司

被告（被上诉人）：天津赛克电动车有限公司

【基本案情】

科林公司于1994年1月12日成立，其股东成员为王甲、王乙、王大二、王小一、王小二、汪某、张某。被告于2008年10月30日成立，股东分别为王甲、王乙、王大二、王小一、王小二、汪某、张某及科林公司。王甲为王乙长兄，王乙为被告的法定代表人。王大一为王甲长子，王大二为王甲长女。王小一系王乙长子，王小二为王乙长女。

2009年12月10日，科林公司与被告签订《工业厂房租赁合同》，约定科林公司将坐落于天津市大港石化园区厂房出租给被告使用，租赁期限自2010年1月1

日起至2020年12月31日止，租赁期10年，其间免收租金。

2016年1月19日，科林公司在原告处为该房屋建筑投保财产综合保险，保险金额85020000元，并约定每次事故绝对免赔率为2000元或损失金额的10%，两者以较高者为准，保险期限自2016年1月20日0时起至2017年1月19日24时止。

2016年11月23日，被告在生产过程中，烤漆车间的烤房设备意外起火，导致相关设备烧毁受损及钢结构厂房部分区域过火烧毁受损。事故发生后，原告委托民太安财产保险公估股份有限公司进行评估。该公司对事故原因进行了调查和分析后，认定该事故为意外事故引发的火灾，属于保险的保险范围，保险标的总受损金额为1420234.6元，扣除残值54400元，免赔率10%，建议原告赔付1229251.14元，原告为此支出公估费35000元。

2017年8月11日，科林公司同意接受1229251.14元的赔偿金额，在收到原告的赔偿款后，不再以任何方式向原告提出任何索赔，同时将已取得赔款部分的保险标的一切权益（含残值、若有残值委付时）转让给原告，并确认原告可直接使用自己的名义或使用科林公司的名义向责任方采取法律或其他措施以行使这些权利或获得相应补偿。2017年9月27日，原告将保险理赔款1229251.14元打入科林公司账户。随后，原告向被告进行追偿未果，故成讼。

【案件焦点】

被告天津赛克电动车有限公司是否属于保险法第六十二条规定中的“组成人员”。

【法院裁判要旨】

天津市滨海新区人民法院经审理认为：科林公司与原告签订保险合同，其目的是对将来可能发生的意外灾害损失能够及时从原告处得到经济补偿，从而保证企业生产、经营活动的正常进行。本案中，科林公司的厂房因火灾受损，原告按保险合同的约定向科林公司进行赔偿后，向被告行使代位求偿权并无不妥。

《中华人民共和国保险法》第六十二条规定，除被保险人的家庭成员或者其组成人员故意造成本法第六十条第一款规定的保险事故外，保险人不得对被保险人的家庭成员或者其他组成人员行使代位请求赔偿的权利。保险事故发生后，消防部门并未对此次火灾事故作出责任认定，科林公司作为厂房所有人，被告作为该厂房的承租人，是否对火灾的发生负有责任，原告未举证证明，且原告委托的民太安财产保险公估股份有限公司在对事故原因进行了调查和分析后，认定该事故为意外事故引发的火灾，属于保险的保险范围，原、被告双方对此并无异议，故不能认定科林公司及被告在此次火灾中负有责任。

科林公司与被告在法律关系上属于彼此独立的法人，但被告公司股东除科林公司现有的股东王乙等七人外，科林公司亦为被告公司股东，两公司的法定代表人均为王乙，另外，王乙、王甲等七人或为父子（女）、或为兄弟、或为叔侄等关系，为同一家庭成员，故两公司在经济利益上具有高度一致性，科林公司受损，被告的利益也受到损害，反之亦然，两公司应属于利益共同体。如允许原告在赔偿后向被告追偿，则等同于向科林公司索回赔偿，由科林公司自己承担损失，其与原告签订的保险合同亦无意义。

天津市滨海新区人民法院依照《中华人民共和国保险法》第六十二条，《中华人民共和国民事诉讼法》第六十四条第一款规定，判决如下：

驳回原告太平财产保险有限公司天津分公司的诉讼请求。

二审法院同意一审法院裁判意见。

【法官后语】

保险法以损失补偿为基本原则。若此损失是第三者造成，保险人可对第三者行使代位权，让造成损害者承担最终责任。当第三者与被保险人存在特殊关联的情况下，如为被保险人的家庭成员及组成人员时，若行使代位权，则无异于左手给、右手还，有失保险之旨。基于保险代位权的性质，对某些特定对象限制行使代位权：被保险人本人及共同被保险人基于“被保险人不能自己起诉自己”的原则一般被免于追偿，被保险人家庭成员及组成人员则基于与被保险人一致的经济利益被排除在外，即“家属特权”。

保险法对此进行了规定，明确限制保险人行使代位权的特定对象分为两类，即家庭成员与组成人员。在理论及实务中，关于“家庭成员”争议不大，争议较大的是对“组成人员”的界定。笔者认为应该从保险分散风险的本质和职能，公平和损失补偿原则等保险的原理和理念出发来予以合理界定。如被保险人与第三人存在密切关系，具备高度一致的共同经济利益关系，即可界定为保险法第六十二条规定的

“组成人员”。根据实践，可具体分为如下几类主体：

1. 为被保险人的利益或者接受被保险人的委托而进行活动的人，包括被保险人的员工、雇佣人员和代理人。对于被保险人的员工、雇佣人员和代理人由于工作中的过错发生保险事故，该类人员的行为后果由被保险人承担，如允许向该类人员行使代位权，最终仍是被保险人承担责任，故该代位求偿权不宜适用。

2. 与被保险人有某种特殊法律关系而进行活动的人，包括股东、合伙人、母公司。此类人是被保险人的投资者，对被保险人享有股权或者合伙份额，被保险人的损失实际上是此类人的损失，如果向此类人代位求偿，实际上保险人对被保险人没有赔偿，损失还是由投资人承担，有违保险分散风险和损失补偿原则。因此，此类人应该排除在代位求偿的范围之外。

3. 被保险人的子公司或者分公司。对于被保险人的损失，如果允许向其子公司或者分公司代位求偿，实际上最终该责任也转移在被保险人身上，有违保险分散风险和损失补偿原则，因此此类人也应该排除在代位求偿的范围之外。

4. 被保险人为同一股东、合伙人或者母公司投资设立的其他子公司或者分公司。比如，跨国公司众多的子公司，或者国内集团公司内的各个子公司（一般称为关联公司）。此类人由同一个投资者所设立，如果允许向此类人代位求偿，实际上的承担者均为同一投资者，根本没有起到赔偿的效果。但是为公平起见，共同的股东、合伙人或者母公司在两者均应占50%以上的股份。

以上代位权限制的对象，对于其过失行为，无论是轻微过失还是重大过失造成保险事故，保险人均不得行使代位求偿权。但是，如果系故意造成保险事故的，无论是基于防止道德风险，还是对故意不法行为的惩戒，抑或基于民法上承担民事责任的理论，保险人均应行使代位求偿权，只是保险人行使代位权时应就该故意承担举证责任。

编写人：天津市第二中级人民法院　赵旭

55

保险人可否向非机动车驾驶人行使代位求偿权

——中国人寿财产保险股份有限公司德州市中心支公司诉冯某代位求偿权案

【案件基本信息】

1. 裁判书字号

山东省聊城市中级人民法院（2018）鲁15民终2982号民事判决书

2. 案由：代位求偿权纠纷

3. 当事人

原告（上诉人）：中国人寿财产保险股份有限公司德州市中心支公司（以下简称德州人保）

被告（被上诉人）：冯某

【基本案情】

2017年1月30日10时50分许，被告冯某驾驶电动三轮车在茌平县省道316线315千米+500米处左转弯时与由北向南原告被保险人姜某驾驶的×号轿车相撞，造成被告冯某及案外人高某、温某受伤及两车车辆受损的交通事故。后经茌平县交警部门认定，姜某与被告承担事故的同等责任，高某、温某对此事故不负责任。

×号轿车在原告处投保交强险和保险金额为500000元不计免赔第三者责任险，本案交通事故发生在保险期间内。

2017年2月20日，被告冯某及高某、温某提起诉讼，要求姜某及其妻子王某、原告德州人保承担赔偿责任。上述案件经开庭审理，法院作出（2017）鲁1523民初627号民事判决书，判决德州人保赔偿冯某及高某、温某交通事故损失185601.25元，冯某及高某、温某返还姜某垫付款4459.6元。

【案件焦点】

1. 被告应否承担案外人姜某车辆维修损失的赔偿责任；2. 原告能否向被告行使保险代位求偿权。

【法院裁判要旨】

山东省茌平县人民法院经审理认为：根据《中华人民共和国道路交通安全法》第七十六条第一款第二项的规定，机动车与非机动车驾驶人、行人之间发生交通事故，非机动车驾驶人、行人没有过错的，由机动车一方承担赔偿责任；有证据证明非机动车驾驶人、行人有过错的，根据过错程度适当减轻机动车一方的赔偿责任；机动车一方没有过错的，承担不超过百分之十的赔偿责任。由此可见，机动车与非机动车、行人之间发生交通事故，均由机动车一方承担赔偿责任，非机动车不是赔偿义务人。本案中，被告系非机动车方，姜某系机动车方，被告对事故发生并无故意，故应由机动车方——姜某承担赔偿责任。同时交通事故责任认定被告对事故的发生负同等责任，故在（2017）鲁1523民初627号民事判决中，已据此相应减轻姜某的赔偿责任，作为对于被告的过错的评价。被告不承担案外人姜某车辆维修损失的赔偿责任。

原告述称2017年2月18日，依据保险车辆损失情况确认书，已确认本案事故造成×号轿车车辆损失的维修费为37638元，原告于2017年4月21日代姜某支付了上述车辆维修费用，原告据此取得了代位求偿权。但根据上述证据分析，仅凭现有证据，无法证实原告的上述主张，故原告丧失向被告追偿的前提基础。且即使原告的主张成立，其已因代姜某支付了上述车辆维修费而享有向第三者追偿的权利，但保险法第四十四条保险人对第三者行使保险代位求偿权的前提，是被保险人对第三人具有赔偿请求权，第三人对保险标的的损失负有赔偿责任。本案中，被告并非姜某车辆维修损失的赔偿义务人，即姜某对于被告并无赔偿请求权，故原告亦不能向被告行使保险代位求偿权。故原告要求被告赔偿车辆损失的请求，无事实法律基础，法院依法予以驳回。

综上所述，山东省茌平县人民法院依照《中华人民共和国保险法》第四十四条、第六十条，《中华人民共和国道路交通安全法》第七十六条，《中华人民共和国民事诉讼法》第一百四十二条之规定，判决如下：

驳回德州人保的诉讼请求。

二审法院同意一审法院裁判意见。

【法官后语】

保险人的代位求偿权是指保险人赔偿被保险人的损失后所取得的，由被保险人享有的，依法向负有民事赔偿责任的第三者请求赔偿的权利。保险人可否向非机动车驾驶人、行人行使代位求偿权？审判实务中，保险人往往主张适用侵权责任法，根据双方过错程度来承担责任，从而主张其享有代位求偿权。

侵权责任法第四十八条规定："机动车发生交通事故造成损害的，依照道路交通安全法的有关规定承担赔偿责任。"侵权责任法采取了规范指引的立法技术，将机动车交通事故损害赔偿责任的法律适用指向了道路交通安全法，故保险人主张适用侵权责任法不能成立。

根据《中华人民共和国道路交通安全法》第七十六条第一款第二项的规定，"机动车与非机动车驾驶人、行人之间发生交通事故，非机动车驾驶人、行人没有过错的，由机动车一方承担赔偿责任；有证据证明非机动车驾驶人、行人有过错的，根据过错程度适当减轻机动车一方的赔偿责任；机动车一方没有过错的，承担不超过百分之十的赔偿责任"。该立法作出了加重机动车一方责任的安排，立法核心是机动车对非机动车驾驶人、行人的赔偿问题，而不是非机动车驾驶人、行人对机动车的赔偿问题，赔偿的指向是单一的而非双向的。

驾驶机动车与非机动车驾驶人、行人发生交通事故，即便非机动车驾驶人、行人在交通事故中负有一定的责任，依法只是根据非机动车驾驶人、行人的过错程度适当减轻机动车一方的赔偿责任，法律上并未规定机动车一方就其财产损失可以向非机动车驾驶人、行人一方索赔。因此，保险人不享有向非机动车驾驶人、行人行使车辆损失保险理赔款的代位求偿权。

编写人：山东省茌平县人民法院　李本山

56

侵权人的赔偿责任不因第三方保险公司基于责任保险合同的赔付而免除

——中国人寿财产保险股份有限公司泰安市中心支公司诉周某等保险人代位求偿权案

【案件基本信息】

1. 裁判书字号

山东省聊城市中级人民法院（2019）鲁15民终859号民事裁定书

2. 案由：保险人代位求偿权纠纷

3. 当事人

原告（被上诉人）：中国人寿财产保险股份有限公司泰安市中心支公司（以下简称人寿财保公司）

被告：周某、张某

被告（上诉人）：茌平县全通物流运输有限公司（以下简称茌平全通公司）

【基本案情】

2016年11月7日，周某在从事张某的雇佣活动中驾驶实际车主为张某的、挂靠在茌平全通公司经营的A号重型半挂牵引车，沿330省道由东向西行驶时与沿330省道由西向东行驶的刘某驾驶的B号小型轿车、李某驾驶的山东泰安交通运输集团有限公司肥城公司（在人寿财保公司投保道路客运承运人责任险，载闫某、宋某、乔某）C号大型普通客车、田某驾驶的D号三轮载客摩托车发生交通事故，本次交通事故造成乔某、宋某、闫某等多人受伤。经交警部门认定，周某未按照操作规范安全驾驶、文明驾驶及雨天驾驶未降低行驶速度是事故发生的直接原因，承担事故全部责任，其他人员无责任。事故发生后，人寿财保公司赔偿了闫某17068.43

元、宋某34957.91元、乔某48274.37元，合计各项损失100300.71元。

人寿财保公司认为，责任保险为财产保险合同，根据《中华人民共和国保险法》第六十条之规定，对周某、张某、茌平全通公司享有代位求偿权；周某、张某、茌平全通公司认为人寿财保公司承保的险种为道路客运承运人责任险，是以乘客的身体为保险标的的人身保险合同，保险人向被保险人或者受益人给付保险金后，不享有向第三者追偿的权利。

【案件焦点】

道路客运承运人责任险属于人身保险合同还是财产保险合同。

【法院裁判要旨】

山东省茌平县人民法院经审理认为：根据《中华人民共和国保险法》第六十五条第四款“责任保险是指以被保险人对第三者依法应负的赔偿责任为保险标的的保险”之规定，山东泰安交通运输集团有限公司肥城公司与人寿财保公司签订的《道路客运承运人责任保险合同》，约定被保险人为山东泰安交通运输集团有限公司肥城公司，以其所有的车辆在承运中可能出现的损害所负的赔偿责任为保险标的，故该责任保险合同属于保险法明文规定的财产保险合同。同时，根据《中华人民共和国保险法》第六十条第一款“因第三者对保险标的的损害而造成保险事故的，保险人自向被保险人赔偿保险金之日起，在赔偿金额范围内代位行使被保险人对第三者请求赔偿的权利”之规定，因涉案交通事故系由周某造成并负全部责任，人寿财保公司根据人民法院的生效判决直接代山东泰安交通运输集团有限公司肥城公司向闫某、宋某、乔某进行赔偿后，取得了代受伤乘客向茌平全通公司、周某、张某主张损失的权利，即代位求偿权。

以挂靠形式从事道路运输经营活动的被告机动车发生交通事故造成损害，属于该机动车一方责任，人寿财保公司请求由挂靠人张某和被挂靠人茌平全通公司承担连带责任的，人民法院应予支持；雇员周某在从事张某的雇佣活动中致人损害的，雇主张某应当承担赔偿责任，雇员周某因重大过失致人损害，应当与雇主承担连带责任；周某、张某、茌平全通公司都应对人寿财保公司代位赔偿的车上人员承担赔偿责任，因人寿财保公司已经替侵权人承担了赔偿责任，所以人寿财保公司要求茌平全通公司、周某、张某承担赔偿责任的请求，法院予以支持。

山东省茌平县人民法院依照《中华人民共和国侵权责任法》第六条、第七条，《中华人民共和国保险法》第六十条、第六十五条、第九十五条，《最高人民法院关于审理道路交通事故损害赔偿案件适用法律若干问题的解释》第三条，《最高人民法院关于审理人身损害赔偿案件适用法律若干问题的解释》第九条的规定，判决如下：

一、张某赔偿人寿财保公司代其支付的保险理赔款100300.71元；

二、周某、茌平全通公司对上述赔偿承担连带责任。

茌平全通公司不服，提起上诉，但经传票传唤拒不到庭参加诉讼，应按其撤回上诉处理。山东省聊城市中级人民法院依照《中华人民共和国民事诉讼法》第一百四十三条、第一百五十四条第一款第十一项、第一百七十四条之规定，裁定如下：

本案按茌平全通公司撤回上诉处理。一审判决发生法律效力。

【法官后语】

近年来，随着保险公司管理更加规范和各方法律意识的不断增强，保险人代位求偿权纠纷案件的数量也逐年上升。保险代位求偿权是保险法中的一项基本制度，其宗旨是为被保险人提供双重保障，以确保被保险人的损失得以充分补偿，同时，也不至于由于保险赔付而使被保险人过分受益。

从法律条文而言，庭审过程中，周某、张某、茌平全通公司的答辩意见认为道路客运承运人责任险属于人身险，应当适用保险法第四十六条规定，人寿财保公司不享有代位求偿权；但是根据保险法第九十五条的规定，责任保险属于保险公司财产保险业务，应当适用关于“财产保险合同”中相关法律规定，根据保险法第六十条规定，人寿财保公司享有对周某、张某、茌平全通公司的代位求偿权。

就本案案件事实而言，周某承担事故的全部责任，其他人员无责任，无责任的受伤旅客既可以对周某、张某、茌平全通公司提起侵权之诉，也可以对山东泰安交通运输集团有限公司肥城公司、人寿财保公司提起公路旅客运输合同的违约之诉。受伤旅客在权衡后，向法院提起了违约之诉，法院基于山东泰安交通运输集团有限公司肥城公司在人寿财保公司购买了道路客运承运人责任保险，判决人寿财保公司承担赔偿责任。《最高人民法院关于就客运合同纠纷案件中，对无过错承运人如何适用法律有关问题的请示的答复》第三条规定，承运人向旅客支付的损害赔偿金额构成承运人在该交通事故中损失的一部分，可以向造成交通事故的侵权人主张。人寿财保公司向旅客支付赔偿金后，取得了代受伤乘客向对侵权人主张损失的权利即代位求偿权。

就责任保险合同目的本身而言，当事人之间订立责任保险合同的目的是减轻被保险人因法律责任问题而产生的经济赔偿风险，但不能因此而免除侵权人的侵权赔偿责任。综上，周某、张某、茌平全通公司都应对人寿财保公司代位赔偿的车上人员承担赔偿责任，因人寿财保公司已经替侵权人承担了赔偿责任，故人寿财保公司取得了代位求偿权。

编写人：山东省茌平县人民法院　赵青　代苗苗

57

保险人代位求偿权中善意第三者已赔偿部分的审核

——中华联合财产保险股份有限公司无锡中心支公司诉何某保险人代位求偿权案

【案件基本信息】

1. 裁判书字号

江苏省江阴市人民法院（2018）苏0281民初13673号民事判决书

2. 案由：保险人代位求偿权纠纷

3. 当事人

原告：中华联合财产保险股份有限公司无锡中心支公司（以下简称中华保险公司）

被告：何某

第三人：邵某、无锡天利达钢格板有限公司（以下简称天利达公司）

【基本案情】

2015年10月2日11时40分，何某驾驶A汽车行驶至苏绍高速S925千米+300米路段时，因与前车未保持安全车距、疏于观察而追尾邵某驾驶的B汽车，导致B汽车又撞击前面彭某驾驶的C汽车，C汽车又撞击前面的D汽车，事故致四车受损。2015年11月9日，苏州市公安局交通警察支队高速公路八大队作出道路交通事故认定书，认定何某负此事故全部责任。

2016年2月2日，B车辆的登记所有权人天利达公司将中华保险公司诉至江苏省无锡市锡山区人民法院，要求中华保险公司赔偿B车辆车损36023元、鉴定费1740元、拖车费500元、清障费225元，合计38488元。经审理，2016年4月19日，该院作出（2016）苏0205民初575号民事判决书，判决中华保险公司支付天利达公司理赔款38488元。2016年5月6日，中华保险公司向天利达公司支付38488元。

中华保险公司向法院提出诉讼请求：判令何某给付中华保险公司已赔偿的保险赔偿金38488元并承担本案诉讼费用。何某辩称：对事故的发生没有异议，但是该事故在交警大队签订了协议，其一共支付5000元，已经处理完毕，但是不知道付给本案的司机多少钱。

审理中，何某申请证人张某到庭作证，张某陈述：我是何某的舅舅，事发时不在场，但是处理的时候在场。当时说看何某可怜，就各报各的保险，然后何某给一些补偿就好了，就是4500元，其中两人年纪比较大，还补贴了500元的油费，但是名字不记得了。中华保险公司与何某对此均无异议。

为查明案件事实，法院依法追加第三人邵某、天利达公司，邵某、天利达公司未到庭答辩。审理中，法院至苏州市公安局交通警察支队高速公路八大队调取了案涉预付条一份，载明："今预付B、C、D小型轿车，共计4500元，特此证明。何某2015.11.10"。赵某、邵某、彭某分别签字各领取1500元。中华保险公司与何某对此均无异议，中华保险公司认为其对上述1500元情况不知情，由法院依法认定是否在本案中扣减。

【案件焦点】

1. 现有证据能否认定何某已经向被保险人作出赔偿；2. 中华保险公司能否行使代位求偿权。

【法院裁判要旨】

江苏省江阴市人民法院经审理认为：根据《中华人民共和国保险法》第六十条第一款的规定，因第三者对保险标的的损害而造成保险事故的，保险人自向被保险人赔偿保险金之日起，在赔偿金额范围内代位行使被保险人对第三者请求赔偿的权利。中华保险公司向其承保的车辆进行赔偿后，可依法取得对何某的代位求偿权。本案中，何某负本起事故的全部责任，应赔偿B汽车的损失。鉴定费属于为查明和确定保险标的的损失程度所支付的必要的、合理的费用，是保险人为理赔支出的成本，不属于保险金范畴，不能代位求偿，故法院对中华保险公司要求何某赔偿鉴定费1740元的诉讼请求不予支持。法院调取的预付条、修理费发票可以证明何某支付邵某的1500元系预付的车损赔偿款，何某主张的该款系全部赔偿、事故已经处理完毕，但未提供相应的证据予以证明，不予采信，已预付的1500元应当予以扣除，故对中华保险公司要求何某支付赔偿款35248元的诉讼请求依法予以支持，超出部分不予支持。

综上，江苏省江阴市人民法院依照《中华人民共和国侵权责任法》第六条第一款、第四十八条，《中华人民共和国保险法》第六十条第一款，《中华人民共和国民事诉讼法》第六十四条第一款、第一百四十四条，《最高人民法院关于适用〈中华人民共和国民事诉讼法〉的解释》第九十条之规定，判决如下：

一、何某应于本判决发生法律效力之日起十日内给付中华保险公司赔偿款35248元；

二、驳回中华保险公司的其他诉讼请求。

【法官后语】

保险代位求偿权是民法清偿代位制度在保险法领域的具体运用，是为了防止被保险人获得双重利益的一种债权转移制度。第三者对保险标的的损害而造成保险事故的，保险人自向被保险人赔偿保险金之日起，在赔偿金额范围内代位行使被保险人对第三者请求赔偿的权利。但如果善意第三者在被保险人已经从保险人处获赔的范围内亦向被保险人作出赔偿的，保险人不得再行使被保险人对第三者的代位求偿权，只能要求被保险人返还相应的保险金。

现实生活中，交通事故发生后，双方驾驶员往往会对各自的损失达成私下和解赔偿协议。部分被保险人隐瞒赔偿协议，根据车损险保险合同另行向车辆承保保险公司主张车损险理赔款，由于保险人疏于与第三者进行核实而直接进行理赔，在保险人进行保险代位求偿权时，第三者如果到庭陈述已经实际赔付，则双方产生矛盾，需要法院对上述赔偿协议的内容进行核实。

本案中，何某到庭抗辩已经达成协议处理完毕并付款5000元，并申请证人出庭予以证明。为查明案件事实，法院依法追加被保险人及其驾驶人员作为第三人，第三人并未到庭参加庭审。法院另至交警部门调取案涉预付条一份，载明何某预付邵某车损赔偿款1500元，何某主张该款系全部赔偿、事故已经处理完毕，但未提供相应的证据予以证明，法院不予采信，故中华保险公司诉请的代位求偿权法院予以支持，但已预付的1500元从保险人代位求偿权车损总金额中予以扣除。

结合本案，我们认为保险人对车损赔偿案件理赔时应当尽到审慎义务，如理赔前应对第三者是否已经赔偿进行专项调查，并就事故车辆定损金额向事故双方进行意见征询、将保险人获得代为求偿权的情况通知第三者等，以便保险人代位求偿权的权利的进一步行使，避免被保险人双重受偿。同时提醒各位车辆驾驶员，发生交通事故后应当及时报警、报险，由保险公司专业人员处理事故损失。如果事故双方达成私下和解协议，各方也应当明确确定各自权利义务，并保管好书面协议及支付凭证，以便事故纠纷一次性处理完结，避免赔偿方因举证不能导致重复赔偿。

编写人：江苏省江阴市人民法院　陈艳红

58

保险人行使代位求偿权时名义承运人和实际承运人承担不真正连带债务

——中国人民财产保险股份有限公司北京市分公司诉孟州市汽车运输有限责任公司、北京恒通安达物流有限公司保险人代位求偿权案

【案件基本信息】

1. 裁判书字号

北京市第一中级人民法院（2018）京01民终1341号民事判决书

2. 案由：保险人代位求偿权纠纷

3. 当事人

原告（被上诉人）：中国人民财产保险股份有限公司北京市分公司（以下简称人保北京分公司）

被告（上诉人）：孟州市汽车运输有限责任公司（以下简称孟州公司）

被告（被上诉人）：北京恒通安达物流有限公司（以下简称恒通公司）

【基本案情】

2013年12月13日，恒通公司（承运人）与泰杰燕园公司签订货物托运单，约定：泰杰燕园公司委托恒通公司进行货物托运，由北京市到雅安市，托运标的为磁共振整机10件和坦克轮1件。同日，恒通公司（甲方）与孟州公司（乙方）签订《货物委托运输协议》，协议约定：甲方委托乙方运输核磁共振设备（一套），共计11件；货物价值1000000元；承运车辆为A号汽车，司机孟某。孟某在乙方负责人处签字。

2013年12月13日，人保北京分公司向泰杰燕园公司出具货物运输保险单，载明：被保险人为泰杰燕园公司；保险货物项目为核磁共振设备一套；保险金额为人民币1000000元；装载运输工具为A号汽车，自北京市至四川省雅安市。承保险别为国内公路货物运输保险；所保货物如发生保险单项下可能引起索赔的损失或损坏，应立即通知本公司指定的代理人查勘。

2013年12月16日6时，涉案车辆行驶至G05京昆高速公路时发生事故，造成车辆车上货物受损，孟某负全部责任。民太安财产保险公估有限公司于2014年7月25日出具《公估报告》，结论为：1. 保险人应对该次货损保险事故承担保险赔付责任；2. 建议保险人赔付被保险人899757元。2015年1月7日，人保北京分公司经中国建设银行向被保险人泰杰燕园公司赔付899757元。

一审庭审中，人保北京分公司主张：人保北京分公司在赔付保险金后取得了代位求偿权。恒通公司和泰杰燕园公司存在运输合同关系，应当对标的物的损害承担违约责任；孟州公司是实际承运人，应当对标的物的损害承担侵权赔偿责任，恒通公司与孟州公司构成不真正连带，故应当承担连带责任。恒通公司则主张：保险事故发生后应由保险事故的实际侵权人承担责任，不应由恒通公司作出赔偿。关于孟州公司抗辩的货物运输合同没有其公司公章的问题，在行业惯例中，运输协议由司机直接商定，不用公司盖章确认；实际承运车辆属于孟州公司所有，就应当由孟州公司承担责任。孟州公司主张其不认可该评估报告的金额，但是经一审法院询问明确表示不申请重新评估。

【案件焦点】

人保北京分公司能否向恒通公司、孟州公司行使保险人代位求偿权。

【法院裁判要旨】

北京市昌平区人民法院经审理认为：在保险事故发生后，原告应泰杰燕园公司的请求向其赔付了保险金，依法取得了代位求偿权。对于应当承担责任的主体，泰杰燕园公司委托恒通公司承运货物，恒通公司就有义务依照合同约定将涉案货物运抵目的地，现恒通公司委托孟州公司进行运输，在运输过程中发生了交通事故，致使承运货物损坏，恒通公司应当承担违约责任。孟州公司作为实际承运人，因其司机和车辆在运输过程中发生的单方事故造成了涉案标的物的损坏，应当就此承担侵权赔偿责任。恒通公司应当与孟州公司一并向原告支付保险赔偿金。故该院判决如下：

一、恒通公司、孟州公司连带支付人保北京分公司保险赔偿金899757元及逾期利息（以899757元为基数，自2017年11月2日计算至实际履行之日止，按照中国人民银行同期贷款利率计算），于本判决生效后十日内履行；

二、驳回人保北京分公司的其他诉讼请求。

孟州公司不服，提起上诉。北京市第一中级人民法院经审理认为：第一，恒通公司无法证明泰杰燕园公司同意其将涉案货物交由孟州公司承运，故应向泰杰燕园公司承担责任。孟州公司认可孟某为其司机，承运车辆为孟州公司名下的车辆，结合货物托运行业的惯例，故孟州公司应对孟某的行为承担责任。第二，恒通公司与孟州公司基于交通事故这一偶然原因的发生而对泰杰燕园公司负有给付目的一致的债务，该情形构成了民法上的不真正连带债务。一审法院关于恒通公司与孟州公司承担连带赔偿责任的认定有误，法院依法予以纠正。第三，一审法院依据《公估报告》确定人保北京分公司主张的赔偿金额并无不当。第四，人保北京分公司起诉并未超过诉讼时效期间。综上，北京市第一中级人民法院作出如下判决：

一、撤销北京市昌平区人民法院（2017）京0114民初17826号民事判决；

二、孟州公司、恒通公司于判决生效后十日内支付人保北京分公司保险赔偿金899757元；

三、驳回人保北京分公司的其他诉讼请求。

【法官后语】

本案争议的核心问题为承运人雇员行为是否构成职务代理、如何判定相关各方法律责任以及如何认定公估报告的证据效力等。本案判决时，《最高人民法院关于适用〈中华人民共和国保险法〉若干问题的解释（四）》尚未出台，保险人是否得因第三者对被保险人的侵权和违约行为要求代位赔偿、在投保人和被保险人为不同主体时保险人是否可对投保人行使保险代位求偿权等问题在司法审判中存在较大争议。本案裁判思路注重发挥保险制度的核心功能，即管理和分散实体经济运行中的意外事故、法律责任以及信用等风险。

（一）高度重视交易习惯，准确认定职务代理

货运市场需求的复杂多变决定了缔约必须快捷高效，承运人必须通过各种形式的代理人订立运输合同，承运人的工作人员等代理人以承运人名义承揽并以承运人车辆执行运输任务的情况是常见业态。因此，在认定行为主体时，不能拘泥于合同上有无签章，而应当高度重视交易习惯对合同订立方式的影响，结合现行法律中关于职务代理的规定，正确作出裁判。审判实务中，据以判断法人工作人员行为是否构成职务代理的标准主要包括：1. 实施争议法律行为是否属于法人工作人员的职权范围；2. 工作人员以法人名义实施该争议法律行为是否是在执行工作任务；3. 实施争议法律行为是否利用了法人为其安排的工作场所或设施设备；4. 实施争议法律行为所获收益是否已经归于或将要归于法人；等等。

（二）正确认识保险代位求偿的请求权基础，科学界定不真正连带债务的对内对外效力

不真正连带责任是指数个债务人基于不同的发生原因而对同一债权人负有以同一给付为标的的数个债务，因一个债务人的履行而使全体债务均归于消灭。在对外效力上，不真正连带债权人有权对全体债务人或一部分债务人同时或先后请求给付；而在对内效力上，除非有明确的法律规定，否则任一债务人即使清偿全部债务

也无法享有对其他债务人的追偿权。本案中，对于泰杰燕园公司来说，虽然其同时享有对恒通公司的违约损害赔偿请求权和对孟州公司的侵权损害赔偿请求权，但其损失是确定且唯一的，无论谁履行赔偿义务，都足以使其损害赔偿请求权消灭。而对恒通公司和孟州公司来说，法律并未规定二者当中谁属于终局责任人，因此本案中无论是恒通公司还是孟州公司履行赔偿义务均不产生法定的追偿权。但从损害发生的因果联系上来看，孟州公司应当承担终局责任，恒通公司可以通过向孟州公司主张违约责任的方式实现追偿的效果。

（三）依法确认单方委托公估报告的证据效力，合理确定赔偿范围

在保险代位求偿纠纷中，保险人在理赔中委托保险公估机构作出的公估报告是认定第三者赔偿数额的证据，具有证明损失大小及赔偿范围的作用。保险人未经第三者同意单方委托作出的公估报告，属于保险人自行委托作出的鉴定结论，在第三者经释明后既不申请重新鉴定又无证据足以反驳的情况下，应当依法确认其证据效力。

编写人：北京市第一中级人民法院　刘慧

59

保险人向第三者追偿时保险事故损失程度的举证责任划分

——中国平安财产保险股份有限公司青岛分公司诉吴某代位求偿权案

【案件基本信息】

1. 裁判书字号

山东省青岛市中级人民法院（2018）鲁02民终8921号民事判决书

2. 案由：代位求偿权纠纷

3. 当事人

原告（上诉人）：中国平安财产保险股份有限公司青岛分公司（以下简称平安财险）

被告（被上诉人）：吴某

【基本案情】

2016年8月21日18时15分，吴某驾驶A车辆沿滨海公路由北向南行驶在非机动车道，案外人田某驾驶B车辆沿滨海公路右转时，A车辆左侧与B车辆的右前侧刮碰，造成两车受损的交通事故。经即墨市公安局交通警察大队出具道路交通事故认定书（简易程序）认定，吴某负事故全部责任。

B车辆在平安财险处投保车辆损失险，被保险人为田某，保险金额为148773元，并投保不计免赔，保险期限为2016年7月11日至2017年7月10日。事故发生后，平安财险出具定损报告，核定B车辆损失价值为8700元，该车实际花费维修费7729元。平安财险于2016年10月17日向被保险人田某赔付保险金7729元，被保险人田某出具机动车辆索赔权转让书，同意将已取得赔款的部分向责任方追偿的权利转让给平安财险。

吴某对平安财险出具的定损报告不予认可，认为定损金额过高，对多项维修及更换部件项目有异议，称事故发生后B车辆的车灯均未受损，故对定损报告中有关车灯更换及维修的项目均不予认可，并提交事故发生后B车辆的外部受损照片证明车辆受损情况。平安财险对该照片不予认可，称照片未显示拍摄的时间及地点，车牌号码亦无法看清。

吴某申请对B车辆因案涉事故造成的损失进行司法鉴定，一审法院依法委托青岛海沣源保险公估有限公司进行评估，但因平安财险不能提供车辆定损及维修时的拆检照片导致无法准确定损，2018年6月27日青岛海沣源保险公估有限公司予以退案。

【案件焦点】

保险人向第三者追偿时，保险事故损失程度的举证责任应当由谁承担，即如何确定《中华人民共和国保险法》第六十条规定的保险人代位求偿权的金额。

【法院裁判要旨】

山东省青岛市市北区人民法院经审理认为：因第三者对保险标的的损害而造成保险事故的，保险人自向被保险人赔偿保险金之日，在赔偿金额范围内代位行使被保险人对第三者请求赔偿的权利。吴某在案涉交通事故中负全部责任，平安财险有权就其在保险责任范围内赔付被保险人车辆损失后向吴某请求赔偿。双方争议的主要焦点为：平安财险主张的损失金额是否合理有据。

首先，保险人的代位求偿权系基于被保险人的侵权损害赔偿请求权而产生，本案中平安财险要求吴某承担赔偿责任，其对被保险车辆的损失程度负有举证证明责任。平安财险提交车辆定损报告证明 B 车辆损失情况，但该定损报告系平安财险单方作出，定损时未通知吴某到场，定损过程亦无其他具有资质的独立第三方公估机构参与，故仅凭平安财险自行作出的定损报告证明车辆损失情况，证明力并不充分。其次，平安财险向被保险人赔付 7729 元保险金，系基于双方之间存在的保险合同关系而履行的赔付义务，因未经过第三方公估机构的评估或司法程序的确认，故其与被保险人之间就车辆损失价值达成的赔付合意并不能直接及于侵权法律关系中的第三者，即平安财险向被保险人支付的保险金数额不能直接作为认定吴某因案涉交通事故所致车辆损失程度的依据。最后，吴某申请对 B 车辆因案涉交通事故造成的损失进行鉴定，因车辆早已维修，故平安财险应当提供相应的车辆拆检照片或其他能够确认车辆损失程度的证明和资料予以配合。现平安财险不能提供相应资料致使车辆损失无法确定，其应当承担举证不能的不利后果。综上，平安财险关于 B 车辆损失价值为 7729 元的主张，证据不足，法院不予认定。但吴某同意赔偿平安财险损失 2000 元，其该项意见法院予以采纳。

关于平安财险主张的逾期付款利息，法院认为保险人自其向被保险人赔付保险金之日起取得代位求偿权，但在其实际向第三者主张赔偿请求权之前，第三者未给付赔偿金不应属迟延给付，此情形下要求第三者承担逾期付款利息显失公平。本案平安财险并未证明其在起诉之前向吴某主张过权利，故逾期付款利息自平安财险起诉之日起算较为妥当。综上，吴某同意赔偿平安财险 2000 元，对平安财险的该部分请求及相应利息，法院应予支持。平安财险的其他诉讼请求因证据不足，法院不予支持。

山东省青岛市市北区人民法院依照《中华人民共和国保险法》第六十条，《中华人民共和国侵权责任法》第四十九条，《中华人民共和国民事诉讼法》第六十四条，《最高人民法院关于适用〈中华人民共和国民事诉讼法〉的解释》第九十条规定，判决如下：

一、吴某赔偿平安财险 2000 元；

二、吴某支付平安财险以 2000 元为基数，自 2018 年 1 月 16 日起至实际给付之日止，按中国人民银行发布的金融机构人民币同期同档次贷款基准利率计算的利息；

三、驳回平安财险其他诉讼请求。

平安财险不服原审判决，提起上诉。山东省青岛市中级人民法院经审理认为：本案事故发生后，保险人即上诉人对案外人田某履行赔付义务后，依法取得代位求偿权，上诉人享有要求事故侵权人即被上诉人吴某承担赔偿责任的权利，法院予以确认。本案的争议焦点为保险事故损失程度的举证责任应当由谁承担。上诉人主张，其已经出具定损单，举证责任已经完成，被上诉人如果对损失程度有异议，应当由被上诉人提供鉴定所依据的材料，上诉人不负有进一步提交鉴定材料的义务。被上诉人对上诉人单方出具的定损单不予认可。法院认为，依据《最高人民法院关于适用〈中华人民共和国民事诉讼法〉的解释》第九十条“当事人对自己提出的诉讼请求所依据的事实或者反驳对方诉讼请求所依据的事实，应当提供证据加以证明，但法律另有规定的除外……”的规定，上诉人应当对本案车辆的损失程度负有举证证明责任。本案中，上诉人在定损时未通知吴某到场，吴某亦未对上诉人的该定损情况予以确认，上诉人与吴某之间就车辆损失情况并未达成合意，而上诉人与被保险人之间就车辆损失价值达成的合意不及于被上诉人吴某。现被上诉人吴某对损失程度提出异议，应当由上诉人举证证明车辆损失程度及对车辆定损的依据，不能仅凭上诉人单方制作的定损单就认定上诉人完成了举证责任，而上诉人不能提供相应资料致使车辆损失无法确定，应当由其承担相应的举证不能的法律后果，一审法院判决并无不当，法院予以确认。

综上所述，上诉人平安财险的上诉请求不能成立，应予驳回，一审判决认定事实清楚，适用法律正确，应予维持。山东省青岛市中级人民法院依照《中华人民共和国民事诉讼法》第一百七十条第一款第一项规定，判决如下：

驳回上诉，维持原判。

【法官后语】

在车辆损失保险合同中，保险人向第三者追偿的案件逐年攀升。保险人对被保险人赔偿保险金后，依据《中华人民共和国保险法》第六十条第一款“因第三者对保险标的的损害而造成保险事故的，保险人自向被保险人赔偿保险金之日起，在赔偿金额范围内代位行使被保险人对第三者请求赔偿的权利”之规定，依法取得代位求偿权。但是保险人向第三者追偿时的金额，应当如何确定呢?《中华人民共和国保险法》第六十条并未给出答案。

保险公司一般认为，保险人请求追偿的数额以对被保险人的赔付金额而确定，保险人作为理性人，在对事故损失定损时，金额越少越好，而且保险人作为专业的保险机构，往往有专门的核定损失的部门，其定损结果具有合理性。结合本案，保险人认为其提交了定损报告，足以反映事故损失程度，其已经完成举证责任，故应当按照保险人向被保险人的理赔确定的数额，确定第三者向保险人承担赔偿金的数额。

但是，保险人作为原告，按照民事诉讼法最基本的“谁主张谁举证”的举证规则，应当由保险人对保险事故损失程度负有举证证明的责任，并不能因假定其系理性人，就得出其作出的行为均系理性，应当具有约束第三者的效力。且依据合同的相对性，即使保险人与被保险人之间就事故损失程度达成的合意，亦并不及于第三者。第三者对保险人单方确定的保险事故损失程度不认可时，应当由保险人对保险事故损失程度承担举证责任。故本案中，因保险公司不能提供车辆定损及维修时的拆检照片，导致事故损失无法确定，由保险公司承担举证不能的不利后果。

本案例对此类案件中，《中华人民共和国保险法》第六十条规定如何更具操作性、更好地指导保险人行使代位求偿权，如何在保险人、第三者之间分配事故车辆损失程度的举证责任，具有重要实践意义。如果被保险人与第三者就车辆损失达成合意，则第三者按照合意数额向保险公司承担责任；如果第三者对车辆损失不认可，则应当由保险人承担保险事故损失程度的举证责任，即由其举证证明向被保险人理赔的依据，如果保险人不能提供相应资料致使车辆损失程度无法确定，应当由其承担相应的举证不能的法律后果。

编写人：山东省青岛市中级人民法院　嵇焕飞　麻丽

60

代驾公司对交通事故负有损害赔偿责任属于保险代位求偿的对象

——中国平安财产保险股份有限公司北京分公司诉壹零壹捌汽车俱乐部（北京）有限公司等保险人代位求偿权案

【案件基本信息】

1. 裁判书字号

北京市第四中级人民法院（2018）京04民终30号民事判决书

2. 案由：保险人代位求偿权纠纷

3. 当事人

原告（被上诉人）：中国平安财产保险股份有限公司北京分公司（以下简称平安保险公司）

被告（上诉人）：壹零壹捌汽车俱乐部（北京）有限公司（以下简称壹零壹捌公司）

原审被告：孙某

【基本案情】

车主王某饮酒后选择代驾服务。壹零壹捌公司通过派车软件指派孙某作为代驾司机。后孙某驾驶过程中与案外人驾驶的车辆发生碰撞，造成两车损坏及人员受伤。事故发生后，北京市公安局公安交通管理局朝阳交通支队交通事故认定书认定孙某负事故全部责任。

事故发生后，王某对车辆进行了维修，产生维修费用125000元。平安保险公司对此予以赔付。平安保险公司认为，壹零壹捌公司进行代驾服务，在提供代驾服务的过程中，给王某车辆造成损害，应承担赔偿责任。故提起代位求偿权诉讼，要求壹零壹捌公司赔偿其支付的保险赔偿金 125000 元。

【案件焦点】

代驾公司是否属于保险代位求偿权的对象。

【法院裁判要旨】

原北京铁路运输法院经审理认为，代驾公司属于《中华人民共和国保险法》第六十条第一款规定的"第三者"。在提供有偿代驾服务过程中，因代驾员孙某的操作不当发生事故造成代驾车辆损失，并负事故全部责任，基于代驾服务合同，对车辆所有人即被保险人王某构成违约，王某享有向其请求赔偿的权利，因此本案存在代位求偿的基础权利，平安保险公司可以对孙某、壹零壹捌公司进行代位求偿。另外，代驾人显然不属于被保险人的家庭成员，而组成人员一般应当针对"组织"而言，是指作为法人或者其他组织的被保险人的内部工作人员。本案被保险人系自然人，显然不是组成人员。

原北京铁路运输法院依照《中华人民共和国保险法》第六十条第一款、第八十二条，《中华人民共和国侵权责任法》第三十四条，《中华人民共和国民事诉讼法》第一百四十四条之规定，判决如下：

壹零壹捌公司于本判决生效之日起十日内赔偿平安保险公司 125000 元。

二审法院同意一审法院裁判意见。

【法官后语】

保险代位求偿权制度是保险法上的一项重要制度，旨在解决第三者的损害赔偿义务和保险人的保险赔偿义务之间的冲突。具言之，是平衡被保险人和对保险标的造成损害的第三者的利益，既禁止被保险人的双重受偿得利行为，又不失对第三者责任的追究实现民事惩罚目的。保险代位求偿权涵盖了三层法律关系：一是保险人与被保险人之间的保险合同关系，二是第三者与被保险人之间的损害赔偿关系，三是保险人与第三者的求偿法律关系。实践中关于保险代位求偿权纠纷的常见争议多是第三者以不存在第二层法律关系为由来否定第三层法律关系。本案即是典型。

关于第三者的认定，保险法规定为对保险标的的损害而造成保险事故的主体，并将与被保险人具有共同利益的家庭成员或者组成人员排除在外。保险代位求偿权是保险人的法定权利。排除除外人员后，只要保险事故的发生使得被保险人享有对第三者的损害赔偿请求权，第三者就能够成为保险人代位求偿权的行使对象。至于该赔偿请求权系侵权请求权还是违约赔偿请求权抑或其他法律关系请求权，保险法对此并无限定。如此理解，一方面可以避免投保方的双重受偿而产生不当得利，实现保险的补偿功能，另一方面让最终的赔偿义务人承担终局责任，符合立法本意。本案中，壹零壹捌公司所称"只要车上了保险，驾驶该车出了交通事故就由保险公司赔偿"的理念有失偏颇，保险人只是按照保险合同的约定，对保险事故造成的损失依约承担保险赔偿责任，但是保险人并不是责任的终局承担者，对被保险人负有赔偿责任的第三者有可能成为保险人代位求偿的对象。

本案第二层法律关系是王某与壹零壹捌公司之间的代驾服务合同关系。壹零壹捌公司未全面履行代驾服务合同，未能将王某安全及时送到目的地，应当承担违约责任，王某享有依据代驾服务合同向壹零壹捌公司请求赔偿的权利。保险人平安保险公司在赔偿被保险人王某之后，代位取得被保险人王某对违约方壹零壹捌公司的损害赔偿请求权。相反，如果不允许保险人向代驾方追偿，则代驾方的责任就会逃脱，过错就会被放任。

另外，壹零壹捌公司关于代驾方不属于第三者属于保险法第六十二条规定的"组成人员"，第三者应为发生碰撞的对方的上诉理由，亦存在理解狭隘问题。首先，《中华人民共和国保险法》第六十二条中的"组成人员"是相对于"组织"而言，多是指作为法人或者其他组织的被保险人的员工，如果员工造成保险事故，一般组织会通过纪律处分方式追究责任，而很少要求赔偿。代驾公司与车主之间显然不存在该组成人员关系。其次，在侵权责任领域亦存在无意思联络的数人侵权行为，各侵权方均属于保险代位求偿权语境中的第三者。本案只是存在着特殊案情，代驾方全责而第三方车辆无责。

编写人：北京市第四中级人民法院　崔西彬

61

第三者不是保险事故发生的原因，保险公司不能行使代位求偿权

——中国人民财产保险股份有限公司宜宾市分公司诉江安川南医院保险代位求偿权案

【案件基本信息】

1. 裁判书字号

四川省宜宾市中级人民法院（2018）川15民终1885号民事判决书

2. 案由：保险代位求偿权纠纷

3. 当事人

原告（上诉人）：中国人民财产保险股份有限公司宜宾市分公司（以下简称中国人保宜宾市分公司）

被告（被上诉人）：江安川南医院

【基本案情】

黄某于2015年6月28日因交通事故受伤被送往江安川南医院急救，花费医疗费6610.14元，因病情严重于当日转入泸州医学院附属医院住院治疗，并于2015年6月30日凌晨在泸州医学院附属医院行左大腿截肢，后于2015年8月29日出院。黄某出院后向法院提起诉讼，法院判决中国人保宜宾市分公司在保险限额内全额赔偿黄某的损失。中国人保宜宾市分公司于2016年12月13日履行了生效判决确定的金钱给付义务。2017年3月，中国人保宜宾市分公司收到黄某提供的法医学鉴定意见书复印件，该鉴定意见书载明：黄某2015年6月28日至6月29日在江安川南医院住院治疗期间，医方的医疗行为存在过错，其过错与黄某因左小腿骨筋膜综合征治疗不当而最终发生左小腿、左足缺血坏死，须行左下肢（大腿下段）截肢

有一定因果关系，参与度拟为50%～60%。中国人保宜宾市分公司遂以发现足以推翻原判决的新证据为由申请再审，后被裁定驳回。中国人保宜宾市分公司遂提起保险代位求偿权纠纷诉讼。

【案件焦点】

中国人保宜宾市分公司在本案中能否对江安川南医院行使代位求偿权。

【法院裁判要旨】

四川省江安县人民法院经审理认为：中国人保宜宾市分公司已经履行了生效法律文书确定的对被保险人应当履行的金钱给付义务，获得了向造成被保险人损害的有责任的第三者追偿的权利。中国人保宜宾市分公司在本案中行使追偿权的依据仅为交通事故案件的受害者黄某向其提供的法医学鉴定意见书，该司法鉴定意见书系黄某单独委托作出，且欲以此作为向江安川南医院主张损害赔偿的依据，但该司法鉴定意见书未经法定程序确认其效力，不能以此确认江安川南医院将会承担医疗损害赔偿责任的必然性。故中国人保宜宾市分公司以此向江安川南医院行使追偿权的证据不充分，对中国人保宜宾市分公司在本案中提出的诉讼请求，依法不予支持。

四川省江安县人民法院依照《中华人民共和国民事诉讼法》第六十五条，《最高人民法院关于民事诉讼证据的若干规定》第二条之规定，作出如下判决：

驳回中国人保宜宾市分公司的诉讼请求。

中国人保宜宾市分公司不服一审判决提起上诉。四川省宜宾市中级人民法院经审理认为：首先，江安川南医院不是造成保险事故的第三者，中国人保宜宾市分公司主张行使保险代位求偿权缺乏事实前提和法律基础。《中华人民共和国保险法》第六十条第一款规定，因第三者对保险标的的损害而造成保险事故的，保险人自向被保险人赔偿保险金之日起，在赔偿金额范围内代位行使被保险人对第三者请求赔偿的权利。按照交管部门的事故责任认定，本案不是因江安川南医院造成的交通事故，也就不存在因江安川南医院的损害而造成保险事故的事实前提。因此，中国人保宜宾市分公司主张行使保险代位求偿权的请求不成立。其次，中国人保宜宾市分公司向江安川南医院主张权利，缺乏权利让渡基础。江安川南医院与黄某系医疗服务合同关系，江安川南医院在医疗过程中是否存在医疗损害、是否存在医疗过错、是否存在民事责任，属于黄某与江安川南医院之间的问题，黄某并未明确向中国人保宜宾市分公司让渡对江安川南医院的赔偿请求权，故中国人保宜宾市分公司不能向江安川南医院主张权利。最后，从举证责任的分配来看，本案中，中国人保宜宾市分公司仅举示了一份黄某委托出具的法医学鉴定意见书复印件，并未提供原件予以核对，黄某也未到庭说明相关情况，中国人保宜宾市分公司提供的证据不足以证明其主张。

四川省宜宾市中级人民法院依照《中华人民共和国民事诉讼法》第一百七十条第一款第一项的规定，作出如下判决：

驳回上诉，维持原判。

【法官后语】

一、如何正确厘清保险追偿权和保险代位求偿权

关于保险追偿权，《最高人民法院关于审理道路交通事故损害赔偿案件适用法律若干问题的解释》第十八条、第二十一条规定明确了无证驾驶、醉酒驾驶、多车碰撞等情形下的保险追偿权。另外，《机动车交通事故责任强制保险条例》第二十一条还规定了道路交通事故社会救助基金向道路交通事故责任人的追偿权。追偿的对象是投保或者应当投保交强险的侵权人。本案中并不存在驾驶人员无证驾驶、醉酒驾驶、驾驶盗抢机动车、被保险人故意四种法定追偿情形，江安川南医院也不是投保或者应当投保交强险的侵权人，故在交强险范围内中国人保宜宾市分公司不享有追偿权。

保险代位求偿权是指发生保险责任内的人为事故损失时，保险公司向投保人负责赔偿的同时有要求肇事者赔偿的权利。《中华人民共和国保险法》第六十条第一款规定，因第三者对保险标的的损害而造成保险事故的，保险人自向被保险人赔偿保险金之日起，在赔偿金额范围内代位行使被保险人对第三者请求赔偿的权利，这是保险人可行使代位求偿权的法律依据。可以看出代位求偿权是损失补偿原则的派生制度，直接目的是防止投保人获得双重赔偿和防止第三者逃避责任，使保险人、被保险人、第三者之间的利益趋于公平，代位求偿权只适用于财产保险，求偿对象是造成保险事故的第三者。本案不存在因江安川南医院的损害而造成保险事故的事实前提，因此中国人保宜宾市分公司主张行使保险代位求偿权的请求不成立。

二、保险事故后出现第三者导致损失扩大时保险公司的权益保护

假如保险事故系人为事故，保险公司当然依法享有代位求偿权。但是保险事故发生后，第三者造成交通事故中伤者的伤势更加严重，从而导致事故损失扩大时，保险公司先行垫付第三者侵权产生的损失后，不能以代位求偿权实现权益保护，因为第三者不是对保险标的损害而造成保险事故。保险公司全部赔偿后，其追偿途径有二：一是可根据不当得利原则要求第三者赔偿。1. 保险公司超出了自己的限额赔偿，受到了损失；2. 第三者应赔偿未赔偿，获得了利益；3. 保险公司的损失和第三者的获利有因果关系；4. 第三者因此获利没有法律依据。二是可以通过权利让渡向第三者追偿。保险公司赔付了被保险人后，被保险人以明示的方式将对第三者的追偿权让渡给保险公司，保险公司据此可行使追偿权。在此情况下，第三者是否具有过错、过错多少、承担责任大小都需要在法定程序中予以确认。若投保单、保险条款有对关于除机动车交通事故原因外，还有其他侵权行为导致损害结果发生情况下保险公司责任免除或责任扣除的约定的，应从其约定。

编写人：四川省宜宾市中级人民法院 王付兵

四川省筠连县人民法院 郝中燕

62

关联案件裁判生效之日或实际垫付之日均不能视为保险公司代位求偿权的诉讼时效起算点

——紫金财产保险股份有限公司诉张某等保险代位求偿权案

【案件基本信息】

1. 裁判书字号

江苏省宿迁市中级人民法院（2017）苏13民终4329号民事判决书

2. 案由：保险代位求偿权纠纷

3. 当事人

原告（上诉人）：紫金财产保险股份有限公司（以下简称紫金财保公司）

被告（被上诉人）：无锡市达尔富运输有限公司（以下简称运输公司）、张某、汪某、沈乙、沈丙、黄某

【基本案情】

2012 年 2 月 15 日，张某驾驶挂靠在运输公司的中型普通货车，沿 229 省道由北向南行驶至 229 省道 178 千米 +900 米处，与步行的沈甲发生碰撞，致沈甲受伤住院抢救。交警部门认定张某承担事故的主要责任，沈甲承担次要责任。

2012 年 2 月 18 日，汪某（沈甲配偶）、张某分别向紫金财保公司作出承诺，承诺将及时偿还救助基金已垫付费用，如因本次事故通过任何途径获得赔偿或补偿（包括但不限于保险理赔款），所获得的赔偿或补偿款将优先用于偿还救助基金已垫付的上述费用。同日，汪某向紫金财保公司申请垫付沈甲的抢救费用 59103.8 元。紫金财保公司经审核并于同年 3 月 2 日垫付沈甲抢救费用 49073.8 元。2012 年 7 月 28 日，沈甲经医院抢救无效后死亡。

2012 年 9 月 20 日，沈甲的近亲属汪某、沈乙、沈丙、黄某向法院提起诉讼，要求张某、运输公司及车辆所投保交强险的中国人寿财产保险股份有限公司无锡市中心支公司（以下简称人寿财保公司）赔偿因该起交通事故造成的损失（不包含紫金财保公司垫付的抢救费用 49073.8 元）。法院于 2012 年 11 月 9 日作出（2012）泰靖民初字第 1888 号民事判决：人寿财保公司在交强险限额内赔偿汪某等人 110000 元；超出交强险部分由张某承担 80% 赔偿汪某 548092.08 元，运输公司对张某的赔偿义务承担补充赔偿责任。

2016 年 7 月 27 日，紫金财保公司提起诉讼，要求张某、运输公司、汪某、沈乙、沈丙、黄某共同偿还救助基金垫付的医药费 49073.8 元。

【案件焦点】

紫金财保公司向汪某、沈乙、沈丙、黄某要求返还垫付的救助费用的诉讼时效如何起算。

【法院裁判要旨】

江苏省泗阳县人民法院经审理认为：受害人沈甲发生交通事故受伤后无力支付抢救费用，紫金财保公司在垫付抢救费用后，有权向机动车道路交通事故责任人进行追偿。张某对案涉事故承担主要责任，应对案涉的垫付费用承担80%的赔偿责任，即39259.04元（49073.8元×80%），运输公司作为案涉车辆的被挂靠人，依法应对张某的案涉债务承担连带赔偿责任。沈甲对案涉事故的发生承担次要责任，应对案涉垫付费用承担20%的赔偿责任，即9814.76元（49073.8元×20%）。因沈甲已死亡，故汪某、沈乙、沈丙、黄某作为其继承人应当在继承遗产范围内承担9814.76元。汪某作为承诺人，亦应按照其作出的承诺及时偿还垫付的救助费用。紫金财保公司于2012年3月2日垫付抢救费用至2016年8月1日提起诉讼已逾四年，又未能提供证据证明诉讼时效存在中止、中断情形，故对汪某、沈乙、沈丙辩称紫金财保公司追偿救助费用已超过诉讼时效，予以采信。

综上，江苏省泗阳县人民法院依照《中华人民共和国民法通则》第一百三十五条，《中华人民共和国道路交通安全法》第七十五条，《最高人民法院关于审理道路交通事故损害赔偿案件适用法律若干问题的解释》第三条以及《中华人民共和国民事诉讼法》第一百四十四条之规定，作出如下判决：

一、张某于本判决发生法律效力之日起十日内偿还紫金保险公司垫付救助费用39259.04元；

二、运输公司对判决第一项确定的义务承担连带赔偿责任；

三、驳回紫金保险公司的其他诉讼请求。

紫金财保公司不服原审判决，提起上诉。江苏省宿迁市中级人民法院经审理认为：诉讼时效期间从知道或者应当知道权利被侵害时起算。汪某于2012年2月18日向紫金财保公司请求给予垫付款时，承诺将及时偿还救助基金已垫付费用，但并未承诺具体的归还时日。且汪某、沈乙、沈丙等人辩称案涉交通事故损失的赔偿款至一审答辩时尚未得到全部赔偿，汪某、沈乙、沈丙、黄某等人在获得有关赔偿款时亦未通知紫金财保公司，故紫金财保公司向汪某、沈乙、沈丙、黄某等人主张权利并未超过诉讼时效期间，故被上诉人汪某、沈乙、沈丙、黄某应当在继承遗产范围内返还紫金财保公司9814.76元。

综上，原审判决认定事实清楚，但适用法律不当，依法应予改判。江苏省宿迁市中级人民法院依照《中华人民共和国民事诉讼法》第一百七十条第一款第二项的规定，作出如下判决：

一、撤销泗洪县人民法院（2016）苏1324民初8826号民事判决第三项；

二、维持泗洪县人民法院（2016）苏1324民初8826号民事判决第一项、第二项；

三、改判被上诉人汪某、沈乙、沈丙、黄某于本判决生效之日起七日内在继承遗产范围内返还上诉人紫金保险公司垫付救助费用9814.76元。

【法官后语】

诉讼时效是权利人请求人民法院保护其权利的法定期间，应当从权利人能够请求人民法院保护其请求权时开始计算。诉讼时效的起算应具备以下三个条件：

一是权利人的权利受到损害。只有权利人的权利受到损害的情况下，权利人请求人民法院保护其民事权利才具有必要性；如果权利人的权利没有受到损害，即使权利人误以为自己的权利受到损害，人民法院也没有必要予以保护。

二是权利人知道或者应当知道权利受到损害。如果权利人客观上受到了损害，但其不知道也不应当知道权利受到损害，就不会请求人民法院保护其民事权利，诉讼时效期间也不应该开始计算。所谓知道是指权利人主观上已知道自己的权利被侵害的事实。所谓“应当知道”则是一种法律推定，指基于客观之情事及根据权利人智力、知识、经验应尽的合理注意义务，权利人应当知悉其权利被侵害的事实，但因其自身过失而未知情，在该情形下，法律推定权利人知道其权利受到损害。所谓“合理注意”，是指以普通谨慎人的标准衡量权利人的认知和行为能力，同时还应考虑权利人的主观心态、智力知识等主观因素。

三是权利人知道或者应当知道义务人。如果在权利人不知道义务人的情况下起算诉讼时效期间，则人民法院会因该案件不符合起诉的条件而不予受理。

关于保险公司代位求偿权的诉讼时效起算点，主要存在以下两种观点。第一种观点认为，诉讼时效应从垫付之日起计算。理由为：紫金保险公司从垫付医疗费之日起即享有向交通事故责任人追偿的权利，即其从垫付之日起就知道或应当知道权利救济途径，而交通事故责任人因交通事故认定书的存在，也是明确的，故诉讼时效应自垫付之日起计算。第二种观点认为，诉讼时效应从紫金保险公司知道或应当知道受害方权利实现或经生效法律文书确定之日起计算。理由为：诉讼时效本质上是交易的制度，其目的在于保障交易安全，维持社会秩序。而交通事故救助基金的目的在于社会救助而非交易，通常情况下，交通事故认定书作出后交通事故责任人就明确了，但垫付机构一般会以约定或承诺的方式扩大追偿的范围，故本案即是如此，保险公司不限于仅向事故责任人行使追偿权，也可依据承诺向受害人近亲属行使追偿权。据此，如果从垫付之日就起算追偿的诉讼时效，则可能导致保险公司为在时效内起诉而在不保障伤者充分治疗的情况下，加重伤者一方的负担，这与救助基金设立的目的和功能相违背。故从有利于保护伤者或受害人等弱势一方出发，垫付机构追偿的诉讼时效应自知道或应当道知道受害一方权利实现或者已经生效法律文书确定之日起计算。

笔者认为，交通事故救助基金垫付后保险公司行使追偿权的案件，诉讼时效起算点，应区别当事人系依据约定追偿还是依据法定追偿，从而适用不同的起算点为宜。

1. 从法定的角度来看，《道路交通事故社会救助基金管理试行办法》第二十四条规定："救助基金管理机构根据本办法垫付抢救费用和丧葬费用后，应当依法向机动车道路交通事故责任人进行追偿。发生本办法第十二条第三项情形救助基金垫付丧葬费用、部分或者全部抢救费用的，道路交通事故案件侦破后，处理该道路交通事故的公安机关交通管理部门应当及时通知救助基金管理机构。有关单位、受害人或者其继承人有义务协助救助基金管理机构进行追偿。"据此规定，保险公司在支付救助基金后行使追偿权的诉讼时效起算点分为两类：一是事故发生后有明确事故责任人的，则保险公司垫付后即有权向交通事故责任人主张权利，诉讼时效自垫付时起算；二是事故发生后有待公安机关侦查确定事故责任人的，则保险公司垫付后因缺乏追偿义务人而受限，此时的诉讼时效应自处理该道路交通事故的公安机关交通管理部门侦破事故案件并通知后开始起算。

2. 从约定的角度来看，《道路交通事故社会救助基金管理试行办法》第二十四条虽然只规定救助机构垫付费用后，有权向事故责任人追偿，受害人或者其继承人仅有协助义务，但并未禁止救助机构与受害人或其亲属约定追偿权。

具体到本案，保险公司分别与受害人近亲属及侵权人作出了追偿权约定，由该双方承诺及时偿还救助基金已垫付的医疗费。即以约定的方式扩大了保险公司追偿权行使的范围，由事故责任人扩大到受害人近亲属，即受害人近亲属也因约定承诺负担了向保险公司履行偿还救助基金垫付的医疗费的给付义务。对此给付义务，双方未约定明确的履行期限，仅约定所谓“及时”偿还。对于履行期限约定不明的，保险公司作为垫付人可随时以一定方式向偿还义务人主张权利，诉讼即为保险公司主张其权利的方式之一。而义务人抗辩权利人主张权利已过诉讼时效，则应当就其抗辩事实提出证据予以证明。

一个案件事实虽已经为生效裁判文书所确认，但并不能当然认为非该案件当事人的其他主体对该生效裁判文书当然知晓，不能以此推知权利人已知道或者应当知道其权利受到侵害，或者债权就此期间届满。综上，受害人近亲属及侵权人均应对保险公司承担偿还责任。

编写人：江苏省泗阳县人民法院　刘玲

63

意定让与取得的权利不属于保险人代位求偿权的诉讼标的

——中国平安财产保险股份有限公司陕西分公司诉北京星城商厦商贸有限责任公司、国美电器有限公司保险人代位求偿权案

【案件基本信息】

1. 裁判书字号

北京市第二中级人民法院（2018）京02民终5528号民事判决书

2. 案由：保险人代位求偿权纠纷

3. 当事人

原告（上诉人）：中国平安财产保险股份有限公司陕西分公司（以下简称平安保险公司）

被告（被上诉人）：北京星城商厦商贸有限责任公司（以下简称星城商厦公司）、国美电器有限公司（以下简称国美公司）

【基本案情】

2010年4月30日，国美公司与星城商厦公司签订房屋租赁合同。海鸿达公司系海底捞公司的全资子公司。2014年2月16日，星城商厦公司与海鸿达公司签订租赁协议，星城商厦公司同意向海鸿达公司出租位于星城商厦六层的房屋用于经营火锅餐厅。工商登记信息显示，海鸿达公司北京第二十五分公司的注册地址位于星城商厦公司。

2015年9月7日，星城商厦发生火灾。火灾事故认定书载明，起火原因可以排除电气线路故障引发火灾的因素，不排除外来火源引发火灾的因素。2015年10月22日，北京市大兴区防火安全委员会信息网发布大防安字（2015）16号《火灾事故报告》，提出此次事故暴露出国美电器大兴商城、星城商厦日常消防安全管理不严格，消防安全主体责任落实不到位等问题。

另查明，海底捞公司系财产综合保险项下的被保险人及受益人，保险期间为2015年4月20日0时至2016年4月19日24时，保险标的地址为北京市昌平区东小口镇中东路×号院1号楼7层，保险金额为953693124.52元，保险条款的特约约定中载明自动承保新的营业场所条款（保险标的地址详见清单），清单载明的门店包括北京第十五分店至第二十五分店，其中，第二十五分店的开票名称为海鸿达（北京）餐饮管理有限公司北京第二十五分公司，地址为星城商厦所在地。

2015年6月20日，泛华保险公估有限公司出具保险公估终期报告。该报告载明，保险标的为位于星城商厦六层的北京第二十五分店，投保明细为装修费用、电子设备、机械设备、运输设备、家具设备以及其他设备共计保险金额12563115.75元，最终报损金额1882077.04元，核损金额为1090124.27元，理算金额为667351.79元。海底捞公司出具赔偿意向及权益转让书，同意就667351.79元作为最终赔付金额，并由平安保险公司依法取得代位求偿权。平安保险公司陈述，公估的委托方为平安保险公司与海底捞公司。

2015年12月1日，平安保险公司向海鸿达公司银行账户汇款500000元。2016年7月19日，平安保险公司向海底捞公司银行账户汇款167351.79元。平安保险公司陈述上述付款对象系根据海底捞公司的指示作出。

诉讼中，海鸿达公司出具情况说明，载明海鸿达公司系海底捞公司的全资子公司，海底捞公司作为投保人以海鸿达公司相关财产作为保险标的向平安保险公司投保。火灾发生后，平安保险公司将赔偿款支付给海底捞公司，且海底捞公司将索赔权转让给平安保险公司。海鸿达公司认可海底捞公司有权进行此等转让，亦不会再就门店损失向星城商厦公司等单位主张任何赔偿责任。

【案件焦点】

意定让与取得的权利是否属于保险人代位求偿权的诉讼标的。

【法院裁判要旨】

北京市大兴区人民法院经审理认为：涉案被保险人为海底捞公司，因此平安保险公司代位行使的是海底捞公司对星城商厦公司、国美公司请求赔偿的权利。在性质上，该权利不仅包括侵权请求权，也包括合同请求权。

关于海底捞公司与星城商厦公司之间的关系。首先，租赁合同的承租方为海鸿达公司。海底捞公司与星城商厦公司之间不存在合同关系，海底捞公司对星城商厦公司不存在任何合同上的请求权。其次，在侵权请求权方面，主张他人承担侵权责任的基本前提是自己的民事权益受到了侵害。平安保险公司要求星城商厦公司承担侵权的赔偿责任，应当举证证明因火灾事故导致海底捞公司遭受了相关损失。关于本次火灾的损失问题，没有证据证明评估报告涉及的财产损失的权利人为海底捞公司。最后，保险人代位求偿权在本质上系债权的法定转移，系基于保险法的规定而由保险人取得的权利，该权利的行使主体和条件都有明确限制。在保险人代位求偿权纠纷中，诉讼标的为被保险人是否基于保险事故对第三者享有请求赔偿的权利。如上所述，作为被保险人的海底捞公司并无请求星城商厦公司赔偿的权利，因此平安保险公司所主张的保险人代位请求权无法成立。至于海鸿达公司出具的索赔权转让说明，不属于本案保险人代位求偿权纠纷的审理范围，法院不予处理。

关于海底捞公司与国美公司之间的关系。一方面，海底捞公司与国美公司不存在合同关系；另一方面，平安保险公司亦不能证明海底捞公司对国美公司享有侵权赔偿请求权。

综上，北京市大兴区人民法院依照《中华人民共和国保险法》第六十条第一款，判决如下：

驳回平安保险公司的全部诉讼请求。

平安保险公司不服原审判决，提起上诉。北京市第二中级人民法院同意一审法院裁判意见。

【法官后语】

本案所涉星城商厦系笔者所在法院辖区的一家重要购物商场。2015年9月7日，星城商厦发生火灾，给入住商家造成经济损失，造成商厦停业整顿。入住商家从保险公司取得理赔后，保险公司先后向法院提起保险人代位求偿权诉讼。案件审理中，当事人各方对于事故发生原因、保险公估金额等都存在重大争议。最终，法院从保险人代位求偿权的诉讼标的入手依法作出了判决。

首先，关于保险人代位求偿权纠纷的诉讼标的。从请求权基础的角度出发，法官在案件实体审理中应对原告所主张的权利是否存在作出判断。原告所主张的实体权利就成为本案的诉讼标的。诉讼标的限定了法院的审理范围，法院既不能超出诉讼标的进行裁判，亦不能遗漏案件的诉讼标的。《中华人民共和国保险法》第六十条第一款规定："因第三者对保险标的的损害而造成保险事故的，保险人自向被保险人赔偿保险金之日起，在赔偿金额范围内代位行使被保险人对第三者请求赔偿的权利。"根据该规定，保险人代位行使的权利应当具备两个条件：一是该权利属于被保险人对第三者请求赔偿的权利；二是导致该权利产生的法律事实是因第三者对保险标的的损害而发生保险事故。上述两个方面限定了保险人代位求偿权纠纷的诉讼标的。

其次，关于保险人代位求偿权的性质和范围。保险人之所以能在赔偿金额范围内代位行使被保险人对第三者请求赔偿的权利，根本原因在于该权利因《中华人民共和国保险法》第六十条第一款的规定而移转给保险人。因此，保险人代位求偿权在性质上是法定债权转移，这决定了保险人对第三者的权利应以被保险人对第三者的权利为基础，在行使范围和效力上不得大于被保险人对第三者的权利。在权利范围上，"被保险人对第三者请求赔偿的权利"不仅包括侵权行为所产生的损害赔偿请求权，还包括合同法上的损害赔偿请求权。但是，无论该权利的性质如何，都必须系被保险人基于保险事故而直接对第三者取得的权利。

最后，债权的意定转移不是保险人代位求偿权纠纷的诉讼标的。债权的意定转移，是指债权基于当事人的合意而发生主体变动。如上所述，保险人代位求偿权性质上系债的法定转移，系基于保险法的规定而由保险人取得的权利，该权利的行使主体和条件都有明确限制。如果保险人在保险人代位求偿权纠纷中所主张的权利不是基于保险法的规定，而是基于债权的意定转移所取得的，则该权利不属于保险人代位求偿权，亦不构成保险人代位求偿权纠纷的诉讼标的，法院应当判决驳回其诉讼请求。保险人可以另寻法律途径解决。

编写人：北京市大兴区人民法院　马超雄

图书在版编目（CIP）数据

中国法院2020年度案例．保险纠纷／国家法官学院，最高人民法院司法案例研究院编．—北京：中国法制出版社，2020.3

ISBN 978-7-5216-0893-9

Ⅰ.①中… Ⅱ.①国…②最… Ⅲ.①保险-经济纠纷-案例-汇编-中国 Ⅳ.①D920.5

中国版本图书馆CIP数据核字（2020）第030125号

策划编辑：李小草（lixiaocao2008@sina.cn）
责任编辑：韩璐玮　赵律玮　　　封面设计：温培英　李宁

中国法院2020年度案例·保险纠纷

ZHONGGUO FAYUAN 2020 NIANDU ANLI · BAOXIAN JIUFEN

编者/国家法官学院，最高人民法院司法案例研究院
经销/新华书店
印刷/三河市紫恒印装有限公司
开本/730毫米×1030毫米　16开　　　印张/15.75　字数/209千
版次/2020年3月第1版　　　2020年3月第1次印刷

中国法制出版社出版
书号 ISBN 978-7-5216-0893-9　　　定价：56.00元

北京西单横二条2号
邮政编码 100031　　　传真：010-66031119
网址：http：//www.zgfzs.com　　　**编辑部电话：010-66071862**
市场营销部电话：010-66033393　　　**邮购部电话：010-66033288**

（如有印装质量问题，请与本社印务部联系调换。电话：010-66032926）

中国法院 2012 ~ 2020 年度案例系列

国家法官学院　最高人民法院司法案例研究院　编

简便易用、权威实用——打造“好读有用”的案例

1. 权威的作者：国家法官学院案例开发研究中心持续 20 余年编辑了享誉海内外的《中国审判案例要览》丛书，2012 年起推出《中国法院年度案例》丛书，旨在探索编辑案例的新方法、新模式，以弥补当前各种案例书的不足。

2. 强大的规模：2012、2013 年各推出 15 本，2014 年推出 18 本，2015 年推出 19 本，2016 年推出 20 本，2017 年推出 21 本，2018、2019、2020 年推出 23 本，含传统和新近的所有热点纠纷，所有案例均是从全国各地法院收集到的上一年度审结的近万件典型案例中挑选出来的，具有广泛的选编基础和较强的代表性。

3. 独特的内容：不再有繁杂的案情，高度提炼案情和裁判要旨，突出争议焦点问题。不再有冗长的分析，主审法官撰写“法官后语”，展现裁判思路方法。

1. 婚姻家庭与继承纠纷
2. 物权纠纷
3. 土地纠纷（含林地纠纷）
4. 房屋买卖合同纠纷
5. 合同纠纷
6. 买卖合同纠纷
7. 借款担保纠纷
8. 民间借贷纠纷
9. 侵权赔偿纠纷
10. 道路交通纠纷
11. 雇员受害赔偿纠纷（含帮工受害纠纷）
12. 人格权纠纷（含生命、健康、身体、姓名、肖像、名誉权纠纷）
13. 劳动纠纷（含社会保险纠纷）
14. 公司纠纷
15. 保险纠纷
16. 金融纠纷
17. 知识产权纠纷
18. 行政纠纷
19. 刑事案例一
20. 刑事案例二
21. 刑事案例三
22. 刑事案例四
23. 执行案例

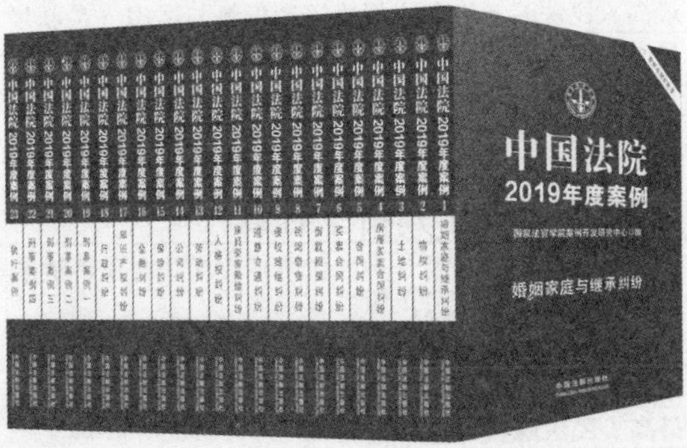

最高人民法院指导性案例裁判规则理解与适用系列

公司卷二	98 元	物权卷	88 元
公司卷（第三版）（上下册）	139 元	婚姻家庭卷（第二版）	68 元
民事诉讼卷（第二版）（上下册）	145 元	合同卷四（第二版）	98 元
侵权赔偿卷二	69 元	合同卷三（第二版）	98 元
侵权赔偿卷一	69 元	合同卷二（第二版）	108 元
房地产卷	98 元	合同卷一（第二版）	108 元
劳动争议卷	58 元	担保卷（第二版）（上下册）	139 元

最高人民法院知识产权审判实务系列

最高人民法院知识产权审判案例指导（第 11 辑）	86 元
最高人民法院知识产权审判案例指导（第 10 辑）	98 元
最高人民法院知识产权审判案例指导（第 9 辑）	88 元
最高人民法院知识产权审判案例指导（第 8 辑）	88 元
最高人民法院知识产权审判案例指导（第 7 辑）	98 元
最高人民法院知识产权审判案例指导（第 6 辑）	78 元
最高人民法院知识产权审判案例指导（第 5 辑）	88 元
最高人民法院知识产权审判案例指导（第 4 辑）	78 元
最高人民法院知识产权审判案例指导（第 3 辑）	78 元
最高人民法院知识产权审判案例指导（第 2 辑）	78 元
最高人民法院知识产权审判案例指导（第 1 辑）	48 元
中国知识产权指导案例评注（第 10 辑）	128 元
中国知识产权指导案例评注（第 9 辑）	108 元
中国知识产权指导案例评注（第 8 辑）	98 元
中国知识产权指导案例评注（第 7 辑）	118 元
中国知识产权指导案例评注（第 6 辑）	128 元
中国知识产权指导案例评注（第 5 辑）	118 元
中国知识产权指导案例评注（第 4 辑）	98 元
中国知识产权指导案例评注（第 3 辑）	98 元
中国知识产权指导案例评注（上、下卷）	188 元
商标法适用的基本问题（增订版）	78 元
反不正当竞争法的创新性适用【精装】	68 元
知识产权法律适用的基本问题——司法哲学、司法政策与裁判方法	168 元
最高人民法院知识产权司法解释理解与适用（最新增订版）	69 元
最高人民法院知识产权案件年度报告（2008~2015）（中英文版）	198 元
知识产权司法实务新型疑难问题：专利、商标与著作权热点问题	138 元
知识产权司法实务新型疑难问题：知识产权司法保护与产业发展	120 元

最高人民法院审判指导书系

执行规范理解与适用——最新民事诉讼法与民诉法解释保全、执行条文关联解读（增订 2 版）	159 元
最高人民法院民事立案业务指导	108 元
最高人民法院审判监督业务指导	128 元
最高人民法院执行业务指导	128 元